作者简介

　　李勇军　法学学士、政治学理论硕士，管理学博士，天津商业大学公共管理学院教授。2012 年曾在英国诺丁汉大学做访问学者。入选"天津市中青年骨干创新人才培养计划"。主要从事组织理论与政策分析、会展策划与组织方面的教学与研究。主持国家社科基金后期资助 1 项，教育部人文社会科学青年基金1项，参与国家、省部级课题多项。主要著作有《商务政策：理论与实践》《公共政策》《当代中国组织网络及其控制问题研究》《会展策划》《政府主导型会展及其市场化研究》《当代中国政策执行组织体制与过程研究》等，参与著作 1 部，参译著作 1 部，参与教材编写 3 部。在《云南社会科学》《华东经济管理》《财经理论与实践》《湖南大学学报》《学术探索》《中国地质大学学报》《经济问题》《经济经纬》《商业研究》《行政论坛》等学术刊物发表论文 40 余篇，其中人大复印资料全文转载 3 篇，高等学校文科学术文摘学术卡片摘要1篇。

李勇军◎著

京津冀区域发展与治理研究

基于五年进展的分析

人民日报学术文库

人民日报出版社·北京

图书在版编目（CIP）数据

京津冀区域发展与治理研究：基于五年进展的分析／
李勇军著. —北京：人民日报出版社，2019. 12
ISBN 978 - 7 - 5115 - 6304 - 0

Ⅰ. ①京… Ⅱ. ①李… Ⅲ. ①区域经济发展—研究—
华北地区 Ⅳ. ①F127. 2

中国版本图书馆 CIP 数据核字（2020）第 008844 号

书　　　名：京津冀区域发展与治理研究：基于五年进展的分析
　　　　　　 JINGJINJI QUYU FAZHAN YU ZHILI YANJIU JIYU WUNIAN
　　　　　　 JINZHAN DE FENXI
著　　　者：李勇军

出 版 人：刘华新
责任编辑：孙　祺
封面设计：中联学林

出版发行：人民日报出版社
社　　　址：北京金台西路 2 号
邮政编码：100733
发行热线：（010）65369509　65369846　65363528　65369512
邮购热线：（010）65369530　65363527
编辑热线：（010）65369518
网　　　址：www. peopledailypress. com
经　　　销：新华书店
印　　　刷：三河市华东印刷有限公司

开　　　本：710mm×1000mm　1/16
字　　　数：260 千字
印　　　张：15
版次印次：2020 年 4 月第 1 版　　2020 年 4 月第 1 次印刷

书　　　号：ISBN 978 - 7 - 5115 - 6304 - 0
定　　　价：89. 00 元

前　言

　　进入 21 世纪，中央先后决定实施西部大开发、振兴东北地区等老工业基地战略和促进中部地区崛起战略。由此，和改革开放初期的东部率先发展战略一起，我国区域发展在战略层面开始统筹考虑。党的十六届三中全会正式提出了"统筹区域发展"，并将其作为"五个统筹"① 发展的一个重要方面。2008 至 2010 年我国区域发展规划和政策达到一个高潮。② 其中，2009 年一年就有 8 个国家战略层面的区域发展规划获得国务院批准，几乎是前四年获批数量的总和。党的十八大以来，以习近平同志为核心的党中央将协调发展作为治国理政的新发展理念之一，着力推进"一带一路"建设、京津冀协同发展和长江经济带发展战略，深入实施西部开发、东北振兴、中部崛起、东部率先发展的区域发展总体战略，将新区建设、自由贸易区、生态文明实验区等重大功能平台建设放在促进区域协调发展的突出位置，努力推动革命老区、民族地区、边疆地区、资源枯竭地区、集中连片特困地区等特殊类型困难地区跨越发展和转型提升。

　　党的十九大报告提出，建立更加有效的区域协调发展新机制。京津冀协同发展战略涉及区域位于东北亚地区环渤海心脏地带，按照中央的定位是要探索

---

① 包括统筹城乡发展、统筹区域发展、统筹经济社会发展、统筹人与自然和谐发展、统筹国内发展和对外开放。"五个统筹"是科学发展方面的重要内容。

② 主要包括《关于进一步推进长江三角洲地区改革开放和经济社会发展的指导意见》（2008）、《珠江三角洲地区改革发展规划纲要》（2008）、《国务院关于进一步促进宁夏经济社会发展的若干意见》（2008）、《推进重庆市统筹城乡改革和发展的若干意见》、（2009）、《支持福建省加快建设海峡两岸经济区建设的若干意见》（2009）、《横琴发展总体规划》（2009）、《江苏沿海地区发展规划》（2009）、《辽宁沿海经济带的发展规划》（2009）、《黄河三角洲高效生态经济区规划》（2009）、《图们江区域合作规划纲要》（2009）、《关中—天水经济区发展规划》（2009）、《江西鄱阳湖生态经济区规划》（2009）、《国务院关于进一步促进广西经济社会发展的若干意见》（2010）。

出一种人口经济密集地区优化开发的模式。《京津冀协同发展规划纲要》《河北雄安新区总体规划（2018—2035年)》和《北京城市副中心控制性详细规划（街区层面）（2016—2035年)》的通过，表明京津冀协同发展的"四梁八柱"基本形成，而《"十三五"时期京津冀国民经济和社会发展规划》及12个专项规划的通过，则表明京津冀协同发展规划进一步具体化，顶层设计越来越完善。五年多来，国务院及相关部委、三地政府出台了一系列落实京津冀协同发展顶层设计的政策，三地政府间也签署了一系列合作协议，一系列政府支持的项目不断出台，吸引了大量社会资本的进入。政策的出台和落实使京津冀协同发展前景越来越可预期，由此也带动了区域政府和企业之间、企业和企业之间、社会组织之间、企业和社会组织间的合作。

　　本书在梳理国内外区域治理经验和我国区域发展思想的基础上，首先对京津冀协同治理历史进行分析，并在此基础上从治理主体及协同体系、协同治理目标和指导思想、协同治理机制、协同发展和治理政策网络结构角度对京津冀协同发展和治理整体结构进行系统分析。接着在对京津冀第一、第二、第三产业基本情况进行分析的基础上，对三大产业转移和协同发展进展进行分析，对京津冀城市群建设进展和发展对策进行探讨。在探讨京津冀创新资源分布的基础上，对京津冀协同创新共同体要素构成和结构关系、协同创新体建设目标和行动方案以及运行机制和模式进行深入探讨，并从京津冀协同创新共同体格局、区域技术输出和吸纳能力、区域创新合作角度探讨了京津冀协同创新效果。接着，在探讨京津冀生态环境现状的基础上，从三地生态环境合作协议、大气污染防治协同治理政策与行动、水污染协同治理政策和行动、土壤治理政策与行动角度对京津冀生态环境协同治理进展进行系统分析，从协同规划、协同执法、生态补偿等角度探讨了生态环境协同治理机制，并从水环境治理、大气污染治理、绿化和湿地建设、区域联防联治及督查执法、公众参与角度探讨了京津冀生态环境协同治理效果。进而，分析了京津冀交通一体化进展、京津冀交通运输网络布局。最后，在探讨京津冀公共安全类型和特点、京津冀公共安全面临的风险和安全测评、京津冀突发事件应急预案和应急管理体系的基础上，从京津冀应急协作和演练、京津冀社会治安综合治理协同、京津冀及周边地区自然灾害防治协作、京津冀公共卫生安全协作角度探讨了京津冀公共安全协同治理问题。本书共八章，第一章和第八章分别为导论和结语。第二章重点探讨京津冀协同发展和治理结构性问题，第三、五、六章着重探讨了京津冀需要率先突破的三个领域，即产业转移、生态环境和交通。第四章探讨了协同创新问题，第七章探讨了公共安全协同治理问题。在第二至第七章中围绕具体领域探讨了协同体制问题。

　　对于本书存在的不足之处，恳请各位专家、同人批评指正。

　　是为序。

目　录
CONTENTS

第一章

导　论

第一节　问题的提出及研究意义

一、问题的提出

京津冀协同发展是党中央、国务院做出的一项重大决策部署，具有重要的战略价值。（1）这一战略的实施是以"创新、协调、绿色、开放、共享"新发展理念引领区域协同发展的一次重要实践，是统筹推进"五位一体"总体布局、协调推进"四个全面"战略布局在重要和关键区域的具体体现，是在新时代对解决我国区域发展不均衡的一次重大实践。（2）京津冀地区存在两个相邻的超级大城市，"大城市病"突出，区域内人口密度居于全国前列，人均资源拥有量少，生态环境问题突出。因此，京津冀协同发展战略的实施有助于为全国人口经济密集地区优化空间布局和走内涵式发展道路探索新模式。（3）京津冀地区拥有两个直辖市和一个省级政府，区域内存在国家机关、省级机关、中央企业和事业单位，区域内存在复杂的行政关系和行政壁垒。同时，作为首都区域，政治地位突出，示范效应明显。因此，京津冀协同发展战略的实施有助于为全国区域协同发展体制和机制创新提供经验借鉴，具有重要的示范价值。（4）在深化区域产业转移、区域交通一体化、区域协同创新等方面的探索对于如何建设世界级城市群具有重要的借鉴价值。

自京津冀协同发展成为国家战略以来，在党中央、国务院及京津冀协同发展领导小组的领导下，在中央部委和京津冀三地党委和政府的支持下，已经取得了积极成效，尤其在以下五个方面取得了积极效果：（1）协同发展统筹领导组织体系和规划体系基本形成，对接协调工作机制初步形成；（2）交通一体化、生态文明建设和产业一体化三大重点领域对接合作不断深化；（3）京津冀协同创新共同体正在形成；（4）非首都功能疏解正在有序进行，雄安新区总体规划得到批复；（5）在公共安全领域已经初步形成协作体系。

从发展阶段来说，按照《京津冀协同发展规划纲要》的规划，已经达到京津冀协同发展中期目标即将实现的关键时期。对此，2019年1月，习近平总书记在京津冀三省市考察期间发表的讲话中指出："过去的5年，京津冀协同发展总体上处于谋思路、打基础、寻突破的阶段，当前和今后一个时期进入到滚石上山、爬坡过坎、攻坚克难的关键阶段，需要下更大气力推进工作。"

为了更好地推进京津冀协同发展战略，就需要对京津冀协同发展及治理问题进行系统探讨。具体说来，主要涉及如下问题：（1）在新时代，京津冀协同发展在我国区域整体发展中具有何种地位，需要遵循何种思想予以指导？京津冀协同发展中政府间关系发生了哪些变化？（2）京津冀协同发展形成何种治理和政策网络？京津冀城市间合作关系发生了哪些变化？（3）在产业转移、协同创新、交通网络构建方面取得了哪些进展，存在何种协同治理机制？（4）在生态环境建设和治理与公共安全治理方面，京津冀地区取得何种进展和存在何种治理机制？

二、研究意义

（一）理论意义

和西方区域治理不同，中国区域治理以具有中国特色的区域发展思想为指导，具有中国特色的区域规划体系、行动方案体系以及"横向到边、纵向到底"治理组织、政策和责任网络体系。以京津冀协同发展实践为基础，从学理的角度解释京津冀协同发展和治理实践中存在的诸种问题，有助于丰富具有中国特色的区域协同发展和治理理论。在新时代，发展不平衡呈现新的矛盾，出现新的问题，呈现新特征，面临更为复杂的国际环境，需要在理论上不断创新。

中华文化把人作为探究的核心，是一种把个人和他人融为一体、追求人己相互依存与和谐共生的文化。① 中华文化也追求"天人合一"，追求人和自然和谐共存。在新时代，发展不平衡不充分已成为满足人民日益增长的美好生活需要的制约因素，成为影响统筹推进"五位一体"总体布局、协调推进"四个全面"战略布局的制约因素。党的十九大报告提出实施区域协调发展战略，而京

---

① 陈祖武：《中国文化追求人己和谐》，《人民日报》2019年2月18日。

津冀协同发展则是实施区域协调发展战略的重要内容和关键环节。在中国进入新时代的新形势下，以习近平同志为核心的党中央立足于北京和京津冀区域发展的现实问题，开创性地把"协同发展"作为解决京津冀发展诸多问题的关键。因此，系统梳理和总结京津冀发展"协同"实践经验，有助于丰富具有中国特色的协同发展理论。尤其是对京津冀协同治理结构、政策网络、治理机制和效果的分析，具有较高学术价值。

（二）现实意义

首先，区域协同发展存在的一个关键性问题是缺乏区域协同组织体系和规划体系。因此，对于区域协同发展组织和政策网络结构的分析，有助于从整体上了解组织和规划体系方面存在的问题，提出针对性建议，有助于在现实层面完善这种结构性问题。

其次，区域协同发展离不开有效的协同机制。本书对于总体协同机制和具体领域协同机制的构成分析有助于发现不足并提出针对性对策建议。

最后，本书对产业转移、协同创新、生态环境建设和治理、交通一体化发展、公共安全协作等领域的协同进展及存在问题的分析，有助于为相关协同政策进一步完善和拓展提供参考。

第二节　国内外研究综述

一、国外研究综述

美国学者詹姆士·米特尔将区域分为宏观区域、次区域和微观区域。宏观区域是指洲际之内由民族国家结合各国的规则形成的组织联合体，次区域是指小范围的、被认知可分为一个单独经济区域的跨国界或境的多边经济合作，而微观区域是指一国内部出口加工区、工业园区或省际间、地区间的合作。[①] 显然，这种划分是站在全球化的视角进行的，反映了在全球化浪潮下政治学和国际关系方面的学者对区域认同、区域主义、区域和民族国家关系等问题的关注。对于一国之内的区域政府之间的关系，可以分为纵向间关系和横向间关系。纵向间关系是指不同等级政府之间的关系，横向间关系"可以被看作是由地位对

---

① J. H. 米特尔曼：《全球化综合症》，刘得手译，新华出版社 2002 年版，第 134～135 页。

等的地方当局形成的分散体系，而且这些地方当局被竞争与协商的动力驱动"①。

随着市场经济的不断发展，区域间围绕资本、人才、物质资源而展开竞争引发了西方学者对"竞争性政府""发展性政府""以脚投票""税收效应"等问题的关注，形成政府间竞争、区域发展、区域一体化理论。区域经济学和发展经济学肯定了自然资源禀赋、空间区位以及市场盲目自发性给区域发展带来的影响，认为"区域间增长的不平衡性，是增长本身不可避免的伴随情况和条件"，因此，如何发挥区域政府或其他区域组织的作用在调控区域经济不平衡中扮演了重要角色。由此大体上形成了"平衡发展理论"和"不平衡发展理论"。这两种理论在 20 世纪 50 年代展开争论，在学界产生了重要影响。罗森斯坦·罗丹提出的"大推进理论"是平衡发展理论的一个重要代表。该理论的核心观点是，在发展中国家或地区对国民经济的各个部门同时进行大规模投资，以促进这些部门的平均增长，从而推动整个国民经济的高速增长和全面发展。② 纳克斯（Nurkse）和刘易斯（A. Lewis）进一步发展平衡发展理论，他们认为，经济发展的道路以及投资的格局一定要使不同经济部门保持平衡，不要因一个部门的发展不足阻碍其他部门的发展。③ "不平衡发展理论"的代表人物有赫希曼（A. Hirshman）、斯特里顿（Streeten，P.）等。赫希曼从产业关联度分析入手，主张不要同时发展各项产业，而应当集中力量发展那些关联效应比较大的产业部门，以它们为动力逐步扩大对其他部门产业的投资。④ 斯特里顿在《不平衡增长》一文中，既主张国民经济各部门按不同的比例全面发展，实现平衡增长，也主张在达到平衡增长的过程中，依据各个产业的产品需求收入弹性来安排不同的投资率和增长比例。20 世纪 80 年代以来，越来越多的学者认为创新、技术

① Paul R. Domnel. Intergovernmental Relation, in Managing Local Government ［M］. Californian's Pablications. 1991：342.
② 罗森斯坦·罗丹：《东欧和东南欧国家工业化的若干问题》，《经济学》1943 年第 6 期。H. S. 埃利斯主编的《拉丁美洲的经济发展》收录了他的《"大推进"理论笔记》，圣马丁出版社 1966 年版。
③ 相关理论详见两人著作：Nurkse. Problems of Capital Formation ［M］. Oxford：Oxford University Press，1953. and A. Lewis. The Theory of Economic Growth ［M］. London：Allen & Unwin，1955.
④ 赫希曼著有《经济发展战略》《迈向进步之旅》和《发展项目之观察》，对拉美发展进行了研究，丰富了其不平衡发展理论。其中，《经济发展战略》一书由经济科学出版社于 1992 年出版了中文版，曹振海、潘照东译。

的外部性、人力规模等导致区域经济差距的增大。对关税同盟效应的研究拓展了区域经济一体化效应的研究，由此推动了区域经济一体化的研究。区域经济一体化理论的核心思想是区域经济一体化为成员体提供了根据比较优势进行产业间专业分工的机会，只要集团内的贸易转移效应小于贸易创造效应，整个集团的资源配置就会得到优化①，代表性学者有芒德尔（Robert Mundell）、科登（Max Corden）等。

新制度经济学家将区域间竞争分析带入制度竞争层面。在《西方世界的兴起》《制度、制度变迁与经济绩效》《经济史中的结构和变迁》等著作中，D.诺思都表达了这样一种思想，即国家层面的经济绩效竞争说到底就是制度层面的竞争。柯武刚和史曼飞指出："制度系统对成本水平影响极大，以至于成了国际竞争的重要因素。结果，各国政府也在不同程度上直接相互竞争"。② 波特的《国家竞争优势》《竞争战略》《竞争论》等将区域竞争提升到战略层面。他强调的区域发展集群理论实质是强调区域发展要实施多元治理的力量。他指出，"集群为政府组织、公司、供应商与当地的制度和协会等提供一个建设性和行动性的共同舞台"③。

在全球化、市场化、信息化不断发展的情况下，区域间人员和资源交流越来越频繁，并且跨区域犯罪、跨区域污染、跨区域交通联结、跨区域基础设施建设等"区域公共问题"越来越突出，需要"区域公共物品"的提供，而"区域公共物品"供给的一个基本难题在于如何克服单个区域政府的"搭便车"行为。针对这一问题，西方产生了"大盒子"理论和"多层次政府"理论。"大盒子"理论将统一的大都市区政府比作"大盒子"，其区域内各个市政府比作是"小盒子"。其基本主张是用"大盒子"替代"小盒子"以更好地吸收经济外部性和随之而来的"溢出"效应。④ "多层次政府"理论主张地方性的事务由区域内的地方政府来解决，区域性的事务由大都市区政府来解决。在实践中，也出现了大都市区政府，如英国大伦敦总署、日本东京都、加拿大多伦多大都市政府、美国华盛顿大都市区政府等。大都市区政府本质上仍是主要依赖科层政府组织和科层体制解决公共问题的运作模式，难以摆脱官僚制本身所存在的问题

---

① 彭建交：《经济一体化与京津冀协同》，中国人民大学出版社 2016 年版，第 9 页。

② 柯武刚，史曼飞：《制度经济学》，韩朝华译，商务印书馆 2000 年版，第 485 页。

③ M. 波特：《国家竞争优势》，李明轩译，华夏出版社 2002 年版，第 9 页。

④ H. V. Savitch and R. Vogel. Regional Politics：American in A Post – City Age［M］. London：Sage Publications，1996：110～120.

以及难以有效应对日益复杂的区域公共问题。新区域主义理论试图在这一方面有所突破，主张通过多重的、网络化的地区间协议或契约来推动政府间的横向合作。其中"多边联合治理"模式强调区域内不同政府之间在区域问题治理的某个方面实现职能上的"对接"或者签订地区间的合作协议。在实践中，美国的路易斯维尔就曾采用了这一模式。城市社区模式主张通过把现任地方政府官员合并到一个大都市区议会来运作，以此来保证各个地方政府的完整性。在实践中，加拿大的蒙特利尔、法国的里昂就曾采用了这一模式。

经济地理学关注区域间经济成本、经济集聚、空间自相关性、产业空间分布等问题。早期的经济地理学家关注贸易成本给区域发展带来的影响。克鲁格曼（Krugram）提出的中心—边缘模型为新经济地理学奠定了基础。① 路德马（Ludema）等较早地关注地方税收对产业空间布局的影响。② 肯德（Kind）的研究发现，如果集聚出现一个地区，即便核心地区设定的资本税率远高于边缘地区，集聚仍然可能出现在该地区，从而核心地区的居民福利会得到进一步提高。当然，如果地区产业对称分布，两国都不会设定高税率，只会进行补贴竞争。③ 埃格（Egger）等研究发现，"公平工资"扭曲了市场出清时要素的价格，从而产业集聚与标准的核心—边缘模型出现了差异。④ 马丁等人的研究，发现区域内基础设施的建设能够有效地吸引企业重新选择区位，有利于欠发达地区。但是，区域之间基础设施的建设不利于欠发达地区的发展，欠发达地区的产业会不断地向发达地区转移。⑤

现代社会的日益复杂性催生了复杂性网络治理理论。斯蒂芬·戈德史密斯等学者认为存在层级制政府、网络化政府、协同政府和第三方政府，而网络化治理"将第三方政府高水平的公私合作特性与协同政府充沛的网络管理能力结合起来，然后再利用技术将网络连接到一起，并在服务运行方案中给予公民更

---

① Krugman P. Increasing returns and Economic Geography [J]. The Journal of Political Economy, 1991, 99 (3): 483~499.

② Ludema R D, Wooton I. Economic georaphy and the fiscal effects of regional integration [J]. The Journal ofInternational Ecnomics, 2000, 52 (2): 331~466.

③ Kind H J, Knarvik K H M, Schjelderup G. Competing for capital in a "lumpy" world [J]. The Journal of Public Economics, 2000, 78 (3): 253~274.

④ Egger P, Seidel T. Agglomeration and fair wages [J]. Canadian Journal of Economics, 2008, 41 (1): 271~291.

⑤ Martin P, Rogers C A. Insustrial location and public infrastructure [J]. Journal of International Economic Geography, 1995, 22 (4): 335~351.

多的选择权"①。彼得·德利昂等将区域合作型政策网络分为代表型、互惠型、水平权力结构型、嵌入型、信任和关系型、参与型和合作型。② 针对区域治理中存在的区位主义、"碎片化"管理等问题，希克斯（Perri 6）、波利特（Christopher Pollitt）等提出的整体性治理理论越来越受到关注。希克斯认为整体性治理尤其要关注如下整合维度：一是包括地方政府之间、中央政府与地方政府之间、地方政府和区域管理机构之间存在的不同或相同治理层级的整合；二是政府内部功能的整合；三是公私部门之间的整合。

国外研究给我们带来的启示主要体现在以下方面：（1）区域竞争和合作是区域发展和治理始终要面临的两个基本问题，区域是一个系统工程，在区域公共物品供给上始终存在集体行动的难题；（2）区域发展和治理需要考虑到不同经济发展区的利益，需要考虑到区域之间的空间关系，需要探索适合本地区的有效发展模式；（3）区域发展和治理越来越是一个复杂治理问题，需要采用科层、市场、网络治理等多元化治理机制予以应对，需要整体治理思维，需要采用精细化的区域治理政策工具。

二、国内研究综述

以"区域发展""区域治理""治理"为篇名在中国知网上搜索，截至 2019 年 2 月 28 日分别有 7313、466、520407 篇文献。其中，区域发展研究文献数量自 1988 年开始呈不断增长趋势，至 2012 年达到顶峰。2012、2013、2014、2015、2016、2017、2018 年分别为 428、408、412、367、351、312、276、246 篇，基本呈下降趋势。最早出现区域治理研究文献的年份是 1987 年，至 2002 年每年发表文章不超过 4 篇。从 2008 年开始发表超过 10 篇。尤其是 2012 年以来相关文章年均超过 17 篇，其中 2015 年最多，共 44 篇。治理研究文献从 1992 年开始呈不断增长趋势，至 2016 年达到顶峰为 21146 篇。党的十八届三中全会提出"推进国家治理体系和治理能力现代化"，大大推动了学界对区域治理的研究。国内研究主要集中于以下领域。

（1）区域发展、治理中的合作困境。一种解释认为，"行政区经济"导致

---

① 斯蒂芬·戈德史密斯，威廉·D·埃格斯：《网络化治理：公共部门的新形态》，北京大学出版社 2008 年版，第 17 页。

② Peter deLeon, Dnielle Varda. Toword a Theory of Colloborative Policy Networks: Identifying Structural Tendencies〔J〕. The Policy Studies Journal. 2009，37（1）59~74.

了地方政府之间恶性竞争和产业同构。① 周雪光认为行政发包制使得我国各个地方形成了自身独特的利益结构，而且往往会在地方政府之间形成"共谋"来共同应对上级政府。② 周黎安用"晋升锦标赛"理论来解释地方政府行为。在晋升的锦标赛下，官员基于自己官位和竞争者的位次排序的考虑，不仅有充足的动机去做有利于本地区经济发展的事情，也同样有动力去做不利于其竞争对手所在地区的事情。③

（2）区域经济一体化。早期的区域经济一体化关注经济全球化对区域经济一体化的影响。佟家栋、刘力、韦金鸾等关注区域经济一体化模式。其中，刘力认为南北型区域经济一体化对发达国家和发展中国家出口、投资都有好处。探讨中国区域经济一体化方面出版了一批著作，包括张萍的《长株潭经济一体推进方式创新》、罗峰的《区域一体化中的政府与治理：对武汉城市圈的实证研究》、崔万田的《东北老工业基地区域一体化研究》、张军的《珠三角区域一体化发展研究》、杨再高的《大珠三角区域经济一体化研究：基于空间均衡的视角》、黄群慧等的《长三角区域一体化发展战略研究：基于与京津冀地区比较视角》、陈广汉等的《区域经济一体化研究：以区域经济一体化研究：以粤港澳大湾区为例》等。区域一体化表现在城市层面就是城市群或都市圈研究。这方面有大量的成果，学界侧重于从区域空间布局、城市间相互关系、网络的角度界定城市群，基于地理单位的"空间属性"角度、城市等级角度、吸引范围角度界定城市群范围。

（3）区域发展战略研究。学者主要是围绕区域发展战略阶段、演进特征、具体区域发展战略等方面进行研究。蔡之兵认为，改革开放以来，我国区域发展战略演进呈现十大特征：空间属性增强，创新作用增强，更加注重顶层设计，实施思路的协调性提高，面临问题的复杂性增加，更加注重质量提升，发展动力的内生性增强，发展机制的可持续性增强，作用对象的全面性增强，战略地

---

① 舒庆，周克瑜：《从封闭走向开放：中国行政区经济透视》，华东师范大学出版社 2003年版；刘君德：《中国转型期凸显的"行政经济"现象分析》，《理论前沿》2004 年第10 期。

② 周雪光：《基层政府间"共谋现象"：一个政府行为的制度逻辑》，《社会研究》2008 年第6 期。

③ 周黎安：《晋升博弈中政府官员的激励与合作：兼论我国地方保护主义和重复建设问题长期存在的原因》，《经济研究》2004 年第6 期。

位的稳定性增强。① 尹虹潘认为，改革开放初期主要以中央单向主导的开放平台渐进式布局支撑东部沿海率先发展的战略意图，20 世纪 90 年代中期之后通过发挥中央和地方两个积极性，推动以主题性综合改革为重点的各类战略平台，新时代区域协调发展阶段，以三大发展战略和新发展理念为引领，将中央推动和地方全面贯彻结合实施战略平台全面布局。② 张可云认为，我国的区域战略已经进入生态文明的区域经济协调发展战略阶段，生态文明取向的区域经济协调发展的实施路径要以组织协调为前提、以利益协调为保障、以产业协调为基础，即完善政府环境规制分权结构、建立和完善生态补偿机制、避免产业污染的同向转移。③ 孔繁斌等著的《区域发展总体战略与主体功能区战略互动研究》主张通过推动区域发展战略与主体功能区战略互动发展来促进我国区域发展。④

（5）区域协同研究。学界主要集中于协同机制和机理、协同创新等方面。候永志等在总结发达国家协同发展经验的基础上，对区域协同的内涵、实现机理和路径进行了深入探讨，并构建了区域协同发展的政策体系框架。⑤ 王圣云等主张以产业转型升级和产业群落发展为推动，以城市集群网络为载体，以区域协同发展为旨归，构建紧密关联、网络交叠的城市网络体系和城市集群推动长江经济带发展。⑥

（6）区域政策及政策工具研究。魏后凯等对中国区域政策的基本框架、调整完善方向和具体措施进行了系统研究。程栋认为区域经济政策工具创新应上下互动完善区域规划编制和落实，以制度创新工具发挥市场机制，优化特殊经济区政策保障制度供给效率，利用治理机制促进区域经济合作，合理选择环境政策工具。⑦

（7）区域发展、治理绩效研究。学界从全国、具体区域、某一领域对区域

---

① 蔡之兵：《改革开放以来中国区域发展战略演进的十个特征》，《区域经济评论》2018 年第 4 期，第 26 ~ 38 页。
② 尹虹潘：《国家级战略平台布局视野的中国区域发展战略演变》，《改革》2018 年第 8 期，第 80 ~ 92 页。
③ 张可云：《生态文明的区域经济协调发展战略》，北京大学出版社 2014 年版。
④ 孔繁斌、李志萌、陈胜东：《区域发展总体战略与主体功能区战略互动研究》，中国社会科学文献出版社 2016 年版。
⑤ 候永志、张永生、刘培林：《区域协同发展：机制与政策》，中国发展出版社 2016 年版。
⑥ 王圣云、向云波、翟晨阳、罗玉婷等：《长江经济带区域协同发展》，经济科学出版社 2017 年版。
⑦ 程栋：《中国区域经济政策工具创新：理论与实践》，《贵州社会科学》2016 年第 4 期，第 120 ~ 126 页。

发展或治理绩效进行研究。邓宏兵等研究发现，东部地区协调发展水平最高，而东北部地区协调发展水平逐渐下降，中部地区和西部地区协调发展水平缓慢上升。① 王兵等运用 1998 年至 2013 年数据对我国区域绿色发展进行了研究，认为绿色发展绩效东部和中西部在投入效应贡献度方面依次增大，但在环境效应贡献度方面依次减小，而全要素绿色效率和全要素绿色生产率则呈现东高西低的格局。②

总体而言，对于区域发展学界由开始侧重于经济发展转向协调发展、一体化发展、协同发展、总体性发展，在区域治理方面的研究议题也不断拓展，在协同治理、网络治理、整体性治理方面的共识越来越高。随着研究的不断深入，需要围绕具体领域、具体发展战略、具体治理机制、具体政策工具、具体流域等展开精细化研究。

三、京津冀协同发展和治理研究综述

以"京津冀一体化""京津冀协同发展"为篇名在中国知网搜索，截至 2019 年 2 月 28 日，分别有 1266、2931 篇文献。自 2009 年至 2013 年研究京津冀一体化的文献年均 14 篇，在此之前每年不超过 10 篇，但是 2014 至 2018 年文献数量分别是 368、309、231、159、88 篇。2013 年以前研究京津冀协同发展文献年均不超过 5 篇，2014 至 2018 年的文献数量分别为 583、940、886、530 篇。这些数据说明，京津冀协同发展战略确定以后，京津冀区域研究成为学界研究热点。早期主要集中于京津冀一体化或协同发展的必要性、空间范围、产业布局等方面的研究，自 2014 年以来，研究集中于京津冀协同发展规划、京津冀协同发展机制、京津冀协同发展效果、京津冀交通一体化、京津冀生态治理、京津冀产业转移、京津冀都市圈等方面的研究，研究范围、深度、政策针对性都有提升。由中国社科院、首都经贸大学，以及国家发改委、北京市发改委等单位专家学者组成的课题组自 2013 年以来发布了一系列报告，产生了重要影响。

（1）京津冀一体化、协同发展必要性。学者们从历史演进、区域优势、区域规划等角度论证了京津冀一体化的必要性。刘纯彬认为历史上京津冀是一个

---

① 邓宏兵，曹媛媛：《中国区域协调发展的绩效测度》，《区域经济评论》2019 年 1 期，第 25～32 页。

② 王兵，候冰清：《中国区域绿色发展绩效实证研究：1998—2013》，中国地质大学学报 2017 年第 6 期，第 24～40 页。

整体，因此提出建立大行政区的设想。① 崔和瑞从全球范围分析了区域经济发展的趋势，认为京津冀是环渤海经济圈的核心部分，具有成为带动我国区域经济发展的第三个增长极的可行性。② 魏后凯等认为京津冀都市圈有可能从"双核"发展到"三核"。③ 陈红霞等认为京津冀区域人口和城镇体系的空间分布不均衡，主张以"三轴、四区、多中心、网络化"作为京津冀空间一体化发展调整方向。④ 孟祥林在分析京津冀地区行政区域划分和影响力的基础上，认为需要重新整合京津冀以唐保为核心的城市群之间的关系，形成"双核 + 双子"模式。⑤

（2）京津冀协同发展进展、问题和对策建议研究。阎庆民、张晓朴等著的《京津冀区域协同发展研究》一书对京津冀区域战略定位、激励机制设计、人口问题、交通问题、环境治理和可持续发展、智慧城市建设、金融服务创新、环京津冀贫困带脱贫发展等进行深入分析，并分别提出了对策建议。⑥ 赵弘的《聚焦京津冀协同发展》一书系统分析了京津冀协同发展的历史定位和战略布局、总体构想和最近进展，重点分析了疏解北京非首都功能、建设北京副中心和雄安新区，并提出了对策建议。⑦ 彭建交等著的《经济一体化与京津冀协同》一书围绕京津冀地区尤其是河北沿海地区经济发展现状、既有规划、竞争力、区域形象、治理思维等进行系统分析，对河北沿海地区融入京津冀一体化提出了对策建议。⑧

（3）协同治理和协同创新。崔晶认为京津冀都市圈需要建立地方政府整体性协作治理机制来解决都市圈治理的"碎片化"，具体包括信任和沟通机制、利

---

①　刘纯彬：《一个天方夜谭还是一个切实可行的方案：关于建立京津冀大行政区的设想》，《软科学》1992 年第 3 期。

②　崔和瑞：《京津冀区域经济一体化可行性分析及发展对策》，《技术经济与管理研究》2006 年第 5 期。

③　魏后凯，邬晓霞：《"十二五"时期中国区域政策的基本框架》，《经济与管理研究》2010 年 12 期。

④　陈红霞，李国平，张丹：《京津冀区域空间格局及其优化整合分析》，《城市发展研究》2011 年 11 期。

⑤　孟祥林：《京津冀"双核 + 双子"模式城市化进程研究》，西南财经大学出版社 2011 年版。

⑥　阎庆民，张晓朴：《京津冀区域协同发展研究》，中国金融出版社 2017 年版。

⑦　赵弘：《聚焦京津冀协同发展》，北京出版社 2018 年版。

⑧　彭建交：《经济一体化与京津冀协同》，中国人民大学出版社 2017 年版。

益协调与补偿机制、监督和评估机制。① 在生态治理领域，郝吉明等对京津冀区域大气污染来源与减排潜力、能源和产业协同发展战略、耗能行业大气污染控制方案、农业与新型城镇化发展中的大气污染防治战略、交通系统发展、大气污染监测监管体系等进行研究，为京津冀大气复合污染防治提供了联发联控战略和路线图。②

综上所述，京津冀区域发展和治理研究已经成为学界研究的热点话题，文献越来越丰富，但是将区域协同发展、协同治理、政策体系相结合进行研究还有巨大空间，对于具体实践领域的治理组织体系、规划体系和治理机制的系统梳理还有待进一步研究。

第三节　国内外区域发展和治理实践与启示

一、欧盟发展与治理及启示

欧盟的实质是国家间区域发展和治理的组织和政策形态。在纵向上包括（1）欧盟委员会、欧洲理事会、欧洲议事会及其职能机构。（2）成员国政府及其内部设立的相应政策机构以及在欧盟总部设立的办事处。在横向上，欧洲投资银行、欧洲商会、欧洲企业家联盟等发挥了重要作用。欧盟发展和治理实践给我们带来以下启示：（1）区域发展需要运用多元化的治理模式、完备的治理方式和精细化的治理政策工具；（2）在区域发展中区域治理组织、区域发展和治理元政策在区域发展和治理中具有先导作用。在多元化的发展和治理模式方面，欧盟包括（1）问题区域发展和治理模式。欧盟将区域发展和治理存在问题的区域分为落后区域、萧条区域、滞胀区域和边缘区域。对于不同的区域，其政策具有不同的倾向性和针对性。（2）协同创新模式。通过欧洲创新行动计划支持区域内形成创新共同体，制定区域创新综合评价表，支持形成区域创新联盟等创新网络系统。（3）跨境合作模式。例如，奥瑞桑德区域由丹麦、瑞典两国合建的跨边境大都市区。（4）流域治理模式。成立了"莱茵河保护国际委员

---

① 崔晶：《都市圈地方政府协作治理》，中国人民大学出版社 2015 年版。
② 郝吉明等：《京津冀大气复合污染防治联发联控战略及路线图》，科学出版社 2017 年版。

会"和观察员小组，签署《伯尔尼公约》以及一系列协议来开发和保护莱茵河。在区域发展和治理方面主要是通过完备的法律、充足的基金、规范的项目管理来实现。在法制方面有《欧共体共同条约》《欧盟基本法》。在基金方面有结构基金、聚合基金、欧盟团结基金、预备接纳基金。在项目管理方面，确立了援助项目的通用规则、报批流程，规定了项目文件的必要内容。

在大都市区发展和治理上，欧洲形成了一个以大都市为中心，包括中小城市在内的较为均衡的城际结盟发展和治理的模式。它以欧盟共同市场为先导，以欧洲区域政策和项目为基础，大力推进区域内基础设施和资源的网络化，推动区域发展和治理。

二、美国区域发展和治理经验和启示

美国联邦政府下设政府委员会（又称区域委员会）来协调处理区域发展和治理问题。例如，阿巴拉契亚山区经济委员会、南部区域发展政策委员会。按照美国宪法，经过国会批准，州与州之间可通过缔结州际协议形成政府间管理部门，如纽约和新泽西组建了纽约新泽西港务管理局、田纳西流域管理局。此外，美国还会形成区域利益团体游说联邦政府对本区域予以政策支持。在区域治理中，政府间协议发挥了重要作用，其内容涉及行政管辖边界、流域管理、区域污染问题防治、突发事件应急管理等。美国联邦最高法院对州际之间的关系进行司法调节。

美国流域和大都市区在发展和治理方面具有悠久的历史，对我国区域发展和治理具有一定的借鉴价值。

在流域发展和治理方面，美国宪法提供了三种机制。一是州际协议，二是国会立法，三是联邦最高法院的司法调节。联邦立法干预主要是通过联邦政府自上而下的干预进行的。司法调节实质上是一种对抗性的行为，其时间和财力成本高。协议本质上是一种契约，可以通过法院强制实施。州际流域协议涉及水资源分配和供应、水污染控制和水质保护、资源开发等内容。根据协议一般会成立流域管理委员会。

在大都市区发展和治理方面，美国形成大都市区委员会（如华盛顿大都市区政府联合会）。这种委员会由地方政府成员构成，其资金来源主要是地方政府会费、联邦政府拨款、私人部门的捐金和基金。董事会成员由地方政府以及区域州立法会代表任命。董事会设执行董事和主要行政官员委员会负责行政管理事务。跨区域合作主要是通过三种方式①。一是项目合作方式。联邦政府主要是通过提供财政拨款或援助，再由这些地方政府或都市委员会采取协商一致的方法来共同解决问题，而联邦政府和地方政府主要负责监督和评价项目实施效果并决定是否追加项目拨款或援助。二是市场机制合作方式，即对于跨区域地方政府共同关注的问题通过政府间服务合同、联合服务协定、政府间服务转移等方式向私人企业、非营利组织购买方式进行。三是非政府组织运作方式。

美国大都市区发展和治理模式以政府间认同和协议为基础，在吸收社会资本、社会参与和合作方面具有一定的可借鉴性。

三、珠三角和长三角区域发展和治理实践和启示

珠三角、长三角和环渤海被称为中国经济发展三大经济圈，因此长三角和珠三角的发展和合作模式对京津冀协同发展和治理具有很高的借鉴价值。

1978 年广东省委提出要充分发挥广东华侨多、毗邻港澳的优势发展"贸易合作区"。② 1979 年 7 月，中央批准广东、福建两省在对外经济中实行特殊政策。因此，广东省经济的发展始于中央向地方放权，在这个基础下，广东向市、县（区）、乡镇放权，政府向企业放权，基层和民间获得了发展经济的权力。广东民营企业逐步获得发展空间，先从贸易做起，逐步向制造业发展。然后，开始逐步向投资技术改造和研究开发方面发展，进而向现代服务业和创意产业发展。广东模式是珠三角发展模式的代表。珠三角发展模式具体说来又包括深圳模式、东莞模式、佛山模式、泉州模式、福州模式等亚模式。

在区域协调机制方面，珠三角形成了如下机制。（1）行政首长联席会议制度。由内地省长、自治区主席和港澳特别行政区行政长官组成，每年举行一次会议。其职责包括研究区域合作规划，研究区域内需要协调的重大问题，审议和决定区域合作的重要文件，研究下一届论坛和会议承办方。（2）行政首长联席会议秘书处。设秘书长和常务副秘书长 2 名。职责主要包括执行行政首长联席会议的决定和交办事项，指导、协调各成员方日常工作办公室，筹备会议，协作编制区域规划方案等。（3）政府秘书长协调制度。由九省（区）政府秘书长或副秘书长，港澳相应官员组成。主要负责协调"9 + 2"之间需要政府协调

---

① 唐亚林：《长江三角洲地区区域治理的理论与实践》，复旦大学出版社 2014 年版，第 75 页。

② 唐昊：《究竟什么是"广东模式"》，《同舟共进》2018 年第 1 期，第 17 页。

的事宜，负责协调本方参与"9+2"论坛和经贸洽谈会需要政府协调的具体工作事项，负责指导政府各有关部门衔接落实推进合作项目及相关工作。（4）日常工作办公室制度。九省（区）区域合作的日常工作办公室设在相应的发改委（厅），港澳由其确定的部门负责。（5）部门衔接落实制度。各部门定期向各方的日常工作办公室反映合作事项的进展、工作建议和存在问题；不定期召开合作区域内对口部门衔接协调会议。①

党的十八大以来，在以习近平同志为核心的党中央的推动下，港澳在珠三角地区的地位不断提升，区域发展和治理逐渐升级为"粤港澳大湾区"。2016年国家"十三五"规划中明确提出要粤港澳大湾区和跨省区重大合作平台建设。2016年3月国务院印发《关于深化泛珠三角区域合作的指导意见》，进一步提出要"共同打造粤港澳大湾区，建设世界级城市群"。2017年7月达成了《深化粤港澳合作推进大湾区建设框架协议》。这一协议是由国家发展和改革委员会、广东省人民政府、香港特别行政区政府、澳门特别行政区政府四方协商一致形成的。按照协议，四方每年定期召开磋商会议，协调解决大湾区发展中的重大问题和合作事项，每年提出推进粤港澳大湾区建设年度重点工作并由四方政府推动落实。党的十九大报告提出要"以粤港澳大湾区建设、粤港澳合作、泛珠三角区域合作等为重点，全面推进内地同香港、澳门互利合作"。2018年成立了粤港澳大湾区建设领导小组。2019年2月，中共中央、国务院印发了《粤港澳大湾区发展规划纲要》。

长三角发展模式中，浙江和广东相似，主要是通过政府放权、发展民营企业发展地方经济，以温州模式、苏南模式、浦东模式等为代表。温州模式以家庭工业和专业化市场的方式实现非农产业发展，而苏南模式是以发展乡镇企业实现非农产业发展，浦东发展模式是以规划先行、体制创新为基础，由政府设立开发公司集聚区域各种要素搭建保税区、物流园区、科技园区、出口加工区、现代农业示范区、金融贸易区、文化创意园区而发展经济的模式。

在区域协调机制方面，主要包括（1）长三角地区主要领导座谈会。属于决策机构。自2004年开始，三省（市）主要领导每年定期召开会议，讨论长三角地区区域发展重大事项。（2）长三角地区合作与发展联席会议。由三省一市常务副省（市）长、分管秘书长、发展改革委员会及各专题组轮值牵头单位负责人出席会议。每年一次，主要是作为协调机构。（3）长三角区域合作办公室。

---

① 齐子翔：《京津冀协同发展机制设计》，社会科学出版社2015年版，第48~49页。

作为规划和统筹机构。2018 年 2 月，三省一市联合组建的长三角区域合作办公室在上海挂牌成立，三省一市共 16 位工作人员。长三角地区签署了《关于长三角区域海事大通关建设合作备忘录》《关贸紧密合作机制备忘录》《长三角区域食品药品安全领域信用联动奖惩合作备忘录》等文件，在人事争议仲裁、跨界环境污染纠纷处置的应急联动、政法综治协作交流、跨界水体生态补偿、地区劳动保障监察等方面达成了一系列协议，设立了政策性公益基金，取得了很多合作成果。2016 年 3 月，中共中央政治局通过了《长江经济带发展规划纲要》。2016 年 5 月国务院批准《长江三角洲城市群发展规划》。2018 年 11 月通过《中共中央国务院关于建立更加有效的区域协调发展新机制的意见》，明确要求以上海为中心引领长三角城市群发展，带动长江经济带发展。①

珠三角与长三角的发展和治理实践具有以下启示价值。（1）通过供给侧改革推动京津冀地区体制改革，赋予基层和民间发展经济的活力，努力营造区域营商环境。相对于珠三角和长三角地区来说，京津冀发展和治理长期过于依赖政府行政力量的推动，市场和社会的积极性没有被充分调动，"自下而上"的问题反映和解决渠道不够通畅，需要通过进一步改革予以改变。尤其是河北和天津作为产业转移承接地，需要通过体制改革和创新增加吸引企业入驻和民间自主创业。（2）珠三角和长三角地区的发展和治理离不开区域认同程度高的协调体制和机制的运转。行政力量不平衡是考虑京津冀地区区别于珠三角和长三角地区发展的一个基本起点，因此构建京津冀协同发展体制和机制过程中，如何解决"北京本位"与京津冀协同发展整体定位之间的矛盾问题是关键。（3）相对于珠三角、长三角来说，京津冀地区核心城市存在数量少、地理位置过于靠近以及次中心城市过少的问题，因此京津冀地区除了要大力加大雄安地区建设以及河北城市发展力度外，还需要考虑周边其他省份城市的融入问题。粤港澳大湾区存在广深港澳四强并立情况，而长三角城市群除了龙头城市上海，还有杭州、南京、苏州、宁波、合肥等二线城市，属于"一超多强"。京津冀地区主要存在北京和天津两个超大城市，缺乏更多的核心城市和次中心城市。

---

① 长江经济带覆盖上海、江苏、浙江、安徽、江西、湖北、湖南、重庆、四川、云南、贵州等 11 省市。长三角城市群包括上海，江苏省的南京、无锡、常州、苏州、南通、盐城、扬州、镇江、泰州，浙江省的杭州、宁波、嘉兴、湖州、绍兴、金华、舟山、台州，安徽省的合肥、芜湖、马鞍山、铜陵、安庆、滁州、池州、宣城等 26 市。

第四节　我国区域发展思想演进

一、区域发展思想演进：1949 年至 2012 年

在区域经济发展上，马克思提出了区域劳动分工理论。新中国成立之初，我国工业和重工业约七成分布在沿海。基于这一极端不均衡的分布现状，毛泽东在《论十大关系》中提出要平衡工业发展布局的思想。毛泽东同志指出："在沿海工业和内地工业的关系问题上，要充分利用和发展沿海的工业基地，以便更有力量来发展和支持内地工业。""所谓沿海，是指辽宁、北京、天津、河南东部、山东、安徽、江苏、上海、浙江、福建、广东、广西。""沿海的工业基地必须充分利用，但是，为了平衡工业发展的布局，内地工业必须大力发展。"① 我国全部轻工业和重工业，都有约 70% 在沿海，为此毛泽东同志倡导区域均衡产业布局。1976 年至 1978 年，我国共在中西部地区建了 2000 多家大中型企业，在内地初步建立了工业体系。1964 年因中苏关系恶化而进一步严峻的国际形势，我国推动了"三线建设"。一线地区指位于沿边沿海的前线地区；二线地区指一线地区与京广铁路之间的安徽、江西及河北、河南、湖北、湖南四省的东半部；三线地区指长城以南、广东韶关以北、京广铁路以西、甘肃乌鞘岭以东的广大地区，主要包括四川（含重庆）、贵州、云南、陕西、甘肃、宁夏、青海等省区以及山西、河北、河南、湖南、湖北、广西、广东等省区的部分地区。1947 年 10 月，毛泽东同志亲自起草并签发《中国人民解放军宣言》，承认中国境内各少数民族有平等自治的权利。同年，全国第一个民族区域自治政府—内蒙古自治区成立。1949 年 9 月，中国人民政治协商会议第一届全体会议通过的《中国人民政治协商会议共同纲领》对民族区域自治进行了规定："各少数民族聚居的地区，应实行民族的区域自治，按照民族聚居的人口多少和区域大小，分别建立各种民族自治机关。"1952 年 8 月 8 日，毛泽东签署颁布了《中华人民共和国民族区域自治实施纲要》。在区域行政治理上，新中国成立之初，成立东北人民政府和西北、华东、中南、西南各军政委员会。1951 年年底，成立"政务院华北行政委员会"。1952 年 11 月，中央撤销其他五大行政区人民

---

① 《毛泽东著作选读》（下册），人民出版社 1986 年版，第 724 页。

政府和军政委员会，统一设华北、东北、西北、中南、华东、西南六个中央人民政府行政委员会，实现克服分散主义、强化分散主义、优化资源配置，于1954年废除了大行政区的建制。

1988年9月，邓小平同志提出"两个大局"思想，他指出："沿海地区要加快对外开放，使这个拥有两亿人口的广大地区较快的先发展起来，从而带动内地更好地发展，这是一个事关大局的问题。内地要顾全这个大局。反过来，发展到一定的时候，又要求沿海拿出更多力量来帮助内地发展，这也是个大局。那时沿海也要服从这个大局。"① 换句话说，邓小平同志为我国区域发展提供了一个明晰的空间框架。东部地区由于存在效率、对外开放的区域优势，属于能够先发展起来的"有条件地区"。据研究，1953—1978年，沿海资金产出系数为0.54，而内陆资金产出系数仅为0.24。② 同年10月邓小平同志对这一思想进行进一步阐释，为两个大局战略提供"两步走"的时间框架。他指出："我们的发展规划，第一步，让沿海地区先发展；第二步，沿海地区帮助内地发展，达到共同富裕。"③ 在优先发展"有条件地区"的措施方面，主要是通过如下三种措施进行。一是开放沿海城市和地区；二是国家投资重点向东部地区倾斜。据统计，1953至1980年，东部、中部和西部地区基本建设投资分别为2703.68、2240.97、1718.12亿元，东部比重略高，约占30%。1981到1990年东部、中部、西部地区基本建设投资分别为8189.61、4837.62、2628.33亿元，东部比重提高到50.2%。1991、1992年东部地区基本建设投资比重分别为49.3%和50.2%。④ 三是财政、税收、价格、金融等政策优惠和体制改革优先权。在沿海帮助内地以实现均衡发展的时间选择上，邓小平同志1992年指出："如果富的愈来愈富，穷的愈来愈穷，两极分化就会产生，而社会主义制度就应该而且能够避免两极分化。解决的办法之一，就是先富起来的地区多交点利税，支持贫困地区的发展。当然，太早这样办也不行，现在不能削弱发达地区的活力，也不能鼓励吃'大锅饭'。什么时候突出地提出和解决这个问题，在什么基础上提

---

① 《邓小平文选》（第3卷），人民出版社1993年版，第277~278页。

② 张永红，曾长秋：《从均衡发展到协调发展：邓小平区域经济发展理论评述》，《理论与改革》2008年第6期，第155页。

③ 中共中央文献研究室：《邓小平年谱》（1975—1997），中央文献出版社2004年版，第253页。

④ 张永红，曾长秋：《从均衡发展到协调发展：邓小平区域经济发展理论评述》，《理论与改革》2008年第6期，第156页。

出和解决这个问题，要研究。可以设想，在本世纪末达到小康水平的时候，就要突出地提出和解决这个问题。"①"到本世纪末就应该考虑这个问题了。我们的政策应该是既不能鼓励懒汉，又不能造成打'内战'。"②

进入 20 世纪 90 年代末，江泽民同志继承和发展了"两个大局"思想，提出了区域发展的协调发展观。按照这一观点要求，区域发展要按照因地制宜、合理分工、优势互补、共同发展的原则，促进地区经济的合理布局和健康发展，要实现中西部协调发展。江泽民同志指出："逐步缩小全国各地区之间的发展差距，实现全国经济社会的协调发展，最终达到全体人民的共同富裕，是社会主义的本质要求，也是关系我国跨世纪发展全局的一个重大问题，要把逐步缩小东部与中西部地区的发展差距作为一条长期坚持的重要方针。加快西部地区的经济发展是保持国民经济快速健康发展的必然要求，也是实现我国现代化建设第三步战略目标的必然要求。"③ 随着西部大开发战略的出台和落实，协调发展进入具体实施阶段。按照西部大开发战略总体要求，战略实施共分三个阶段。第一阶段（2001 至 2010 年）是奠定基础阶段，主要是调整结构，搞好基础设施、生态环境、科技教育等基础建设，建立和完善市场体制，培育特色产业增长点，使西部地区投资环境初步改善，生态和环境恶化得到初步遏制。第二阶段（2010 至 2030 年）是加速发展阶段。这一阶段进入西部开发的冲刺阶段，巩固提高基础，培育特色产业，实施经济产业化、市场化、生态化和专业区域布局的全面升级，实现经济增长的跃进。第三阶段（2031 至 2050 年）是全面推进现代化阶段。按照西部大开发战略要求，要充分发挥市场机制和中央宏观调控两个手段的作用。从区域政策的角度突出三个政策着力点。一是进一步加大西部地区市场化改革的力度，充分发挥市场和社会自组织力量在西部大开发中的作用。二是加大中央对西部地区政策和资金投入的力度。截至 2016 年，国家累计新开工西部开发重点工程 70 项，投资总规模约 1 万亿元，中央累计投入财政性建设资金 5500 亿元、财政转移支付 7500 亿元、长期建设国债资金 3100 亿元。④ 在这一战略下，西藏铁路、南水北调、西气东输、北煤南运、西油南输、西电东送、西棉东调、南菜北运等重大工程得以实施。三是推动东部和西部之

---

① 《邓小平文选》（第 3 卷），人民出版社 1993 年版，第 374 页。
② 中共中央文献研究室：《邓小平年谱》（1975—1997），中央文献出版社 2004 年版，第 354 页。
③ 《江泽民文选》（第 2 卷），人民出版社 2006 年版，第 126 页。
④ 西文：《西部大开发成就与变化》，《西部大开发》2018 年第 12 期，第 6 页。

间形成多层次、多形式的合作和对口支援。对口支援主要包括经济援助、灾难救助、医疗援助、教育援助、扶贫支持。西部大开发战略实施以来，我国加大了东部地区对西部地区的对口支援力度。

随着中国进一步发展，区域发展中的可持续性和人本关怀问题日益突出，在这一背景下胡锦涛提出了统筹区域发展观。胡锦涛同志指出："要按照统筹城乡发展、统筹区域发展、统筹经济社会发展、统筹人与自然和谐发展、统筹国内发展和对外开放的要求，更大程度地发挥市场在资源配置中的基础性作用，为全面建设小康社会提供强有力的体制保障。"2004 年《政府工作报告》明确指出，要"坚持推进西部大开发，振兴东北地区等老工业基地，促进中部地区崛起，鼓励东部地区加快发展，形成东中西互动、优势互补、相互促进、共同发展的新格局"。2007 年，胡锦涛同志在代表第十六届中央委员会向大会做报告时指出，要加强国土规划，按照形成主体功能区的要求，完善区域政策，调整经济布局。遵循市场经济规律，突破行政区划界限，形成若干带动力强、联系紧密的经济圈和经济带。2003 年 9 月，中央政治局审议通过了《关于实施东北地区等老工业基地振兴战略的若干意见》。同年 10 月中共中央、国务院联合发文该文件。2007 年通过了《东北振兴规划》。根据该规划东北振兴主要涉及辽宁省、吉林省、黑龙江省和内蒙古自治区呼伦贝尔市、兴安盟、通辽市、赤峰市和锡林郭勒盟（蒙东地区）。2004 年我国提出了"中部崛起"战略，涉及山西、安徽、江西、河南、湖北和湖南六省。2006 年出台了《关于促进中部地区崛起的若干意见》。由此，我国在区域发展上形成"全国一盘棋"的东部、西部、东北、中部四大板块战略。

表 1－1 总结了 1949 年至 2012 年我国区域发展信念系统演变的主要内容，区域经济政策主要是通过区域援助、区域优先发展和区域均衡发展三种政策类型予以应对。

表 1－1　我国区域治理信念系统演变：1949—2012

阶段	深层核心信念系统	政策核心信念系统
1949—1977	均衡发展理论；在社会主义产权制度下，区域经济发展可以通过周密的计划实现平衡式发展，追求区域公平发展	通过城市工业化实现全国工业平衡；通过"三线建设"政策实现东西部平衡；政策学习苏联；工业优先；民族区域自治

阶段	深层核心信念系统	政策核心信念系统
1978—1991	"两个大局"理论;首先发展沿海地区,在沿海地区发展起来之后,以沿海雄厚的实力支援内地建设;效率优先	沿海发展政策、特区政策、开发区政策;扶贫政策;控制大城市规模,合理发展中等城市,积极发展小城市;中央向地方授权;老少边穷政策
1992—2001	地区经济协调发展理论;中西部加大改革开放力度,将资源优势变化经济优势;通过市场经济激发地区发展活力	东部率先发展政策、西部大开发政策、市场化政策、产业政策
1992—2012	地区经济协调理论;形成东部、西部、中部、东北四大区域经济协调发展,形成城市群、都市圈发展思路;追求区域公平发展	东部率先发展政策、西部大开发政策、中部崛起政策、重振东北老工业基地政策;扶植老少边穷政策;退耕还林政策;走大中小城市和小城镇协调发展的道路;市场化改革政策

资料来源:作者整理所得。

二、十八大以来的区域发展思想

党的十八大以来,针对我国东西部实质性差距未明显缩小、经济增长"南快北慢"以及"四大板块"发展存在分化现象、以资源为支撑发展和生态环境保护之间矛盾突出、城乡差距和发展成果"获得感"差、区域发展开放和创新意识不强、区域发展理念及规划"碎片化"和"孤立化"等问题,习近平总书记提出了"创新、协调、绿色、开放、共享"新发展理念,形成了以国家发展战略为引领,以城乡统筹发展为基础的区域总体发展思想和政策框架。习近平同志坚持"以人民为中心"的执政理念,将人的全面发展置于协调发展和可持续发展之中,将区域空间发展置于"五位一体"的总体布局之中。其思想的核心是通过总体统筹推动区域高质量、可持续和协调发展,并将中国区域发展推进到"两个大局"中的"第二个大局"发展阶段。

如表1-2所示,十八大以来的区域发展思想落实存在三个政策框架层次。在理念和目标层,除了新发展理念外,十八大以来还提出区域发展要实现"区域基本公共服务均等化、基础设施通达程度比较均衡、人民生活水平大体相当"① 的三大目标。在处理中国和其他国家发展关系上,习近平在马克思命运

---

① 《习近平明确区域协调发展三大目标》,中国新闻网,2017年10月29日。

共同体思想的基础上，将其和中国和平发展道路相结合，提出了人类命运共同体理念。

表1-2　十八大以来区域发展思想落实的三个政策框架层次

理念和目标层	战略层	规划层和落实层
新发展理念、三大区域发展目标、人类命运共同体理念	"一带一路""长江经济带""京津冀协同发展"；深化改革振兴东北、发挥区域优势推动中部崛起、创新引领东部优化发展、西部开发形成新格局；新型城镇化和乡村振兴战略；全面深化改革和开放发展战略	"一带一路"倡议以"国际倡议—国际共识—愿景和行动—合作平台和协议—对接机制"政策框架推动与实施，其他战略以"总体规划—省级和专项规划—联合行动方案—省级及以下政府行动方案—联防联控和联合执法"政策框架推动与实施。

资料来源：作者整理所得。

在战略层面，继承和发展四大板块经济区划分和东部率先发展、西部大开发、中部崛起和东北振兴战略，继承和发展"老少边穷"四类国家重点援助地区划分和政策，推动功能区分类发展战略。

习近平总书记在西部地区考察中突出关注扶贫和发展问题，要求坚持国内和国际两个市场，在新起点上搞好西部大开发。在考察东北时，对东北振兴战略突出强调加强创新驱动、落实新发展理念。在考察湖北时，要求湖北成为"中部崛起"的战略支点，要求安徽在"中部崛起"中闯出新路。

习近平总书记连续多年赴井冈山、甘肃定西、内蒙古牧区、延安、河北阜平、安徽金寨等"老少边穷"地区考察，包括全国14个集中连片特困地区。在政策层面，"老少边穷"也成为精确扶贫的重要对象。以2015年为例，中央财政向革命老区、民族地区、边境地区、连片特困地区及扶贫重点地区转移资金分别为78、582、136、467亿元。2015年国务院公布的《关于加快构建现代公共文化服务体系的意见》中对"老少边穷"也有倾斜。2016年，习近平总书记在宁夏考察时指出，东西部扶贫协作和对口支援，是推动区域协调发展、协同发展、共同发展的大战略，是加强区域合作、优化产业布局、拓展对内对外开放新空间的大布局，是实现先富帮后富、最终实现共同富裕目标的大举措，必须认清形势、聚焦精准、深化帮扶、确保实效，切实提高工作水平，全面打赢脱贫攻坚战。

在功能区划分战略上，将区域划分为优先开发区、重点开发区域、限制开发区域和禁止开发区域四大区域。其中，环渤海、长三角、珠三角地区是国家层面的优先开发区，冀中南、太原城市群、哈长、东陇海、江淮、海峡西岸、中原、长江中游、北部湾、成渝、黔中、滇中、藏中南、关中—天水、兰州—西宁、宁夏沿黄经济区、天山北坡属于重点开发区。限制开发区主要是指限制大规模高强度的工业化地区，也是我国农业发展和重点生态区域。主要包括东北平原、黄淮海平原、长江流域、汾渭、河套、华南、甘肃新疆等农业主产区和 25 个国家重点生态区域。禁止开发区域有 1443 处，包括国家自然保护区、世界文化自然遗产区、风景名胜区、国家森林公园等。2014 年，我国正式公布了国家功能区建设示范名单。

从战略价值上说，"一带一路"建设有助于形成"海陆并进、内外联运、东西南北并举"的全方向对外开放新局面，有助于整合原有区域发展战略，有助于各省市在"一带一路"发展中找到发展契机。从战略价值上说，京津冀协同发展战略在打破行政壁垒及区域协同发展、全国人口密集区探索新发展道路方面具有示范价值，有助于形成以首都为核心的世界城市群和创新驱动区域共同体，有助于成为中国经济发展的新增长点和重要战略支点。从战略层面看，长江经济带东有长三角经济带，西有成渝经济带，中下游有"两圈一带""长株潭经济圈""环鄱阳湖经济圈"，因此长江经济带既可以贯穿东、中、西部经济区，自身又可以沿海沿江沿内陆发展形成中国经济发展的新增长极。其中心节点城市，如上海、重庆、武汉可以在承结东西、联通南北中发挥重要作用，有助于推动"一带一路"建设和长江经济带融合式发展。同时，长江经济带战略的实施在新型城市化、绿色发展方面具有重要的示范价值。2019 年 2 月 18 日，《粤港澳大湾区发展规划纲要》正式公布。这一战略丰富和发展了"一国两制"实践，并将香港、澳门融入国家发展大局。从城市群建设的角度说，这一区域共涉及香港、澳门、广州、深圳、珠海、佛山、惠州、东莞、中山、江门、肇庆11 个城市。其中，香港、澳门、广州、深圳四大城市在世界级城市群建设中发挥了重要作用。

从推进落实层面看，"一带一路"建设不仅要考量国内政策落实力，还要考量中国政府的倡议力、领导力和合作能力，其政策框架沿"国际倡议—国际共识—愿景和行动—合作平台和协议—对接机制"予以推进和实施。在国际层面，2016 年亚投行开设，至 2017 年 5 月成员增至 84 个，截至 2017 年 12 月，有 86个国家和国际组织和我国签署合作协议。根据《关于 2018 年国民经济和社会发展计划执行情况与 2019 年国民经济和社会发展计划草案的报告》数据，2018

年，我国已累计同150多个国家和国际组织签署171份政府间合作文件。在国内层面，截至2018年10月，31个省市区完成了对接方案的制订工作。其中，京津冀地区的方案主要有《北京市推进共建"一带一路"三年行动计划（2018—2020年）》《天津市参与丝绸之路经济带和21世纪海上丝绸之路建设实施方案》《天津市"一带一路"科技创新合作行动计划（2017—2020年）》《2018年天津市"一带一路"科技创新合作专项项目申报指南》《天津市融入"一带一路"建设2018年工作要点》《关于积极参与"一带一路"建设推进国际产能合作的实施方案》《河北省推进共建"一带一路"教育行动计划》《河北省促进中医药"一带一路"发展的实施意见》。

从政策框架特征上看，我国区域经济政策理念和目标清晰，政策整体性和系统性强，政策战略—规划—工具对应性强，政策整体推进和重点突破可操作性强。探讨我国区域发展思想和政策框架有助于部委及各省市做好战略对接规划和行动，有助于各部委及省市在区域总体发展战略的指导下做好产业政策和区域政策的"顶层设计"和"层层落实"，有助于各级政府在市场一体化、资源和要素流动、区域公共服务供给、区域基础设施和项目合作等方面进一步转变职能和创新合作机制。

第二章

京津冀治理历史和协同治理结构

第一节 改革开放以前京津冀治理历史

从地理角度说，京津冀地区北面为燕山山脉，西面为太行山脉，东部濒临渤海，可分为西北山地、东南平原、东部海域三大地域单元。内部大致沿天津—徐水—保定—涞源形成北部区域和南部区域。由地势形成庸关大道、太行山东麓大道、燕山南麓大道、古北口大道。在中原王朝和北方草原民族对抗的时期，这一地区属于河朔地区的主要构成部分，属于战略要地，因此这一地区因政治军事原因而存在分分合合的情况。在蓟合并于燕时期，蓟成为燕国重要的地区，在燕赵对峙时期，蓟和邯郸分别成为燕赵两国中心。西汉幽州和冀州刺史，形成幽冀并立局面，这种划分沿袭了近八百年。宋辽大致以幽、冀分界。金设中都路。蒙古改金中都路为燕京路，后称为大都路。明初改大都路为北平府，后改为顺天府。迁都后成为京师，称为北直隶。清初改为直隶省，下辖顺天府、顺德府、保定府、大名府、广平府、正定府、永平府、河间府、承德府、宣化府、天津府、赵州直隶州、张家口直隶州、赤峰直隶州等，下辖地区比现代的北京、天津、河北范围更大，还包括河南、内蒙古、辽宁、山东部分地区。由于该地区同时兼有平原、山地和海域地质资源，因此该地区属于农耕、游牧、渔猎文明发达地区，相应的文化资源丰富，同时也是多民族、多宗教文化融合最为重要的地区，内部形成京承历史文化资源聚集带、燕山南麓历史文化聚集带、京同历史文化资源聚集带、京张历史文化资源聚集带、太行山东麓历史文化资源聚集带和大运河历史文化资源聚集带。其中，北京更是皇家文化集中区。

1914年设置热河特别区（后改为热河省）。1928年成立河北省，省会后迁至天津，1935年省会迁往保定。1928年，国民政府设立北平特别市。1949年1

月，北平市人民政府成立。1949 年 9 月北平改称北京。1956 年将昌平划归北京；1957 年将大兴划归北京；1958 年 3 月将通县、顺义、良乡、房山、通州划归北京；1958 年 10 月将怀柔、密云、平谷、延庆划归北京；1958 年撤销热河省，将其部分地区划归河北省。1930 年天津改为国民政府直辖的市。同年 11 月成为河北省会城市，1935 年 6 月成为直辖市。1958 年 2 月天津划归河北，1967 年天津恢复直辖市。1973 年，河北省蓟县、宝坻、武清、静海、宁河划归天津。1979 年河北遵化的 50 个大队共 101 平方公里划归天津蓟县。在民国时期，天津是中国排在上海之后的全国第二大商业中心，也是北方最大的金融商贸中心。1860 年天津被迫开埠，成为通商口岸，英、法、美等国在天津设立租界。1882 年英国汇丰银行天津分行开业，此后一批外国银行分行在天津成立。盐业银行、金城银行、大陆银行也在天津设立。在洋务运动时期，天津成为洋务派建立"官督商办"企业的集聚地。例如，1867 年成立了天津机械局，1880 年成立北洋水师大沽船坞，1878 年成立开平矿务局。1897 年英国在天津建立最早的外资企业，即英国大沽驳船公司，至 1900 年共有 19 家外资企业。1878 年朱其昂创立民间资本企业贻来牟机器磨坊。1884 年罗三佑创办德泰机器厂。吴懋鼎创办了天津自来火公司、北洋织绒厂、北洋硝皮厂。据统计，1902 至 1911 年，天津出现的工业企业总计为 139 家。1915 至 1937 年，天津近代工业进入黄金发展时期，主要涉及面粉、火柴、化学、制革和纺织，成为全国第二大工业城市。主要企业有直隶模范纺纱厂、天津华新纺织股份有限公司、仁立毛织厂、寿星面粉公司、永利碱厂、福聚兴机械厂等。

1949 年北京工业总产值不到 1 亿元，基本没有现代机器制造工业和化学工业，第三产业超过第二产业，属于消费城市。1949 年天津工业产值为 1.43 亿元，到 1952 年达到 6.12 亿元（该年北京为 2.69 亿元），第二产业超过第三产业。①

1953 年以后，情况发生了变化。首先是北京的定位发生了变化，1953 年通过的《改建与扩建北京市规划草案要点》将北京定位为政治、经济、文化中心，要成为工业大城市。1958 年《北京市城市规划初步方案》和 1973 年《北京市建设总体规划方案》都强调要发展首都工业。1970 年，北京工业总产值达到 129 亿，工业劳动者达到总工农业总人口的三分之一，由消费城市变为生产城市。1978 年，北京工业总产值达到 193 亿元，第二产业值比重达到峰值，占地

---

①　阎庆民，张晓：《京津冀区域协同发展研究》，中国金融出版社 2017 年版，第 35 页。

区生产总值的71.14%。① 其次，天津市定位也发生了变化。1958年天津一度降格为河北省辖，直到1967年才再次调整过来。因此，天津城市定位也不可避免地受到这种调整的影响。"一五计划"时期，天津定位为沿海工商业大城市和老工业基地；"二五计划"强调"继续以工业为中心"；"三五计划"提出建设成全国先进的生产科学技术基地；"四五计划"定位为"全国化学工业基地"。1954年通过的《天津总体规划方案》强调天津为工业城市。《天津市城市建设初步规划方案》是中华人民共和国成立后天津市编制的第一个规划蓝图。该方案确定天津城市规模为人口300万人，用地230平方公里，道路规划采取环形与放射结合的"三环十八射"。1957年3月编制的《天津市城市初步规划方案》提出，天津是综合性工业城市、南北水运的要冲、华北水陆交通的枢纽。

河北作为中华人民共和国的省设立于1949年12月，标志着这一区域结束了长达12年的冀东、冀中、冀南、太行等几个行政区的分割历史，开始走上统一。② 此后，河北省经历了上述几个行政区划调整，一部分县被划归北京和天津。河北在改革开放以前的战略可以概括为"提高两线、狠抓两片、建设山区、开发沿海"③。河北在"一五计划"时期重点发展煤炭、电力、纺织、建材等工业。1957年与1952年相比，在工农业总产值中，工业与农业的比重由35.8∶64.2变为46.5∶53.5。④ "二五计划"时期，随着石家庄钢铁厂、邢台钢铁厂、唐山市松汀铁厂、承德地区铁厂等建成和发展，河北冶金产业获得了飞速发展。随后，华北制药厂、石家庄拖拉机配件厂、保定第一胶片厂、保定变压器厂、邯郸纺织机械厂、宣化风动机械厂的建立进一步拓展了河北的工业体系。

总体而言，京津冀由于其特殊的地理区位和历史原因，尽管在地形、文化方面具有整体性，但是基于政治、军事等复杂原因在行政区划上存在频繁变动。在元、明、清时期，采用了大行政区域统一管辖的方式。随着近代工商业和城市化的兴起，北京、天津作为区域内大城市的地位日益突出，区域内行政区划又出现分化的趋势。经过中共华北局短暂统一区域管理及新中国成立后一系列

① 阎峰：《北京工业发展的历史和现状》，《经济纵横》1986年第10期，第56页。
② 李振军：《有关中共河北省委、河北省人民政府成立的几份重要文件》，《档案天地》2009年第12期，第25页。
③ "两线"分别是河北境内连接北京的京山（山海关）铁路和京广线河北段；"两片"则是河北的两大贫困集中区：坝上和黑龙港地区。山区则是指燕山、太行山地区；沿海则是秦唐沧。
④ 张同乐：《河北经济史》（第5卷），人民出版社2003年版，第123~124页。

行政区划的调整，最终形成京、津、冀三省市行政区划。

在计划经济发展时期，生产由国家统一部署，物资统一分配、财政统一收支，一切由国家计划统一管制和调控。区域内竞争主要是围绕中央项目落地。相对来说，北京作为首都，其优势最为明显，天津作为直辖市、港口城市和工业中心又比河北更具竞争力。随着北京向生产城市和工业城市的转变，北京和天津在定位上存在竞争，客观上也促进了产业同构。随着工业的不断发展，京津两地由旧地区不断向外扩张，由此也拓展用地的紧张，两地都通过行政区划调整获得了原属于河北的部分区域。在六大行政区被取消后，为了方便中央对地区经济的指导，避免区域经济发展中出现过度分散主义，1958 年中央根据历史原因、政治、经济需要重新确立了七大经济协作区，并设立经济协作区委员会和经济计划办公厅。其中，北京、天津、河北、山东、山西、内蒙古自治区（内蒙西部四个盟和呼和浩特市）、河南为华北协作区，以林铁为会议召集人。1961 年又进一步调整为六大经济协作区。"文革"时期，经济协作区被撤销，不过在 1970 年编制"四五计划"中有十个经济协作区的提法。

第二节　改革开放以来京津冀区域治理

一、1978 年—1991 年

随着国家工作重心转向经济建设，区域经济发展也开始受到重视。1979 年，国务院提出"扬长避短、发挥优势、保护竞争、促进联合"的方针，开始向地方政府赋予一定的自主发展权。1980 年"分灶吃饭"和 1985 年"划分税种、核定收支、分级包干"赋予了地方政府一定的财政权力。地方政府的角色发生了变化，即由国家生产任务和政治运动的执行者转向地方社会经济活动的规划者和资金供应者。在这一背景下，地方政府不再像改革开放以前只是国家利益的代表者，也是其自身利益的"经济人"。在一定区域，地方政府干预经济相同措施导致区域内经济发展的模式化，例如，"苏南模式""浙江模式"等。1980 年国务院颁布了《关于推进经济联合的暂行规定》，赋予企业可以自主选择合作伙伴组织生产，企业开始享受经营自主权。这也大大刺激了企业跨区域活动的动机。1984 年，国务院发布了《进一步扩大国营工业企业自主权的暂行规定》，进一步赋予了企业参加和组织经济联合体的自主权。企业跨区域间横向活动受政府与企业之间纵向权力调节的依赖大大降低，企业和企业之间的相互平等性地位大大增加。

　　1983 年通过的《北京城市建设总体规划方案》将北京定位为"政治中心"和"文化中心"。同年，天津"六五"计划将天津定位为"华北经济中心"和"北方重要口岸"。1986 年通过的《天津市城市总体规划》将天津定位为"拥有先进技术的综合性工业基地""开放性、多功能的经济中心""现代化的港口城市"。1986 年河北提出了"环京津"战略，试图依托环京津的区位优势，带动河北。1988 年提出了"两线一区大开发"的主导思想。"两线"依旧是京山、京广线，"一区"成了河北沿海地区。整体而言，河北的发展战略是一种倾向于沿海和环京津发展的"非均衡"发展战略。

　　随着非均衡发展战略的推进以及商品化发展整体滞后和非均衡性，京津冀及周边地区的物资流动成为问题。在这一背景下，1981 年 10 月，北京、天津、河北、陕西、内蒙古 5 省（市、区）率先打破地区分割，成立华北地区经济技术协作会。其主要目的就是通过高层会商解决地区间的物资调剂。随着城市化的不断发展，城市不断由旧城区向四周扩张，在这一过程中，区域规划需要突破行政区划限制。在国土规划层面，1981 年成立国土局，在其成立后牵头编制了《京津冀地区国土规划纲要》。1982 年，北京在进行城市建设总体规划中首提"首都圈"的概念。"首都圈"是一种经济圈的概念，内圈由北京、天津、唐山、廊坊、秦皇岛构成，外圈由承德、张家口、保定和沧州构成。1982 年国家计委牵头并委托中国人民大学等开展了京津冀国土规划研究。国家计委成立了京津冀地区国土规划办公室。1986 年，环渤海地区 15 个城市共同发起成立了环渤海地区市长联席会，它被认为是京津冀地区最正式的区域合作机制。定期召开联席会议，商议区域合作事宜。1988 年，北京和河北 6 地市组建了环京经济协作区。

二、1992 年—2012 年

　　《中共中央关于建立社会主义市场经济体制若干问题的决定》确定了中国社会主义市场经济体制的基本框架。随着市场经济改革的不断深入，政府对企业的直接控制不断减弱。为了发展经济，吸引外来资金和技术成为各级政府发展区域经济的重要方向。经济技术开发区最早是在沿海开放城市设立的以发展知识密集型和技术密集型工业为主的特定区域。如表 2 - 1 所示，作为最早沿海开放城市，天津和秦皇岛最早获得国家级经济开发区（都是 1984 年）。在 20 世

90年代，北京、河北分别获得两个国家级经济技术开发区。如表2-2所示，大多数省级开发区北京和天津设立时间要早于河北。这一时期，河北设立省级开发区的时间最多的年份是2011年，共有67个，占总数的63%左右。进入21世纪以来，京津冀交界处的经济开发区和各种工业、产业、高技术园区建设日益频繁。在这种情况下京津冀空间溢出效应日益明显。至2011年，海淀、朝阳、东城、西城、丰台、石景山、昌平、顺义、通州、大兴、固安、廊坊、武清、北辰、河安、河西、河北、和平、南开、红桥、东丽、西青、津南、宝坻、滨海新区、唐山、遵化、迁西、迁安、秦皇岛、承德、石家庄、保定等成为京津冀经济空间集聚区。①

表2-1　　京津冀国家级经济开发区：1984—2011

开发区名称	批准时间	批准面积（公顷）	主导产业
天津经济技术开发区	1984.12	3797.04	汽车、医药、装备制造
天津武清经济开发区	2010.12	915.49	生物医药
西青经济技术开发区	2010.12	1688	电子信息、汽车配套、机械
天津子牙经济技术开发区	2012.12	117.3	再生资源综合利用、新能源
北京经济技术开发区	1994.08	3980	汽车、电子信息、装备制造
秦皇岛经济技术开发区	1984.1	2298	装备制造、商贸物流
石家庄高新技术产业开发区	1991.03	1553	生物医药、电子信息、先进制造
河北秦皇岛出口加工区	2002.06	250	服装加工、金属加工、保税物流
廊坊经济技术开发区	2009.07	1449	信息技术、装备制造
保定高新技术产业开发区	1992.11	1223	新能源、能源设备、光机电一体化
沧州临港经济技术开发区	2010.11	380.58	石化、生物医药、电力
燕郊高新技术产业开发区	2010.11	1531	电子信息、新材料、装备制造
唐山高新技术产业开发区	2010.11	450	装备制造、汽车零部件、新材料

资料来源：根据2018年版《中国开发区审核公告目录》整理所得。

————————

① 齐子翔：《京津冀协同发展机制设计》，社会科学出版2015年版，第123页。

表2－2　京津冀省级经济开发区：1984—2011

开发区名称	批准时间	开发区名称	批准时间
北京石龙经济开发区	1992.01	河北石家庄矿区工业园	2011.07
北京永乐经济开发区	199209	河北鹿泉经济开发区	1992.11
北京延庆经济开发区	1992.08	河北正定高新技术产业开发区	2011.07
北京良乡经济开发区	2000.12	河北行唐经济开发区	2011.07
北京密云经济开发区	2000.12	河北深泽经济开发区	2011.05
北京八达岭经济开发区	2000.12	河北赞皇经济开发区	2011.07
北京房山工业园区	2006.03	河北无极经济开发区	2011.07
北京通州经济开发区	2006.06	河北平山西柏坡经济开发区	2011.07
北京临空经济核心区	2006.06	河北赵县经济开发区	2011.07
北京顺义科技创新产业功能区	2000.12	河北辛集经济开发区	2006.08
北京昌平小汤山工业园区	2006.03	河北晋州经济开发区	2011.07
北京采育经济开发区	2006.03	河北新乐经济开发区	2011.05
北京大兴经济开发区	2000.12	河北唐山古冶经济开发区	2011.05
北京雁栖经济开发区	2006.06	河北丰南经济开发区	2000.06
北京兴谷经济开发区	2006.06	河北丰润经济开发区	2011.07
北京马坊工业园区	2006.08	河北唐山南堡经济开发区	1995.12
天津津南经济开发区	1992.07	河北滦县经济开发区	2003.07
天津大港经济开发区	1992.07	河北唐山海港经济开发区	1993.06
天津蓟州区经济开发区	1992.06	河北迁西经济开发区	2011.05
天津军粮城工业园区	2006.04	河北玉田经济开发区	1994.08
天津中北工业园区	2006.04	河北遵化经济开发区	2011.05
天津八里台工业园区	2006.04	河北迁安经济开发区	2011.05
天津海河工业区	2006.04	河北唐山芦台经济开发区	2003.07
天津滨海民营经济成长示范基地	2009.07	河北北戴河经济开发区	1995.01
天津双口工业园区	2006.04	河北青龙经济开发区	2011.02
天津京滨工业园	2009.08	河北昌黎经济开发区	2006.05
天津武清福源经济开发区	2006.04	河北邯郸工业园区	1992.11

续表

开发区名称	批准时间	开发区名称	批准时间
天津宝坻经济开发区	2006.04	河北邯郸马头经济开发区	2011.07
天津宝坻九园工业园区	2006.04	河北肥乡经济开发区	2011.07
天津空港经济区	2002.1	河北永年工业园区	1992.11
天津大港石化产业园区	2003.01	河北成安经济开发区	2011.05
天津宁河经济开发区	2006.04	河北大名经济开发区	2011.05
天津潘庄工业区	2006.04	河北涉县经济开发区	2000.09
天津静海经济开发区	2006.04	河北邱县经济开发区	2011.07
天津大邱庄工业区	2009.08	河北鸡泽经济开发区	2011.07
天津专用汽车产业园	2009.08	河北广平经济开发区	2011.05
河北馆陶经济开发区	2011.07	河北魏县经济开发区	2011.07
河北曲周经济开发区	2011.05	河北武安工业园区	1992.11
河北邢台经济开发区	1994.06	河北邢台县旭阳经济开发区	2011.05
河北临城经济开发区	2011.07	河北内丘工业园区	2011.07
河北邢台滏阳高新技术产业开发区	2011.02	河北任县经济开发区	2011.07
河北南和经济开发区	2011.07	河北巨鹿经济开发区	2011.07
河北平乡高新技术产业开发区	2011.02	河北威县高新技术产业开发区	2011.02
河北清河经济开发区	2003.06	河北临西轴承工业园区	2011.07
河北南宫经济开发区	2011.05	河北沙河经济开发区	2011.07
河北保定经济开发区	2011.05	河北涞水经济开发区	2011.07
河北定兴金台经济开发区	2011.05	河北高阳经济开发区	2011.05
河北顺平经济开发区	2011.07	河北涿州高新技术产业开发区	1992.07
河北定州经济开发区	2011.05	河北安国现代中药工业园区	2011.07
河北高碑店经济开发区	1996.01	河北张家口经济开发区	2000.09
河北宣化经济开发区	1992.11	河北张北经济开发区	2011.07
河北蔚县经济开发区	2011.07	河北怀安经济开发区	2011.07
河北沙城经济开发区	2006.03	河北涿鹿经济开发区	2010.11
河北赤城经济开发区	2011.03	河北承德双滦经济开发区	2011.07

开发区名称	批准时间	开发区名称	批准时间
河北承德县高新技术产业开发区	2011.05	河北宽城经济开发区	2011.05
河北沧州经济开发区	1992.07	河北沧州高新技术产业开发区	2011.01
河北青县经济开发区	2011.05	河北东光经济开发区	2011.05
河北盐山经济开发区	2011.05	河北肃宁经济开发区	2011.05
河北南皮经济开发区	2011.07	河北吴桥经济开发区	1993.01
河北献县经济开发区	2011.07	河北孟村经济开发区	2011.05
河北泊头经济开发区	2011.05	河北任丘经济开发区	1995.12
河北黄骅经济开发区	1992.07	河北廊坊高新技术产业开发区	2011.06
河北永清经济开发区	2006.03	河北京南·固安高新技术产业开发区	2006.03
河北香河经济开发区	1993.01	河北大城经济开发区	2006.03
河北文安经济开发区	2006.03	河北大厂高新技术产业开发区	2006.03
河北霸州经济开发区	1996.09	河北三河经济开发区	2011.03
河北衡水高新技术产业开发区	2000.09	河北冀州高新技术产业开发区	2003.01
河北枣强经济开发区	2006.03	河北武邑经济开发区	2011.05
河北武强经济开发区	2011.07	河北饶阳经济开发区	2011.02
河北安平高新技术产业开发区	2011.02	河北故城经济开发区	2010.11
河北景县高新技术产业开发区	2006.03	河北阜城经济开发区	2011.07
河北深州经济开发区	2011.02		

资料来源：作者整理所得。

  随着京津两大城市以"摊大饼"的方式不断扩张，"大城市病"问题日益突出，由此也倒逼京津冀协同发展问题需要提上政策议事日程。同时面对20世纪90年代区域内无序竞争导致的重复建设、产业结构雷同等突出问题，进入21世纪，社会各界对于京津冀经济一体化问题日益关注。2004年2月，国家发改委和京津冀三地发改部门在廊坊开会，达成要形成区域合作发展的共识，11月发改委召开了京津冀规划座谈会，正式启动这一地区的区域规划。如表2-3所示，"十一五"期间，规划版本名为京津冀都市圈区域规划。这一规划最初包括

10 个城市，河北的三个地级市被排斥。2010 年河北省提出建议要求纳入河北其他三个城市。尽管这一建议被采纳，但是规划本身在产业空间布局、功能区划分、城市作用等方面仍存在巨大争议，最终"十一五"完成，最终方案也未出台。2011 年，国家"十二五"规划发布，提及的是首都经济圈而不是京津冀都市圈。首都经济圈方案最终也没有出台。两大版本的存在本身就说明规划存在巨大的利益博弈和分歧。北京拥有首都资源优势，希望区域规划围绕首都经济圈做文章。天津是北方经济中心，拥有滨海新区和港口优势，希望在区域发展中发挥更为重要的作用，不希望局限于首都经济圈的发展。而河北则希望通过区域规划借助北京、天津两大核心城市的辐射效应而不是"空吸"效应改变其发展不均衡、产业结构不合理的情况。巨大分歧在缺乏更高权威的有效协调下，导致规划和区域发展政策的难产，即京津冀区域规划最终没有落地。

表 2-3　京津冀协同发展两大版本

规划版本	主要内容
"十一五"计划：京津冀都市圈区域规划	8+2 模式：北京、天津加河北 8 个地级市（不包括邢台、衡水、邯郸）
"十一五"规划：首都经济圈	北京+天津三个区县（武清、宝坻、蓟县）+河北 6 个地级市（保定、廊坊、张家口、承德、唐山、秦皇岛）

资料来源：作者整理所得。

尽管最终规划没有达成一致，但是在这一时期局部的共识以及局部的合作行动还是产生。标志性事件包括如下。

（1）2006 年 3 月国家"十一五"规划将滨海新区列入国家战略，并在批复《天津市城市规划 2005—2020 年》中明确天津为北方经济中心，北京和天津经济中心之争告一段落。1995 年河北省正式提出"两环开放带动"战略，即外环渤海、内环京津。2010 年河北提出了"环首都绿色经济圈"。

（2）省级政府在部分领域初步达成了一些合作协议。2005 年，北京和天津签署了《京津城市流通领域合作框架协议》。2005 年，北京和河北省签署了《北京市人民政府、河北省人民政府关于加强经济与社会发展合作备忘录》。2007 年，三地首次发布《2006 年京津冀都市圈城市商业发展报告》。2008 年三地发改委签署了《北京市、天津市、河北省发改委建立"促进京津冀都市圈发展协调沟通机制"的意见》。2008 年，三地政府签署了《天津市人民政府、河北省人民政府关于加强经济与社会发展合作备忘录》。2008年三地建委、建设厅签署了《构建京津冀地区共同建筑市场框架协议（草案）》。2009年，三地旅游部门签署了《京津冀旅游合作协议》。2011年，三地签署了《京津冀区域人才合作框架协议书》。

三、党的十八大以来

2013年5月，习近平总书记在天津调研时提出，要谱写新时期社会主义现代化的京津"双城记"。同年8月，习近平总书记在北戴河主持研究河北发展问题时，提出要推进京津冀协同发展。2014年2月26日，习近平总书记在北京主持召开座谈会，专题听取京津冀协同发展工作汇报，就推进京津冀协同发展提出七点要求：一是要着力加强顶层设计，抓紧编制首都经济圈一体化发展的相关规划，明确三地功能定位、产业分工、城市布局、设施配套、综合交通体系等重大问题，并从财政政策、投资政策、项目安排等方面形成具体措施；二是要着力加大对协同发展的推动力度，自觉打破自家"一亩三分地"的思维定式，抱成团朝着顶层设计的目标一起做，充分发挥环渤海地区经济合作发展协调机制的作用；三是要着力加快推进产业对接协作，理顺三地产业发展链条，形成区域间产业合理分布和上下游联动机制，对接产业规划，不搞同构性、同质化发展；四是要着力调整优化城市布局和空间结构，促进城市分工协作，提高城市群一体化水平，提高其综合承载能力和内涵发展水平；五是要着力扩大环境容量生态空间，加强生态环境保护合作，在已经启动大气污染防治协作机制的基础上，完善防护林建设、水资源保护、水环境治理、清洁能源使用等领域合作机制；六是要着力构建现代化交通网络系统，把交通一体化作为先行领域，加快构建快速、便捷、高效、安全、大容量、低成本的互联互通综合交通网络；七是要着力加快推进市场一体化进程，下决心破除限制资本、技术、产权、人才、劳动力等生产要素自由流动和优化配置的各种体制机制障碍，推动各种要素按照市场规律在区域内自由流动和优化配置。"2·26"讲话标志着京津冀协同发展正式成为国家战略。此后，京津冀协同发展在发展规划、行动计划、合作协议、重点领域发展等方面开始取得实质性的成果。

第三节　京津冀协同治理与结构

一、治理形态与政府角色

从治理的角度说，等级式政府管理模式的时代正面临着终结，取而代之的是一种完全不同的模式：网络化治理。网络化治理是一种将科层治理、市场治理和网络治理机制融合在一起的治理形态。如图 2 - 1 所示，依据公私合作程度和网络管理能力高低，政府角色可以分为（1）层级政府。这是一种传统官僚科层管理模式，主要依赖于政府机构和政府公务人员直接通过行政、法律等手段予以管理的模式。（2）第三方政府。这是一种政府与其直接管理对象双边治理结构中鼓励第三方资本、第三方主体参与相关事务治理的一种特有模式，包括第三方供应、第三方检测和监管、第三方评估、第三方治理等。我国 2002 年通过的《关于加快市政公用行业市场化进程的意见》、2014 年通过的《关于推进环境污染第三方治理的意见》、2015 年通过的《关于推进环境监测服务社会化的指导意见》等文件为建立第三方政府提供了政策依据。（3）协同政府。它要求政府在议程、政策的组织安排方面要有一致性和连贯性，以及通过高网络管理能够推动不同类型的组织及不同组织层级协同工作。（4）网络化政府。尽管网络治理机制如同市场机制具有一种自发性，但它不像市场机制那样主要是通过基于竞争和商业准则的价格机制所形成，另一方面，尽管如同科层机制一样，网络机制具有人为设计性，但它不像科层机制那样主要通过基于等级严格的控制结构来管理。① 网络治理一方面具有"组织化"变量特性，另一方面又具有"自组织"变量的特性。尤其是大数据时代，可以运用网络技术将组织扁平化和虚拟化来方便组织及组织间网络化管理。

区域治理涉及复杂的行为体之间的关系，既包括区域党政组织治理体系，也包括区域市场体系，还包括区域社会治理体系。围绕区域发展或棘手问题的解决，行为体展开复杂的组织活动，政策也沿纵横两个维度形成复杂的政策网络。"纵向维度"强调合法性权威、理性选择和工具性行动的力量，政策活动实

---

① 李勇军：《政策网络与治理网络：概念辨析与研究维度》，《广东行政学院学报》2012 年第 1 期，第 16～17 页。

际上是一种"命令—服从"以及内部上下级之间的"沟通和妥协"。当然，这并非说，"垂直维度"只能依赖于科层等级和"命令—服从"关系，而是说更为平等、协商的管理方式或组织行为需要发生在合法性权力、合法性程序要求范围之内。从政策过程的角度说，决策过程要有效离不开上下之间的互动，离不开决策者"开门决策"的程度和水平，而执行过程要有效离不开上下之间、执行者与目标群体之间的有效互动。党政组织处理上下级之间、其他组织之间的关系决定了其在治理或解决"棘手问题"中扮演的角色（尤其上述四种角色），也决定了政策"横向维度"展开的程度。"横向维度"关注的是不同组织的政策参与之间的关系，将政策看作是"协同治理"，政策操作既横跨了组织的边界而发生，也在这些界限之内发生，存在于不同的组织的参与者之间的形成的默契和承诺的结构中，政策活动实际上是一种"协商""妥协"与"联盟的构建"以及"商定结果的实现和认可"，其着眼点主要是大量的参与者，他们议程表的差异以及利用官方决定问题的局限性。①

要使区域治理纵横维度展开有效，并最终解决区域发展和"棘手"问题，需要塑造有效的组织间关系，并通过创新有效的制度、体制和机制予以维系。在我国基本制度就是具有中国特色的社会主义制度。基本制度可以通过一系列的改革不断完善，但是它是不可动摇的。具体制度主要涉及具体领域的规则层面，这些规则体系在具体领域约束行为体的同时也助力行为体，是可以通过直接的调整、替代甚至放弃予以变革的。无论从政党还是国家治理的角度说，要保证治理的权威化、可预期化、秩序化就离不开制度化。制度化离不开具体制度体系化的完善。例如，《关于加强党内法规制度建设的意见》强调要以"1 + 4"② 为基本框架推动党内法规制度的体系化完善。从用词上看，"体制"一词往往涉及重大领域的结构功能性、体系化的规则和制度。因此，体制变革不会涉及基本制度的变革，但是一般都会涉及领域内相关制度的体系化变革。从这个角度说，区域治理体制涉及不同行政区基于共同发展和公共问题解决领域的结构性、体系化的规则和制度。区域治理体制变革除了具体制度变革，还包括其他体系化变革，如区域规划、具体治理机制变革、组织保障体系。机制强调各要素之间结构关系和运行方式。尽管机制可能是他组织的产物，但是机制一

---

① 李勇军：《当代中国组织网络及其控制问题研究》，天津人民出版社 2014 年版，第 294 页。

② "1"是指党章，"4"是党的组织法规制度、党的领导法规制度、党的自身建设法规制度、党的监督保障法规制度。

且形成就具有自组织的特征，即行为体会自发地按照结构性关系要求予以运行。在政策领域，机制更多地强调不同类型或不同区域的行为体之间关系和行动方式的安排。在很多时候，机制变革也需要具体层面的规则变革。

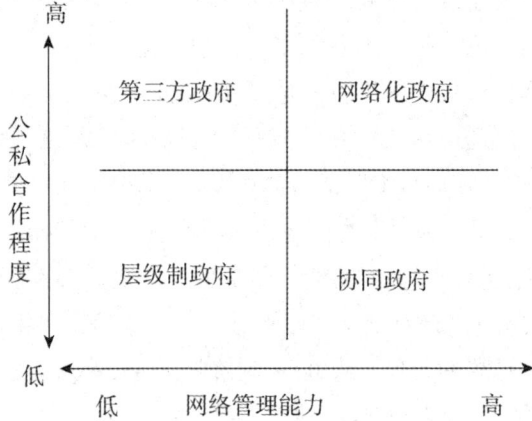

图 2 - 1　网络治理类型

资料来源：斯蒂芬·戈德史密斯、威廉·D·埃格斯：《网络化管理：公共部门的新形态》，北京大学出版社 2008 年版，第 18 页。

区域治理除了要依赖政府及政府间的力量外，还需要依赖市场和社会力量的参与，需要形成多中心、多层次的主体参与，需要依赖多元协同治理机制。

二、京津冀区域协同治理主体及协同体系

（一）京津冀区域治理主体：党政组织

中央领导、政治局及其常委作为区域治理政策最高制定者和推动者，为区域治理提供方向指导、战略指导。国务院及其各部门通过区域总体发展规划、产业规划、空间及国土规划等为区域发展提供方向，通过法律法规和行政手段解决区域治理存在的各种问题，通过派出机构进一步推进区域政策落实。

地方党委及政府一方面要落实上级党委和政府在区域治理方面的政策，另一方面又需要根据本地区域治理存在的实际问题进行决策和推进决策落实。就省级党委及政府而言，主要存在北京市委及政府、天津市委及政府、河北省委和政府。其中，北京市第十二届市委常委由 11 名常委构成，其市委书记是中央政治局委员，市长是中央委员。天津第十一届市委由 13 名常委构成，其中市委书记是中央政治局委员，市长是中央委员，另有中央候补委员2名。河北第九届省委由13名常委构成，其中省委书记是中央委员，省长是中央委员，另有中央候补委员4名。河北有十一个地级市。另设有雄安新区。2017年5月成立了雄安新区管理委员会，属于副省级开发区。它是中共河北省委的派出机构和河北省人民政府的派出机构，同时接受国务院、京津冀协同发展领导小组办公室指导。

北京和天津市辖区属于地市级行政区划单位，两者各有16个市辖区。2015年北京有150个街道、143个镇、33个乡、5个民族乡（合计331个乡级行政单位），2961个居委会、3936个村委会。2015年天津117个街道、121个镇、5个乡、1个民族乡（合计244个乡级行政单位），1668个居委会、3686个村委会。

2015年，河北有42个市辖区、20个县级市、102个县、6个自治县（合计170个县级行政区划单位），293个街道、1067个镇、840个乡、50个民族乡（合计2250个乡级行政单位，另有1个区公所），3930个居委会、48658个村委会。其中，秦皇岛市下辖海港、北戴河、山海关三个城市区和抚宁、昌黎、卢龙、青龙四个县。唐山辖有2个县级市（迁安、遵化）、7个区（曹妃甸、丰南、丰润、路南、路北、开平、古冶）、4个开发区（海港经济开发区、高新技术产业开发区、芦台经济技术开发区、汉沽管理区）和5个县（迁西、滦西、玉田、乐亭、滦南）。沧州有4个县级市（泊头市、任丘市、黄骅华、河间市）、9个县（沧县、青县、东光县、海兴县、盐山县、肃宁县、南皮县、吴桥县、献县）、2个市辖区（运河区、新华区）、1个自治县（孟村回族自治县）。廊坊辖有2个市辖区（广阳区、安次区）、2个县级市（三河市、霸州市）、5个县（香河、永清、固安、文安、大城）、1个自治县（大厂回族自治县）、1个国家级经济技术开发区（廊坊经济技术开发区）。石家庄下辖8个区（长安区、桥西区、新华区、裕华区、井陉矿区、藁城区、鹿泉区、栾城区）、12个县（井陉县、正定县、行唐县、灵寿县、高邑县、深泽县、赞皇县、无极县、平山县、元氏县、赵县、晋州市）、1个县级市（新乐市）。邯郸市辖有6个区（邯山区、丛台区、复兴区、峰峰矿区、肥乡区、永年区）、1个县级市（武安市）、11个县（临漳县、成安县、大名、涉县、磁县、邱县、鸡泽县、广平县、馆陶县、魏县、曲周县）。保定市辖有5个市辖区（竞秀区、莲池区、满城区、清苑区、徐水区）、4个县级市（涿州市、定州市、安国市、高碑店市）、15个县（涞水县、阜平县、定兴县、唐县、高阳县、容城县、涞源县、望都县、安新县、易县、曲阳县、蠡县、顺平县、博野县、雄安县）。张家口有6个市辖区（桥东区、桥西区、宣化区、下花园区、万全区、崇礼区）、10 个县（张北县、康保县、沽源县、尚义县、蔚县、阳原县、怀安县、怀来县、涿鹿县、赤城县）。邢台下辖 2 个市辖区（桥东区、桥西区）、2 个县级市（南宫市、沙河市）、15 个县（新河县、内丘县、邢台县、临城县、柏乡县、宁晋县、隆尧县、任县、南和县、平乡县、巨鹿县、广宗县、威县、清河县、临西县）。承德市下辖 3 个市辖区（双桥区、双滦区、鹰手营子矿区）、6 个县（承德县、隆化县、滦平县、兴隆县、青龙县、平泉县）、2 个自治县（围场满族蒙古族自治县、丰宁满族自治县）。衡水市辖 2 个市辖区（桃城区、冀州区）、1 个县级市（深州市）、8 个县（枣强县、武强县、武邑县、饶阳县、安平县、故城县、景县、阜城县）。

在京津冀协同治理过程中，除了要涉及中央及各部委和三省市之间的关系，还涉及三省市（县）之间关系、13 个城市政府之间的关系、北京和天津区与区以及区与市之间关系、三地乡镇和居民委员会之间的关系。作为国家级新区滨海新区和雄安新区为副省级新区。北京和天津乡镇行政级别为县处级。复杂的行政关系加剧了区域治理跨界治理的难度，运用整体治理思维，构建跨区域整体性合作组织以及在此基础上形成整体性协作治理网络是区域地方政府跨界公共事务治理的一种有益尝试。① "多中心、网络化"作为城市经济发展必然趋势，正在成为京津冀城市群发展的强大动力。②

（二）企业

包括国有企业及国有控股企业、民营企业、外资企业等。企业作为区域经济生产活动的主体，其跨区域经济行为对区域经济合作产生重要影响。企业行为既有正向作用，也有负面作用（如污染），既可能是合法行为，也可能是非法行为，因此企业在区域发展中存在复杂的利益诉求。区域内复杂的政企关系对区域治理也会产生重要影响。因此，企业作为区域治理中的重要利益相关者，是区域治理的重要主体。企业之间通过联盟、协会、协议等复杂的组织间行为对区域政策过程产生复杂影响。企业还可以通过委托代理方式获得公共治理权，直接提供公共服务。区域内企业类型及数量和区域内市场结构、市场化水平密切相关。

1992 年，北京民营企业数是 0.14 万户，至 1998 年为 0.8 万户。这一时期

① 崔晶：《区域地方政府跨界公共事务整体性治理模式研究：以京津冀都市圈为例》，《政治学研究》2012 年第 2 期，第 91 页。

② 鲁金萍，刘玉、杨振武，孙久文：《基于 SNA 的京津冀城市群联系网络研究》，《河南科学》2014 年第 8 期，第 1633 页。

民营企业发展速度并不快。1998 年以后，北京民营企业进入较快发展阶段。1999 年，民营企业数为 8.3 万户，至 2004 年为 22.5 万户。北京民营企业 2005 至 2014 年分别为 26、30.5、33.7、38.4、43.2、49.6、54.4、60、67.3、84.8 万户。天津 1992 年，民营企业数为 0.29 万户，同期比北京多。1993 年至 1998 年分别为 0.46、0.90、1.20、1.60、2.0、2.50 万户。1998 年以后其数量增长速度要滞后于北京。2005 至 2014 年，天津民营企业数分别为 7.7、8.6、9.4、11.3、12.6、14.3、15.9、17.3、19、22.9 万户。河北 1992 年私营企业数为 0.55 万户，至 2000 年为 8.9 万户。2001 年至 2003 年分别为 7.4、7.5、8.6 万户，比 2000 年数量还要少。2004 年至 2014 年其数量分别为 10.8、12.7、15.8、18.9、21.2、24.7、26.6、30.4、33.9、40、54.5 万户，呈稳定增长趋势。从民营企业和个体就业人数省（市）区排名看，江苏、浙江、广东长期占据前三名，上海在直辖市排名中居于第一名。例如，2014 年，江苏、广东、浙江、上海分别排在第一名、第二名、第三名、第九名，人数分别为 2615.44、2526、1970.81、924.38 万人，河北、北京、天津分别排在第十九、十一、二十七名。从民营企业规模上看，浙江、江苏、广东长期处于民营企业 500 强前三名。以 2018 年上榜企业为例，浙江、江苏和广东分别有 93、86、73 家企业进入中国内地 500 强，而河北、北京、天津分别有 24、15、7 家企业进入中国内地 500 强。整体而言，京津冀地区民营企业发展要比长三角和珠三角地区落后一些。京津冀地区国有及国有控股工业企业数量庞大，占工业总产值和利润总额的比重较高。以 2011 年为例，北京国有及国有控股工业企业数为 788 个，占规模以上工业企业利润总额比重为 57.86；天津为 554 个，占规模以上工业企业利润总额比重为 44.43%；河北为 690 个，占规模以上工业利润总额比重为 18.20%。

2018 年发布的世界 500 强企业排行榜中，中国有 120 家企业上榜，其中 53 家企业总部所在地在北京，包括国家电网、中国石油化工集团、中国石油天然气集团公司、中国建筑总公司、中国工商银行、中国建设银行、中国农业银行、中国人寿保险公司、中国银行、中国移动通信公司、中国铁路工程公司、中国铁道建筑总公司、中国海洋石油总公司、中国交通建设集团有限公司、国有能源投资集团、中国邮政集团、中国人民保险集团股份有限公司、中粮集团、北京汽车集团、中国电信集团公司、中国兵器集团公司、中国中信集团公司等。这 53 家企业中绝大多数是央企。天津仅有 1 家公司进入世界 500 强 2018 年排行榜。外资企业尤其是跨国大公司对区域经济也产生重要影响。2017 年，天津出台了《天津市鼓励跨国公司设立地区总部及总部型机构若干规定》。

（三）社会公众及其社会组织

社会公众可以通过社会议程影响区域政策进程，可以通过委托代理方式直接对基层公共服务予以授权，可以通过政治参与影响区域政策进程，可以通过社区组织、公益组织、非营利组织参与区域公共事务治理。公众还可能会通过集体行动甚至抗争性活动影响区域治理。区域内社会团体和民办非企业的数量、水平关系到区域内社会治理的水平。2008 年，河北各类社会组织为 32341 个，北京和天津各类社会组织分别为 12530、5108 个。同年江苏、广东、山东、浙江社会组织分别为 90486、66867、50862、50516 个。这说明京津冀地区社会组织整体发展在全国处于中等水平，还有很大发展空间。

（四）协同治理体系

如图 2 - 2 所示，京津冀协同治理涉及区域内党政组织与社会之间的政社关系协同治理、党政组织与企业之间的政企协同治理、企业与公众及社会组织之间的协同治理、党政组织间府际协同治理等复杂的治理主体间关系。各主体的组织化程度和水平、参与协同治理动机、相互间关系方式、空间分布程度等关系到区域内协同治理的整体水平。能否提供合理的协同治理战略和规划、健全

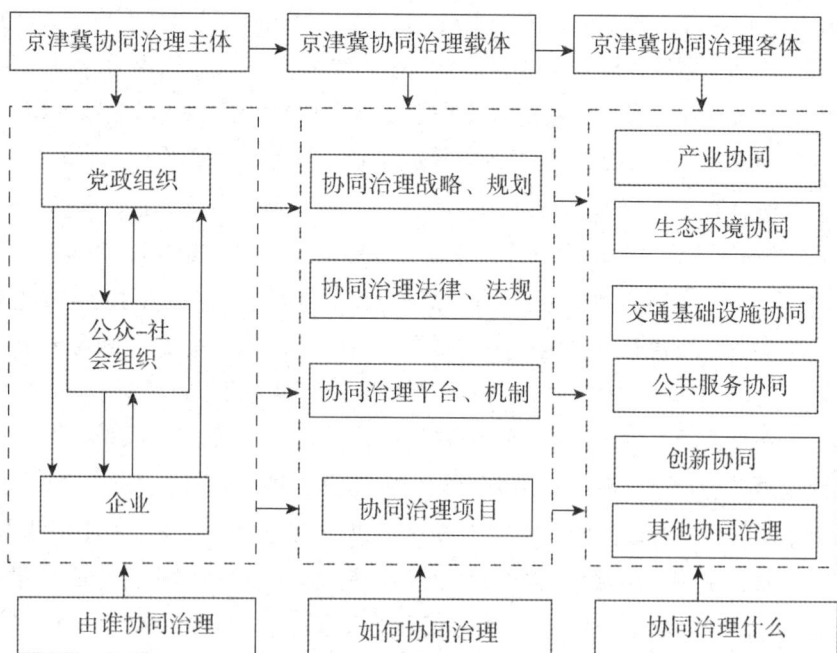

图 2 - 2　京津冀协同治理体系

的协同治理法规会从宏观层面影响如何治理的问题，协同治理平台和机制是否合理及有效则会在中观层面影响如何治理的问题，而具体的协同治理项目是各方治理主体进行微观行为的直接载体。随着我国"四个全面""五位一体总体布局"的推进以及新时代区域发展战略和政策框架的展开，京津冀协同治理的领域也会越来越广泛和深入。

从协同治理的角度说，尽管协同治理主要依赖于党政组织、社会组织以及企业和市场组织，但是能否建立专门的协同治理组织机构非常关键。只有这些专门机构的成立和良好运转才能真正将区域治理从一般性治理上升到区域性协同治理的高度。这些专门性组织机构包括（1）京津冀协同发展领导机构，包括中央层面的领导小组和省级及其以下领导小组。（2）对领导小组负责的协同办公室。（3）协同发展专业委员会，如产业协同发展委员会、财政平衡委员会、社会保障协同发展委员会、交通协同委员会、三农协同委员会、法律专业委员会、区域绩效评价委员会、区域仲裁委员会等。专业委员会由区域相关党政部门、研究机构、行业协会、企业等的领导和专家构成。（4）咨询委员会。如产业发展咨询委员会、法律咨询委员会等。

三、京津冀协同治理指导思想、目标、原则和布局

作为京津冀协同发展纲领性文件，《京津冀协同发展规划纲要》从宏观上对如何治理确定了基本方向，具有重要的作用。《规划纲要》从战略层面确定了京津冀协同发展战略指导思想、目标和原则。其中，指导思想是以有序疏解北京非首都功能、解决北京"大城市病"为基本出发点，坚持问题导向，坚持重点突破，坚持改革创新，立足各自比较优势，立足现代产业分工要求，立足区域优势互补原则，立足合作共赢理念，以资源环境承载能力为基础，以京津冀城市群建设为载体，以优化区域分工和产业布局为重点，以资源要素空间统筹规划利用为主线，以构建长效体制机制为抓手，着力调整优化经济结构和空间结构，着力构建现代化交通网络系统，着力扩大环境容量生态空间，着力推进产业升级转移，着力推动公共服务共建共享，着力加快市场一体化进程，加快打造现代化新型首都圈，努力形成京津冀目标同向、措施一体、优势互补、互利共赢的协同发展新格局，打造中国经济发展新的支撑带。近期目标：到2017年，有序疏解北京非首都功能取得明显进展，在符合协同发展目标且现实急需、具备条件、取得共识的交通一体化、生态环境保护、产业升级转移等重点领域率先取得突破，深化改革、创新驱动、试点示范有序推进，协同发展取得显著

成效。中期目标：到 2020 年，北京市常住人口控制在 2300 万人以内，北京"大城市病"等突出问题得到缓解；区域一体化交通网络基本形成，生态环境质量得到有效改善，产业联动发展取得重大进展。公共服务共建共享取得积极成效，协同发展机制有效运转，区域内发展差距趋于缩小，初步形成京津冀协同发展、互利共赢新局面。远期目标：到 2030 年，首都核心功能更加优化，京津冀区域一体化格局基本形成，区域经济结构更加合理，生态环境质量总体良好，公共服务水平趋于均衡，成为具有较强国际竞争力和影响力的重要区域，在引领和支撑全国经济社会发展中发挥更大作用。五条原则：一是改革引领、创新驱动；二是优势互补，一体发展；三是市场主导，政府引导；四是整体规划，分步实施；四是统筹推进，试点示范。

根据《京津冀协同发展纲要》，北京被定位为"全国政治中心、文化中心、国际交往中心、科技创新中心"。天津被定位为"全国先进制造研发基础、北京国际航运核心区、金融创新运营示范区、改革开放先行区"。河北被定位为"全国现代商贸物流重要基础、产业转型升级实验区、新型城镇化与城乡统筹示范区、京津冀生态环境支撑区"。《规范纲要》明确了以"一核、双城、三轴、四区、多节点"为骨架，推动有序疏解北京非首都功能，构建以重要城市为支点，以战略性功能区平台为载体，以交通干线、生态廊道为纽带的网络型空间格局。以"一核、双城、三轴、四区、多节点"① 为骨架，推动有序疏解北京非首都功能，构建以重要城市为支点，以战略性功能区平台为载体，以交通干线、生态廊道为纽带的网络型空间格局。2017 年，习近平总书记考察北京时指出，北京城市规划要深入思考"建设一个什么样的首都，怎样建设首都"这个问题，把握好战略定位、空间格局、要素配置，坚持城乡统筹，落实"多规合一"，形成一本规划、一张蓝图，着力提升首都核心功能，做到服务保障能力同城市战略定位相适应，人口资源环境同城市战略定位相协调，城市布局同城市战略定

---

① "一核"即指北京。把有序疏解非首都功能、优化提升首都核心功能、解决北京"大城市病"问题作为京津冀协同发展的首要任务。"双城"是指北京、天津，这是京津冀协同发展的主要引擎，要进一步强化京津联动，全方位拓展合作广度和深度，加快实现同城化发展，共同发挥高端引领和辐射带动作用。"三轴"指的是京津、京保石、京唐秦三个产业发展带和城镇聚集轴，这是支撑京津冀协同发展的主体框架。"四区"分别是中部核心功能区、东部滨海发展区、南部功能拓展区和西北部生态涵养区，每个功能区都有明确的空间范围和发展重点。"多节点"包括石家庄、唐山、保定、邯郸等区域性中心城市和张家口、承德、廊坊、秦皇岛、沧州、邢台、衡水等节点城市，重点是提高其城市综合承载能力和服务能力，有序推动产业和人口聚集。

位相一致，不断朝着建设国际一流的和谐宜居之都的目标前进。根据十八大精神，北京市通过了《北京城市总体规划（2016年—2035年)》。《总体规划》确定了北京近期发展目标和中长期发展目标。①《天津市贯彻落实〈京津冀协同发展规划纲要〉实施方案（2015—2020年)》确定了天津近期发展目标和中期发展目标和重点任务。

根据《河北推进京津冀协同发展规划》，河北要以服务北京非首都功能疏解和补齐河北发展短板为出发点，着力调整优化经济结构和空间布局，着力推进交通、生态环保、产业等重点领域率先突破，着力构建协同创新共同体，着力推进市场和公共服务一体化，着力完善合作共赢机制，与京津共同打造中国经济发展新的支撑带。根据《河北雄安新区规划纲要》，雄安新区定位为北京非首都功能疏解集中承载地，要建设成为高水平社会主义现代化城市、京津冀世界级城市群的重要一极、现代化经济体系的新引擎、推动高质量发展的全国样板。雄安新区要发展为绿色生态宜居新城区、创新驱动发展引领区、协调发展示范区、开放发展先行区。《河北雄安新区规划纲要》确定了雄安新区的发展目标。②

四、京津冀区域发展协调发展机制、平台和合作机制

党的十八大以来，以习近平同志为核心的党中央针对我国区域协调发展的

---

① 近期发展目标：到2020年，北京建设国际一流的和谐宜居之都实现阶段性目标，率先全面建成小康社会，疏解非首都功能取得明显成效，"大城市病"等突出问题得到缓解，优化提升首都核心功能，初步形成京津冀协同发展、互利共赢的新局面。中长期发展目标：到2030年，北京基本建成国际一流的和谐宜居之都，治理"大城市病"取得显著成效，首都核心功能更加优化，京津冀区域一体化格局基本形成。2050年，北京全面建成国际一流的和谐宜居之都，京津冀区域实现高水平协同发展，建成以首都为核心、生态环境良好、经济文化发展、社会和谐稳定的世界级城市群。

② 包括（1）到2035年，基本建成绿色低碳、信息智能、宜居宜业、具有较强竞争力和影响力、人与自然和谐共生的高水平社会主义现代化城市。城市功能趋于完善，新区交通网络便捷高效，现代化基础设施系统完善，高端高新产业引领发展，优质公共服务体系基本形成，白洋淀生态环境根本改善。有效承接北京非首都功能，对外开放水平和国际影响力不断提高，实现城市治理能力和社会管理现代化，"雄安质量"引领全国高质量发展作用明显，成为现代化经济体系的新引擎。（2）到本世纪中叶，全面建成高质量高水平的社会主义现代化城市，成为京津冀世界级城市群的重要一极。集中承接北京非首都功能成效显著，为解决"大城市病"问题提供中国方案。新区各项经济社会发展指标达到国际领先水平，治理体系和治理能力实现现代化，成为新时代高质量发展的全国样板。彰显中国特色社会主义制度优越性，努力建设人类发展史上的典范城市，为实现中华民族伟大复兴贡献力量。

实践经验，形成了如下区域协调发展机制。（1）区域战略统筹机制。包括国家重大区域战略融合发展机制、发达地区和欠发达地区统筹发展机制、陆海统筹发展机制。（2）市场一体化发展机制。包括城乡区域要素自由流动机制、区域市场一体化机制、区域交易平台和制度完善机制。（3）区域合作机制。包括区域合作互动机制、流域上下游合作发展机制、省际交界地区合作机制、国际区域合作机制。（4）区域互助机制。包括东西扶贫合作机制、对口支援和协作机制。（5）区际利益补偿机制。包括生态补偿机制、资源输出地与输入地之间利益补偿机制、粮食主产区与主销区之间利益补偿机制。（6）基本公共服务均等化机制。包括基本公共服务保障机制、基本公共服务统筹机制、基本公共服务衔接机制。（7）区域政策调控机制。包括差别化的区域政策、区域均衡的财政转移支付政策、区域政策联动机制。（8）区域发展保障机制。包括区域规划编制管理机制、区域发展监测评估预警机制、区域协调发展法律法规完善机制。（9）区域协同创新机制。包括区域创新规划机制、创新资源共享机制、科技与科研成果区域转移转化机制等。（10）组织保障机制。在推动区域经济政策协调和落地层面，成立了推进"一带一路"建设工作领导小组、京津冀协同发展领导小组、推动长江经济带发展领导小组。

　　从治理投入与产出的角度看，行动者行动产出要取得良好的效果需要有一个完善的行动平台和合作机制。一般说来，区域协同发展包括如表2-4所示的主要行动平台和合作机制。从发展进程的加速看，另一方面也是京津冀协同发展政策网络行动者的重要行动内容。

表2-4　区域协同发展行动平台和合作机制

机制要素	政府间协议、联动工作机制	小组机制、联席会议	税收和利益分享	共建—成本分摊—补偿机制	会展活动	对口帮扶
权威程度	高	较高	高	高	较低	高
自愿程度	高	高	较高	较高	高	较高
效力程度	高	较高	高	较高	较高	较高
磋商程度	高	较高	较高	较高	高	较高
采用程度	较高	一般	低	较高	较高	较高

资料来源：作者整理所得。

1. 会展活动

会展活动包括（1）由各级领导召开的座谈会和调研会。例如，著名的"2·26"讲话就是习近平总书记在京津冀协同发展工作座谈会上的讲话。2014年由国务院成立了京津冀协同发展专家咨询委员会。该委员会有规划交通小组、能源环境小组、首都功能定位和适当疏解小组、产业小组。其成员由政协副主席、国务院发展研究中心主任、院士、高级工程师、经济学家、规划专家等构成。该专家咨询委员会成立后经常到三地召开座谈会。（2）由学界、官员、业界、媒体等人员参加的各种论坛。这种论坛举办方包括研究机构、媒体或展会组办方。如京津冀旅游协同发展论坛、京津冀协同发展论坛、京津冀协同发展社会组织论坛等。（3）招商引资推介会、洽谈会。它们在吸引投资、企业合作、项目对接中扮演了重要角色。例如，2015年，省一级的京洽会、津洽会、京津冀投资贸易洽谈会、京津冀产业转移对接活动签约金额分别为271、266、50、4500多亿元。唐山、廊坊、石家庄、张家口、邯郸、南开区等地市、区县也举办了推介会吸引资金和项目。此外，安阳、德州、禹州、东营、滨州等京津冀毗邻地区也举办了各种融入京津冀协同发展的推介会。（4）京津冀展览活动为区域内产品展示、交易搭建平台，促进区域内产业组织之间的相互交流与合作。会展活动作为一种区域协同发展平台或机制具有自愿性高、磋商程度等方面的优点，采用程度较高。

2. 领导小组机制、联席会议

在中国为实现领域和跨区域管理，形成了各种跨组织或区域的领导小组。小组机制和联席会议作为区域协调发展机制或平台具有自愿性高、权威程度较高、磋商度较高等特点。领导小组有自己的管理范围、决策机制和资源保证，一般配有办公室，在中国这种政治运作机制被称为小组机制。京津冀协同发展领导小组包括国务院京津冀协同发展领导小组、北京市京津冀协同发展领导小组、天津市京津冀协同发展领导小组、河北省京津冀协同发展领导小组。其中，京津冀协同发展领导小组成立于2014年8月2日。京津冀协同发展领导小组由组长、副组长和一般成员构成，其中成员由相关部委主要负责人和三地省市长构成。其办公室设在发改委，办公室主任由发改委主任兼任。作为最高级别的议事协调机构，除了具有辅助中央就京津冀协同发展事项进行决策职责外，还承担协调三地政府行动、推动和监督三地政府落实中央京津冀协同发展政策实施的职责。2018年国务院成立了京津冀及周边地区大气污染防治领导小组。类似的，省以下也有领导小组和办公室（简称协同办）。在联席会议方面，自

2013 年以来已经成立的有京津冀常务副省长市长定期会晤会议、京津冀三省市协同办主任联席会议、京津冀政协主席联席会议。建议组建京津冀省市长联席会议，并将其制度化。其主席可由三地最高行政首长轮流担任，办公室建议在北京。联席会议每年至少举行一次。同时设有京津冀城市协同发展联盟，由市长联席会议及其办公室领导。京津冀城市发展联盟内设秘书长、专门委员会并组建合作论坛和发展基金。专门委员会和合作论坛主要围绕区域规划、大气污染防治、区域经济发展和协作、区域水资源利用和保护、区域基础设施规划和管理、区域公共安全、区域内仲裁等组建。基金主要设立区域产业发展基金、区域生态建设和补偿基金、区域基础设施建设基金、区域扶贫基金等。随着京津冀协同发展的不断深入，在具体领域也成立类似的小组或联席会议。如京津冀协同发展税收工作领导小组、京津冀交通一体化领导小组、京津冀食品药品安全联动协作领导小组、区域质量发展推进领导小组、京津冀环境执法与环境应急联动工作机制联席会议。各种领导小组、各种联席会议、城市协调会的成立有利于京津冀协同发展工作做到"主动作为、科学决策、上下左右联动、密切配合"。

　　3. 税收和利益分享机制

　　要实现区域协同发展，关键是要实现税收和利益分享，避免恶性竞争和零和博弈。在京津冀协同发展规划中，存在大量的产业转移和对接项目、共建园区及公共基础设施项目、大量的企业转移项目。这些项目能否成功转移和对接，能否共建好，关键在于区域间能否形成科学、合理的税收和利益分享机制。现有的机制在分享比例方面有一定的规定，还需要在信息共享和征管制度方面进一步细化。按照《京津冀协同发展产业转移对接企业税收收入分享办法》，迁出与迁入地实行五五分成。在此之前，也有地方之间探索其他税收分享模式。例如，海淀区和秦皇岛市共建中关村海淀园秦皇岛分园对转移企业实行 4：4：2 的模式，即两地政府各得 4 成，另 2 成作为扶植资金。利益分享除了税收分享外，更主要的是通过建立健全的市场机制来实现。在资源开发、科研合作、产业合作、基础设施建设、园区和示范基地建设等公私合作项目中，要充分考虑合作方的资源投入，本着谁投入谁受益的原则来进行利益分配，需要健全产权和分配制度，健全 PPP 项目管理水平。税收和利益分享机制达成既需要相互磋商，也需要较高权威基础，一旦达成往往具有较高的效力。利益的复杂性和利益分歧是导致这种机制难以达成的最为重要的原因。

4. 共建—成本分摊—补偿机制

区域合作除了需要考虑利益问题，还要考虑公平问题。这就涉及共建—成本分摊—补偿机制。在京津冀公共基础设施及其他共建项目中，如何科学地确定共建成本的分摊关系到项目共建的成败，也是多方博弈的焦点。在项目共建过程中必然存在受损方，如何建立科学的补偿机制同样关系到项目的成败。补偿可分为产业补偿和生态补偿。产业补偿是基于产业政策、产业转移导致部分地区、企事业单位及公民个体受到损失而进行的补偿。生态补偿主要是基于区域内生态功能区建设、区域生态使用而导致部分地区、企事业单位及个人损失而进行的补偿。生态补偿可由政府纵横间财政资金（包括政府相关基金）支付，也可以通过生态受益者和受损者之间通过自愿交易的市场机制予以实现。由于涉及大型公共项目建设和政府资金的投入，因此共建—成本分摊—补偿机制需要高权威支持。这一机制的自愿性、磋商性程度都较高，一旦达成其效力也较高。区域协同发展必然涉及基础设施共建、园区共建、生态项目共建和补偿等公共项目的扩张，因此这一机制被采用的概率也大大增加。

5. 政府间协议、联动工作机制

政府间协议包括省级政府间及省级政府以下政府间协议。随着协议的不断实施，未来不可避免地会出现协议履行的问题。因此，从机制建设的角度说，需要通过政策完善政府间协议司法救济和审判制度。政府间联动工作机制包括（1）联动组织机构，主要包括联动领导小组、办公室；（2）定期会商、联动执法、联合检查、信息共享、重点案件联动督查和追究等制度；（3）联动行动计划，包括统一编制、部署和行动。目前，京津冀在环境执法、食品安全等领域在探索联动工作机制的建立和运行。在强调等级控制的体制中，高等级政府间协议或联动工作机制既对下级政府间关系具有约束力，又有助于推动下级政府间协议或联动工作机制的产生。并且，政府间协议和联动工作机制的执行也离不开权威的支持。因此，政府间协议、联动工作机制既具有高自愿性、磋商性，也具有高权威性，属于政府采用程度高的协同发展机制。一旦得到高权威和高自愿性支持，往往具有高效力。

6. 对口帮扶

对口支援（或帮扶）制度是具有中国特色的一项制度，有着较长的一段历史。因此，在京津冀协同发展成为国家战略以前，北京和天津也存在对口支援政策。不过，在京津冀协同发展成为国家战略以后，区域内帮扶有了更高要求。根据《京津冀协同发展规划纲要》要求，京津两市的有关区县与河

北张承地区环京津贫困县开展对口帮扶工作，通过建立工作机制，编制专项规划，落实工作责任，重点帮助受帮扶贫困县改善生产生活条件，提高基本公共服务水平。2016 年，国家发改委等六部委联合印发《京津两市对口帮扶河北省张承环京津相关地区工作方案》，明确了"提升基本公共服务水平，深化产业经贸合作，加强生态环保合作，推进干部人才培养交流"四项帮扶重点任务。2016 年 11 月，津冀协作和对口帮扶承德市第一次联席会议召开，津冀双方签署《关于对口帮扶承德市贫困县框架协议》。对口帮扶往往是作为一种政治任务来对待，具有高权威性和动员性。同时，在具体帮扶中又往往以政府间协议来运作，因此具有较高的自愿性、磋商性和效力。在协同发展的背景下，采用概率增加。

北京市先后制定了《北京市对口帮扶河北省相关贫困地区工作实施方案》《北京市 2017 年对口帮扶河北省贫困地区重点工作安排》《北京市对口帮扶河北省相关贫困地区项目资金管理暂行办法》《北京市"十三五"时期支援帮扶协作和区域合作规划》等。2016 年，北京市组织了 13 个区和河北 16 个县（区）建立结对关系。2018 年，北京开展携手奔小康行动，共有 14 个区和河北 23 个县（区）建立结对关系：（1）东城区和张家口的崇礼区；（2）西城区和河北的张北、阜平县；（3）朝阳区和河北的唐县、阳原县、康保县；（4）海淀区和河北的赤城县、易县；（5）丰台区和河北的水到涞源县；（6）石景山区和河北的顺平县；（7）门头沟区和河北的涿鹿县；（8）房山区和河北的涞水县、曲阳县；（9）昌平区和河北的尚义县；（10）延庆区和河北的怀来县、张家口宣化区；（11）怀柔区和河北的丰宁、怀安县；（12）平台区和河北的望都县；（13）顺义区和河北沽源县、张家口的万全区。根据北京市与河北省 2018 年签署全面深化京冀扶贫协作三年行动框架协议，共安排 26.21 亿元资金。

2016 年天津市与河北省签署了《对口帮扶承德市贫困县框架协议》，并和承德市签署了《对口支援建设高等职业院校框架协议》《支援建设承德津冀六沟产业园区框架协议》《推进旅游一体化框架协议》《开展现代农牧业合作框架协议》。"十三五"期间，天津市对口帮扶承德市承德县、平泉市、隆化县、围场满族蒙古族自治县、兴隆县，每年安排对口帮扶资金 2 亿元。

对口帮扶涉及人才支援（支农、支教、支医等）、园区或产业基地共建、劳务培训、医疗和基层基础设施建设、学校共建、生态保护修复、灾后处理、扶贫等诸多领域。通过政府主导的对口帮扶项目，还可以发挥我国党政组织强大的动员能力，鼓励和支持企业、群团组织、事业单位、社会组织、公民个人等积极参与。为了支持雄安新区建设，2018 年，北京第八十中学、中关村第三小学、朝阳实验小学、六一幼儿园，将分别对口支持安新县第二中学、容城县小学、雄县第二小学、雄县幼儿园。

五、京津冀协同发展和治理政策网络结构与实证分析

（一）京津冀协同发展和治理政策网络结构

区域治理政策网络经历如下演进过程（图 2 - 3）：外部事件的压力会推动区域发展信念系统的变化，从而影响区域发展倡导联盟的形成，倡导联盟成员通过政策取向学习探索区域发展模式，并从对方的模式中吸引合理因素，进而作用于发展信念系统，开启政策变迁的内部途径。在这一过程中，地方政府之间如果能够通过政府间决策系统、政策取向性学习形成区域发展规划或基本政策框架，并且中央政府认同其符合国家区域发展的核心信念系统，那么中央政府可通过自下而上的吸纳式辐射方式予以认同，并可能在其他区域扩散。而区域发展政策网络在府际网络和政策社区层面会随着区域间合作协议和政策增加而发展。反之，则中央政府需要从国家和地方两个方面重新审视国家区域发展核心信念系统。若中央政府在政策取向性学习的基础上，能够整合形成方案，则可以通过自上而下层级推广方式推动区域合作和信念系统的变化。第三方嵌入是指中央成立区域治理小组或仲裁机构介入区域政策治理。

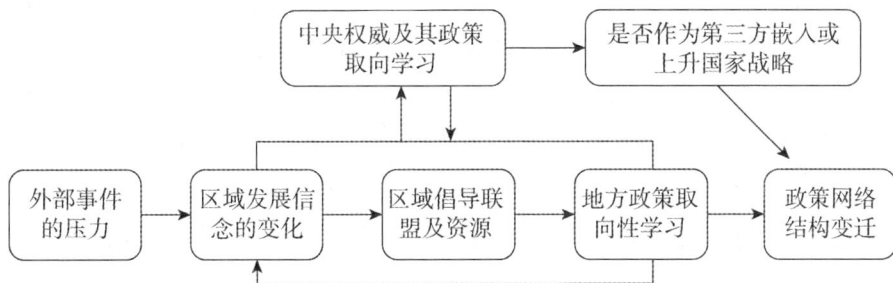

图 2 - 3　区域发展政策网络变迁分析框架

资料来源：作者自制。

具体到京津冀地区来说，产业雷同和恶性竞争、贫富分化和生态恶化、北京"大城市病"症状加剧等外部环境变化导致京津冀地方利益关系日益复杂。（1）区域内资源、人口、行政区划的集中导致京津冀长期处于一种"不平等"

的竞争性关系之中。（2）京津两地在"不平等"竞争型关系中，集中了资源、规模等优势，由此推动了该区域存在"双核心—边缘"结构。（3）随着三地进一步发展，在环境保护、交通一体化、市场一体化、公共安全等方面存在越来越多的非竞争性利益关系。在面临共同压力的情况下，非竞争性利益关系的存在有利于地区间在治理中加强日常联系和信息沟通，但是在面临压力不对称的情况下，非竞争性利益关系的性质也容易产生"搭便车"的行为。总体而言，京津冀地区仍存在竞争性利益关系，但是互补型利益关系和非竞争性利益型关系不断增长是该地区未来发展的基本趋势。要让竞争性利益关系不会演化为恶性竞争，就需要第三方监管，要让互补型利益关系和非竞争性利益关系走上合作，就需要建立必要的区域间合作机制。

　　在政策核心信念层面，京津冀地区也较早地授受了"特殊政策、灵活实施"来发展本区域经济的观念，在区域内都建立了大量的开放区、高新技术开发区、产业园区，京津两地建立了对河北的对口支援、生态补偿机制。在跨区域项目合作层面，三地港口、机场、合作园区建设方面开始探索成本分摊、利益共享和补偿机制。改革开放以来，各专业团体先后提出了梯度发展理论、非均衡协调发展理论、区域协调发展理论等。专业团体通过政府课题、报告、研讨会、座谈会等影响政府政策取向性学习。改革开放以来，区域发展政策取向性学习在中央和地方之间是一种双向性互动关系：中央基于马克思主义发展理论形成区域发展指导性精神、战略并赋予地方一定的自主权，地方在学透、用透中央指导性精神、战略的基础上，探索区域及区域间发展模式，中央再在各地试点性经验的基础上，将其提炼、升华为下一阶段区域发展指导性精神、战略，地方再在这新的指导精神、战略的基础上进行创新。在这一过程中，地方政府也从其他区域经验中进行学习。京津冀丰富的智力资源、产业基础推动了京津冀区域发展的议题网络、专业网络的发展，首都圈倡导联盟、都市圈倡导联盟等都通过政策学习吸收了国内外区域发展的经验，大大丰富了其信念系统。在缺乏有效的区域发展省级间决策机制的情况下，中央的关注和政策取向性学习扮演了关键性角色。

　　1978 至 2012 年，京津冀地区形成的倡导联盟主要包括（1）1981 年成立京、津、冀、晋、蒙组成华北经济技术合作组织。倡导地区物资调剂和企业间横向合作。（2）环渤海区域倡导联盟。1986 年，由天津市市长倡议召开环渤海地区经济联合市长联席会议。2004 年在发改委、商务部召开七环渤海经济协作市长会议。2006 年在七省区市召开环渤海合作机制问题会议上达成《环渤海区域合作框架协议》。（3）首都圈倡导联盟。1981 提出京津唐（含廊坊、秦皇岛）规划的理念，1983 年《北京市总体规划》第一次提出了"首都经济圈"这一概念。吴良镛（1994）在由其主持的《京津冀城乡空间发展规划研究》中提出了"大北京"规划观念，引发社会广泛关注。1988 年北京和河北建环京经济协作区。1996 年，北京市经济发展战略提首都经济圈发展战略。（4）京津冀都市圈倡导联盟。（5）产业联盟。自 2005 年至 2012 年，京津冀共签订 9 个省级政府间合作协议。其中，2005 年 2 个，2006 年 1 个，2007 年 3 个，2008、2009 和 2010 年各 1 个，2011 和 2012 年没有。主要涉及人才交流（2 个）、流动领域合作（2 个）、护城河工程（1 个）、教育合作（1 个）、旅游和城乡规划（各 1 个）。这些协议推动了倡导联盟在产业层面形成一定的共识。在北京奥运会期间，京津冀地区探索大气污染联防联治措施，推动了大气污染防治倡导联盟的形成。

尽管京津冀在区域合作方面已经存在政策议题流、方案流，但是京津冀区域发展最终的规划却迟迟难以出台，区域间决策机制和府际网络也迟迟难以形成。京津冀和珠三角、长三角区域发展规划开始起草的时间差不多，但是后两个规划分别于 2008、2010 年获得国务院批复，而京津冀协同发展规划则是在 2014 年才予以通过。由于长三角地区异质性程度要低于京津冀地区，因此地方政府更倾向于更多的合作，并且倾向于产生自发与正式的协作行动，而这种自发和正式协作行动会逐渐积累形成一种较为稳定的协作机制。① 而高异质性的京津冀更多地要依赖中央政府介入。② 正是在中央的介入下，一系列的规划、政策、协议迅速通过，形成了京津冀协同发展的政策网络框架。

围绕政策过程，京津冀协同发展和治理形成如图 2 - 4 所示的政策网络结构。在政策制定层面，在中央及京津冀协同发展领导小组作为一种高位权威，在克服部委、省级政府的部门主义和地方保护主义方面起到了重要作用。部委之间、部委和省级政府之间、省级政府之间展开府际合作对于克服区域治理中的"碎片化权威主义"起到了重要作用。这种协同合作主要包括（1）构建跨部门利益协同体系。一是构建跨区域跨部门收益分配机制和利益补偿机制，实现地方之间、部门之间公共利益合理分配；二是导入绩效预算制度，合理分担

---

① 锁利铭：《跨省域城市群环境协作治理的行为与结构：基于"京津冀"与"长三角"的比较研究》，《学海》2017 年第 4 期，第 65～66 页。
② 这一部分关于京津冀政策网络形成机制内容参见李勇军：《京津冀协同发展政策网络形成机制与结构研究》，《经济经纬》2018 年第 6 期。

公共事务协同治理成本以及合理分配协同治理财政资金。（2）优化跨区域跨部门行政协调机制。一是依托自上而下的行政协调机制，推进跨区域跨部门协同决策；优化平级地方政府、平级部门协调机制，形成跨区域跨部门决策共识。（3）引入跨区域跨部门行政缔约机制。（4）构建跨区域跨部门责任分担机制和协同治理运行机制。一是基于区域整体思维和要求明确各区域、各部门责任，建立重点区域、重点流域、重点事项协同治理责任清单；二是建立跨区域跨部门执法联动机制、预警和演练机制；三是建立跨区域跨部门公共服务提供和结算机制。（5）构建跨区域跨部门信息共享平台和机制。（6）建立跨区域跨部门监督评估激励机制，保障协同治理正当有效。①

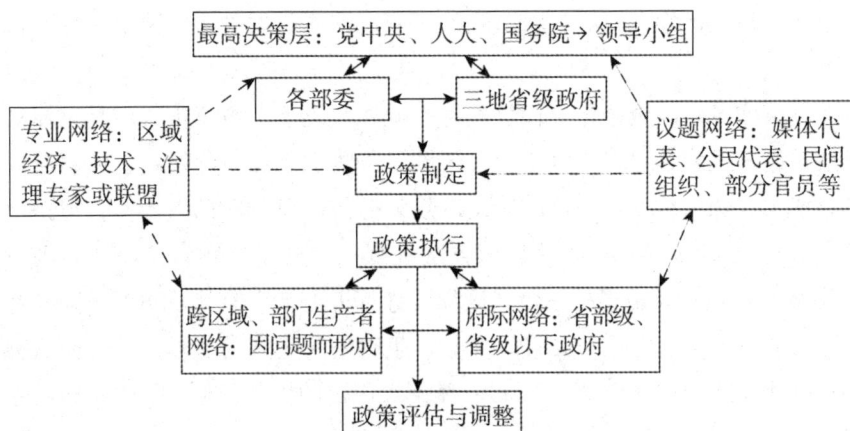

图 2-4　京津冀协同发展和治理政策网络结构

资料来源：作者自制。实线代表显性或实质影响，虚线代表隐性或间接影响。

从网络治理的角度说，中央及部委、区域联防联治作为第三方嵌入，有助于防止区域内"共谋"和"搭便车"行为，有助于防止区域内恶性竞争和推动区域内互补性和非竞争性关系的形成。类似地，区域内司法体制的形成，也可以作为第三方嵌入发挥重要作用。此外，在推动地方间政府合作方面，不断创新利益共享、补偿和成本共担机制也非常重要。从决策机制的基础上，在坚持我国决策体制中的民主集中制、群众路线要求的基础上，需要强调区域决策中的平等协商。

基于问题、信念和利益所形成的议题网络对于推动议程网络形成提供了一

_____

① 赖先进：《论政府跨部门协同治理》，北京大学出版社 2015 年版，第 202~220 页。

种社会诉求表达和集聚空间，并通过社会议程而对政府议程产生影响。基于研究、技术而形成的专业网络在形成问题流、方案流方面发挥了作用。随着京津冀协同发展的进一步推进，专业网络自身也越来越专业化。议题和专业网络的完善对于推动京津冀区域决策的合理性、合法化具有重要意义。

随着大量京津冀协同发展政策进入执行阶段，党政组织化和市场化工具的不断采用，生产者网络将沿如下方向进一步分化。（1）因政策领域而形成。如因区域交通一体化、区域大气联防联控、区域食品安全联防联控、区域行业标准一体化而形成具体的生产者网络。（2）因政府管制或补贴政策而变化。一是新的管制或补贴政策可能产生新的生产者网络，二是已经形成的生产者网络也会因政府管制或补贴政策及标准的变化而变化。（3）原来区域内生产者网络在新的区域内产生联合，并吸引相邻地区成员加入。在执行阶段要处理好授权和委托的关系，强化所有执行机构和人员的信息共享和有效沟通，将纵向间网络执行机构和横向间网络执行结构相结合，强化执行过程的全过程、多主体监督，强化执行过程中联合行动，全面提升区域协同政策的执行力。强化区域治理政策的评估和评估结果的运用，从效能性、公平性、参与度、责任性、安全性、满意度等多维度评价区域治理政策绩效，结合"四个全面"和"五位一体"及新时代区域治理政策框架设立京津冀协同发展政策整体评价指标，结合具体领域设计领域治理评价指标，结合京津冀政策过程设立过程评价指标，将内部评估和外部评估相结合，将专业评估和第三方评估相结合，全面推动京津冀协同治理政策评估水平。[①]

（二）京津冀协同发展和治理府际政策网络结构实证分析

1. 京津冀协同发展和治理省级及以上政府合作网络效果实证分析

从政策效果看，主要表现在三个层面。一是形成省级及以上政府的跨区域、领域的协同发展治理机构。二是出台了一系列的中央、省部级政策。表2-5列出中央层面的政策。这为京津冀协同发展奠定了基本方向和思路。其中，长期难产的京津冀规划取得了实质性突出，具体表现在两个文件上：一是《京津冀协同发展规划纲要》，二是"十三五"时期京津冀国民经济和社会发展规划。"雄安新区"的设立和"疏解北京非首都功能"的决定标志着京津冀协同发展

---

① 这一部分关于京津冀政策网络结构和以下关于其实证效果部分内容参见：李勇军：《京津冀协同发展政策网络形成机制与结构研究》，《经济经纬》2018年第6期。部分数据根据最新情况进行了更新。

进入更高水平发展阶段。在中央的高位推动下，部委也很快予以响应，通过了一系列协同发展政策，不断丰富了京津冀协同发展的基本框架。

表2-5　中共中央、国务院京津冀协同发展政策

时间	政　策
2014 年 3 月	京津冀协同发展纳入国务院政府工作报告表述
2014 年 3 月	国家新型城镇化规划，将京津冀定位为以首都为核心的世界级城市群
2014 年 8 月	国务院成立京津冀协同发展领导小组
2014 年 12 月	中央经济工作会议将京津冀协同发展和"一带一路""长江经济带"并列为国家重点实施战略
2015 年 5 月	中共中央政治局会议通过《京津冀协同发展规划纲要》
2015 年 5 月	国务院关于印发中国（天津）自由贸易试验区总体方案的通知
2016 年 10 月	"十三五"时期京津冀国民经济和社会发展规划
2017 年 4 月	《中共中央国务院关于设立河北雄安新区的通知》
2017 年 9 月	中共中央、国务院批复了《北京城市总体规划（2016—2035）》，明确了"一核一主一副"的城市空间布局
2017 年 10 月	十九大报告表述："以疏解北京非首都功能为'牛鼻子'推动京津冀协同发展，高起点规划、高标准建设雄安新区。"
2018 年 4 月	中共中央、国务院批复《河北雄安新区规划纲要》

资料来源：作者根据相关文件整理所得。

在交通、生态、商务物流、农产品流通、现代农业、健身休闲运动、土地利用等方面形成专项规划，在空气污染防治方面通过了可操作性的行动方案。2015 年 7 月，北京市委通过了《中共北京市委北京市人民政府关于贯彻＜京津冀协同发展规划纲要＞的意见》。《意见》明确了北京 2300 万的人口控制目标，强调要推进交通一体化发展、加强生态环境保护、推动产业升级转移三大重点领域。在行动层面，北京市紧紧牵住疏解非首都功能这个"牛鼻子"，采取了一系列措施推动产业转移和城市建设。2015 年通过了《北京市落实〈京津冀协同发展规划纲要〉2015 年重点项目》《北京市推进京津冀协同发展 2015—2017 年工作要点》。2017 年通过了《北京市"十三五"时期推动京津冀协同发展规划》。2018 年 7 月，北京出台了《推进京津冀协同发展 2018—2020 行动计划》。2015 年 7 月，天津市委通过了《天津市贯彻落实〈京津冀协同发展规划纲要〉

实施方案》。2015 年 7 月，河北省通过了《中共河北省委、河北省人民政府关于贯彻落实〈京津冀协同发展规划纲要〉的实施意见》。2016 年 5 月，河北省通过了《河北省推进京津冀协同发展规划》。为了推动京津冀协同发展，2016 年通过了《河北省建设全国现代商贸物流重要基地规划》《河北省建设新型城镇化与城乡统筹示范区规划》等 4 个专项规划。三地发改委联合制定了《京津冀能源协同发展行动计划（2017—2020）》，三地旅游局联合制定了《京津冀旅游协同发展行动计划（2016—2018 年)》，三地商务委员会、商务厅联合发布了《环首都 1 小时鲜活农产品流通圈规划》，三地教育部门通过了《"十三五"时期京津冀教育协同发展专项工作计划》。2018 年三地通过了八项京津冀冷链物流区域协同地方标准，并于 6 月 1 日正式实施。

三是省级政府之间合作协议。包括三地省级政府之间及三地省级政府职能部门之间的合作协议。如表 2 - 6 所示，2014 年至 2018 年省级政府达成的合作协议涉及双边和三边合作。其中，北京和天津之间达成 6 项，北京和河北之间达成 9 项，天津和河北之间共达成 7 项，三地之间则达成 34 项。在环境保护、食品安全、医疗和社会保障、产业对接方面的部分协议、协同创新已经进入操作层面。随着协同发展进程的进一步推进，省级合作将在横向上沿领域拓展，在纵向上沿联合行动、实施细则层面延伸。此外，山东、山西、辽宁、内蒙古等毗邻省份出台政策支持融入京津冀协同发展。国务院也出台了《环渤海地区合作发展纲要》，推进这些地区融入京津冀协同发展。

表 2 - 6　京津冀省级政府间政府合作协议：2014—2018

政府	协议名
北京—天津	北京市人民政府天津市人民政府贯彻落实京津冀协同发展重大国家战略推进实施重点工作协议；北京市人民政府天津市人民政府共建滨海 - 中关村科技园合作框架协议；北京市人民政府天津市人民政府进一步加强环境保护合作框架协议；北京市人民政府天津市人民政府共同推进天津未来科技城合作示范区建设框架协议；北京市人民政府天津市人民政府交通一体化合作备忘录；北京市天津市人民政府加快推进市场一体化进程合作框架协议；
北京—河北	共同打造曹妃甸协同发展示范区框架协议；共建北京新机场临空经济合作区协议；共同推进中关村与河北科技园区合作协议；共同加快张承地区生态环境建设协议；交通一体化合作备忘录；共同加快推进市场一体化进程协议；共同推进物流业协同发展合作协议；全面深化京冀对口帮扶合作框架协议；北京市人民政府河北省人民政府关于共同推进河北雄安新区规划建设战略合作协议；

政府	协议名
天津—河北	天津市人民政府河北省人民政府交通一体化合作备忘录；天津市人民政府河北省人民政府加强生态环境建设合作框架协议；天津市人民政府河北省人民政府共同打造冀津（涉县·天铁）循环经济产业示范区合作框架协议；天津市人民政府河北省人民政府推进教育协同发展合作框架协议；天津市人民政府河北省人民政府推进区域市场一体化合作框架协议；关于对口帮扶承德市贫困县框架协议；河北省人民政府天津市人民政府关于积极推进河北雄安新区建设发展战略合作协议；
三边协议	司法行政工作服务京津冀协同发展框架协议；京津冀监狱工作协同发展合作协议；京津冀法治宣传教育工作区域合作协议；京津冀公证工作协同发展合作协议；京津冀加强律师代理重大敏感案（事）件协调指导工作合作协议；关于加强京津冀人大立法工作协同的若干意见；京津冀体育协同发展议定书；商务领域京津冀协同发展对接协作机制；京津冀区域环境保护率先突破合作框架协议；京津冀三地文化领域协同发展战略框架协议；推动人力资源和社会保障深化合作协议；京津冀专业技术人员职称资格互认协议；京津冀协同创新发展战略研究和基础研究合作框架协议；京津冀质量发展合作框架协议；京津冀民政事业协同发展合作框架协议；京津冀三地机场签署协同发展战略合作框架协议；京津冀行政审批制度改革协同发展战略合作共识；京津冀旅游协同发展行动计划（2016—2018年）；京津冀旅游协同发展示范区合作宣言；深化京津冀食品安全区域联动协作机制建设协议；京津冀智能化居家养老合作备忘录；京津冀卫生计生事业协同发展行动计划（2016—2017）；京津冀青少年体育协同发展框架协议；京津冀口岸深化合作框架协议；深入推进京津冀体育协同发展议定书；全面深化京冀对口帮扶合作框架协议；京津冀科普资源共建共享合作协议；进一步加强京冀协同发展合作框架协议；进一步加强战略合作框架协议；京津冀行政审批制度改革协同发展战略合作共识；京津冀共建行政许可共享清单协议；京津冀联合警务督察合作协议；京津冀科技创新券合作协议；京津冀地区合同监管合作协议；

资料来源：作者整理所得。

2. 省级以下政府间合作网络实证分析

本研究收集2014—2016年京津冀省级政府以下合作协议数据，运用Ucinet 6.216软件的Net Draw绘图工具生成京津冀都市圈地方政府协作的可视化网络。如图2-5所示，北京、天津通过区级政府和河北11个城市都有合作关系，其中河北的唐山、廊坊、秦皇岛、保定在北京、天津的辐射下形成了环京津凝聚子群，承德、衡水也融入这一子群。在这区域，北京的海淀区、朝阳区、西城区，天津的滨海新区和河北的唐山、廊坊、保定合作频繁，构成京津冀空间溢出效应集聚区。邢台、沧州、邯郸和环京津凝聚子群之间的网络联系度低，呈现出一种相对游离的状态。石家庄、邢台、沧州在北京、天津的辐射下形成了

冀南凝聚子群，但是这一子群的网络密度、联系度远低于前一子群。如表 2 – 7
所示，北京、秦皇岛、廊坊、保定、沧州、邢台、衡水、邯郸点入度和点出度
一样，表明其对外合作和接受外部合作趋势一样。北京的点入度和点出度最高，
其次是天津，表明这两个城市和其他城市的相互合作意愿和经济联系高。在河
北地级市中，唐山、张家口、秦皇岛、保定、廊坊、承德和北京、天津地理位
置靠近，其点入度、出度要远远市其他城市。从中间中心度看，北京、天津中
间中心度最高，两者都是 37.83，远远高于排在第三的秦皇岛和第四的唐山，两
者分别为 4.83 和 2.83。而石家庄只有 0.68。这表明，天津在京津冀合作中扮演
的"中介人"角色和北京具有同等地位，但是河北其他城市的"中介人"角色
还有待于加强，尤其是石家庄。从网络接近中心度看，其整体内接近度值为
73.50%，外接近度值为 73.74%，除北京、天津外其他城市内外接近度值分布
相对较均衡，表明京津冀区域合作网络已经初步形成。由于在实践中京津省级
以下合作协议和联合行动主要是通过区县和河北 11 个地级市进行的，因此可以
设立京津冀市（区县）长联席会议及其工作机制。而在省级合作层面设立京津
冀省市长联席会议及其工作机制以及区域内协议仲裁委员会。由此来推动区域
内合作和保证区域内合作协议的具体落实。从空间发展的角度说，京津冀协同
发展的关键是 13 个城市构成的都市圈的协同发展，对于许多跨区域治理问题来
说，需要立足于具体问题分析这些城市之间的问题网络结构，并提出更为具体

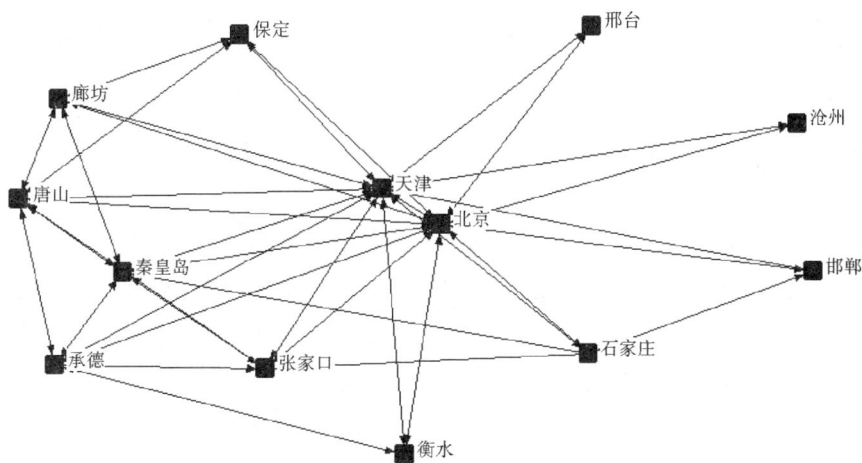

图 2 – 5 京津冀省级以下政府合作网络：2014—2016

的网络治理对策。例如，有学者研究认为，石家庄、衡水、沧州、北京、秦皇岛、承德、邯郸在京津冀大气污染联防联控中处于网络核心，其他6个城市处于网络边缘。① 因此需要进一步完善区域政策，推动13个城市在大气污染防治中的步调一致。

表2-7　京津冀省级以下合作网络中心性分析：2014—2016

城市	点度中心性		中间中心度	网络接近中心度	
	入度	出度		内接近中心度	外接近中心度
北京	67.00	67.00	37.833	100.00	100.00
天津	42.00	44.00	37.833	100.00	100.00
唐山	30.00	27.00	2.837	70.58	70.58
承德	17.00	18.00	2.00	66.66	66.6
秦皇岛	13.00	13.00	4.833	70.58	66.66
石家庄	3.00	5.00	0.667	57.14	63.15
张家口	20.00	18.00	0.5	66.66	63.15
廊坊	17.00	17.00	0.5	63.15	63.15
保定	18.00	18.00	0	60.00	60.00
沧州	7.00	7.00	0	54.54	54.54
衡水	4.00	4.00	0	57.14	57.14
邢台	4.00	4.00	0	54.54	54.54
邯郸	3.00	3.00	0	57.14	57.14

数据来源：作者整理所得。

如表2-8和表2-9所示，北京对天津的引力值和天津对北京的引力值分别为1136.5、940，远远高于2010年578、398.7，这说明京津冀协同发展战略加强了两地之间的经济联系，北京、天津对廊坊、唐山、保定、沧州的经济影响力的增长速度要高于两地对河北其他城市。其中，京津两地对沧州的经济引力值增速幅度巨大。以前受京津两地影响力有限的衡水、沧州有较大改观，但是邢台和邯郸受两地影响变化不大。石家庄对保定、邢台、邯郸、沧州的经济

---

① 贺璐，王冰：《京津冀大气污染治理模式演进：构建一种可持续合作机制》，《东北大学学报》2016年第1期，第56~62页。

引力也有很大提升，说明石家庄的区域经济影响有所提升。从引力值变化的角度看，环京津凝聚子群之间经济影响变化要强于冀南凝聚子群城市间的经济影响变化。

表2-8 京津冀都市圈城市引力值：2010年

城市	北京	天津	石家庄	承德	张家口	秦皇岛	唐山	廊坊	保定	沧州	衡水	邢台	邯郸
北京	0	578.0	90.7	53.8	79.1	30.1	217.2	1166.4	297.6	116.5	1.2	26.5	32.3
天津	398.7	0	46.1	20.8	19.7	22.9	244.3	636.0	129.8	268.1	28.6	15.2	19.2
石家庄	21.3	17.0	0	3.4	5.1	10.5	5.5	12.4	85.5	25.9	41.7	79.1	52.7
承德	3.4	2.0	0.8	0	1.3	1.5	1.1	2.1	1，7	1.2	0.7	0.5	0.5
张家口	5.1	1.9	0.8	1.4	0	0.7	1.5	3.1	2.7	1.4	1.1	0，8	3.1
秦皇岛	1.9	2.3	2.8	1.6	0.7	0	9.7	1.7	1.3	1.4	0.6	1.4	0.4
唐山	80.3	120.3	7.6	5.7	7.1	47.4	0	38.2	22.0	29.6	6.6	7.9	5.4
廊坊	115.4	95.0	4.8	3.3	4.3	2.4	11.4	0	19.2	13.7	4.3	2.3	2.0
保定	144.5	28.5	52.4	4.1	5.8	2.9	9.9	30.1	0	37.7	11.4	4.9	11.7
沧州	18.9	62.9	16.6	3.6	3.3	3.2	14.6	22.4	40.8	0	2.4	7.5	6.9
衡水	1.2	2.5	9.8	0.6	1.0	0.5	1.2	2.5	9.0	1.0	0	8.7	4.9
邢台	2.3	2.1	27.8	0.6	0.9	0.6	2.1	2.1	5.6	4.0	15.3	0	111.6
邯郸	5.3	4.8	36.6	1.3	7.5	1.0	2.7	3.5	13，2	7.5	14.8	216.7	0

数据来源：作者根据该年度三地统计年鉴由公式（1）（2）计算所得①。

整体而言，这一区域的经济联系分布仍然呈一种不均衡分布状态，尤其是河北省一些城市间的引力值仍处于个位数。运用自然断点法将区域城市2010年和2014年人均GDP进行聚类分析，发现邢台、衡水、保定一直处于第四档，北京、天津、唐山一直处于第一档，承德、邯郸一直处于第三档，石家庄、沧州处于第二档，秦皇岛和张家口相对排名有所下降。从2010—2014年人口数据看，人口主要聚集于北京、天津、保定和石家庄，在常住人口增长方面，天津、北京、石家庄和唐山人口增长处于区域前四名，张家口和承德人口增长量最低。

---

① 计算公式为（1）$\sqrt{P_i \times G_i} \times \sqrt{P_j \times D_j} / D_{ij}^2$ （2）$k_{ij} = G_i / (G_i + G_j)$
式中，T_{ij} 为城市引力值，k_{ij} 为两城市间的经济关联系数，G_i、G_j 为两城市GDP值，P_i、P_j 为两城市人口，D_{ij} 为两城市间最短公路距离。公式参见：钱春蕾，叶菁，陆潮：《基于改进城市引力模型的武汉城市圈引力格局划分研究》，《地理科学》2015年第2期，第237~240页。

从各城市经济活动的外向功能角度看，北京、天津、石家庄经济活动迈向集聚
—集聚扩散的经济外溢期，其他9个城市仍然呈现出集聚的市区经济活动态势，
表明区域内大部分城市市区对周边区域的带动作用还有很大挖掘空间。其中，
唐山、石家庄、廊坊、沧州、保定五市外向功能量处于中等水平，城市间的城
市流已具备一定规模、可让其作为城市群次核心城市进一步发展;① 而秦皇岛、
邯郸、邢台、张家口、承德和衡水等市需要抓住京津冀协同发展战略机遇，提
升城市自身集聚力并加大与其他城市之间的联系。

表2-9　京津冀都市圈城市引力值：2015年

城市	北京	天津	石家庄	承德	张家口	秦皇岛	唐山	廊坊	保定	沧州	衡水	邢台	邯郸
北京	0	1136.5	160.26	87.6	124.9	49.0	369.4	2213.6	453.9	202.0	39.0	47.0	52.3
天津	940.6	0	91，3	36，3	34.4	41.0	473.9	1317.5	243.6	514.4	53.9	28.6	34.9
石家庄	37.6	25.9	0	4.9	8.1	3.7	9.7	22.0	143.6	44.6	70.7	134	87.9
承德	55.9	31.5	1.2	0	1.9	2.4	1.8	3.4	2.7	1.9	1.1	0.7	0.8
张家口	19.8	29.9	2.0	2.0	0	1.1	2.2	6.9	3.8	2.1	1.4	1.2	9.9
秦皇岛	28.9	30.9	0.8	2	1.0	0	1.8	4.8	5.2	1.9	0.9	0.6	0.6
唐山	110.3	157.8	10.9	8.0	9.9	47.8	0	51.5	31.8	43.6	9.9	12.0	7.6
廊坊	2189.4	196.9	9.9	6.0	7.8	4.8	20	0	48.2	27.8	8.2	4.5	4.0
保定	113.5	43.0	80.8	6.0	8.5	4.4	15.6	37.8	0	63.8	3.6	21.1	17.8
沧州	27.6	98.0	26.2	4.6	3.4	2.0	23.5	34.2	58.9	0	35.2	10.5	11.0
衡水	20.6	40.6	15.5	1.0	1.27	0.9	2.0	4.2	14.7	17.3	0	20.9	8.3
邢台	34	3.2	42.3	1.2	1.9	2.0	3.9	5.3	12.4	7.6	14.5	0	175.9
邯郸	7.2	6.7	51.6	1.8	22.9	1.5	3.9	5.3	18.6	10.6	21.4	312.8	0

数据来源：作者根据该年度三地统计年鉴计算所得。

3. 京津冀协同发展和治理次级治理结构实证分析

一旦京津冀协同发展政策和合作机制在具体领域产生，政策网络结构就会
在次级领域（具体政策领域）产生，形成跨区域、跨部门的网络治理关系。以
大气污染为例，在区域协同治理产生以前，区域内大气污染主要是基于我国传
统的行政管辖体制进行的。在这种治理模式中，省市政府通过其职能部门和下
一级政府的隶属关系实现管理。在区域内如果存在合作治理，主要是通过区域

---

① 范玉凤，刘子杨，马宇博：《基于网络化空间模型的京津冀城市群空间布局优化研究》，
《商业经济研究》2019年第9期，第156～159页。

内对口协商的方式进行。由于大气污染存在很强的外部性，因此政府管理存在很强的搭便车动机。在传统治理模式中，不仅省级政府之间、跨省的市级政府难以自发展开合作，而且省内地级市县也难以自发地展开合作。同时，在传统的管辖体制中存在复杂的条块关系，但是这种复杂的条块关系也影响了政府管理的整体性治理，导致权威的"碎片化"，增加治理中的协调成本。一旦京津冀及周边地区大气联防联控政策网络得以建构，就会以合作协议、区域领导小组和联席会议为基础，形成以政府为代理人的决策合作网络和执行合作网络。从大气污染生产者的角度说，存在大量的生产企业（主要涉及工信部门管辖）、能源企业（主要涉及能源部门管辖）、交通排放者（主要涉及交通部门）、农业焚烧（主要涉及农业部门）。这些生产者构成生产网络，它们会因政府管制或补贴政策而分化为更为具体的政策网络行动者。从政策出台效果上看，已经出台了《京津冀及周边地区重点行业大气污染限期治理方案》《京津冀及周边地区落实大气污染防治行动计划实施细则》《京津冀大气污染防治强化措施 2016—2017》等区域大气污染防治政策，出台了《关于重点产业布局调整和产业转移的指导意见》《京津冀及周边地区工业资源综合利用产业协同发展行动计划（2015—2017）》，签订了《京津冀区域环境保护率先突破合作框架协议》等相关配套政策，成立了京津冀及周边地区大气污染防治协作小组。

目前，已经初步成型的京津冀协同发展次级网络不仅仅发生在大气污染防治领域。在交通、产业转移和一体化、食品药品安全、协同创新等方面已经出台了一系列的区域合作政策，初步形成了融科层、市场和网络治理的次级政策网络治理雏形（表 2-10）。按照总体规划，北京需要疏解非首都功能，转移大批产业。北京市将产业转移项目纳入政府年度重点工作范畴，自上而下地通过层层目标和责任分解，动员各区、街道、园区、企业按计划进行动员。河北、天津则动员地级市、区县、开发区等建立产业转移对接平台。在食品安全方面，三地签订了《深化京津冀食品安全区域联动协作机制建设协议》，三地之间建立了"黑名单"、案件稽查联动机制、突发事件联合应急演练机制。同时，市场治理方面，食品安全企业签署了质量安全保障协议。在交通方面，在京津冀协同发展战略产生以前，基于不同行政层级所带来的"内外有别、远近有异"的利益藩篱，形成了许多断头路。在京津冀协同发展战略通过后，交通先行具有政策优先性，并被层层动员。交通部推出《推进京津冀交通一体化率先突破的实施方案》，三地也纷纷出台相应方案予以响应。从国家发改委公布的 PPP 推介项目中，可以发现京津冀地区的 PPP 项目总投资交通建设占八成。在协同创新方面，三地签订了《京津冀专业技术人员职称资格互认协议》《京津冀协同创新发展战略研究和基础研究合作框架协议》《京津冀科普资源共建共享合作协议》。在区域生态建设方面，通过引入市场机制解决了区域内生态建设资金不足的问题，通过区域整体生态规划提升了区域生态空间布局的水平，通过区域河流、海域等跨区域综合治理提升了区域生态环境质量。

表 2 - 10　京津冀具体领域政策网络治理示例

领域	科层治理手段	市场治理手段	网络治理手段
产业转移与对接	将产业转移或对接纳入政府重点工作计划；科层动员手段推动产业转移或对接	通过 PPP 建立产业对接园区或平台；企业基于市场自愿与竞争方式进入园区或平台	五区五带五链产业点面结合的京津冀产业网络；共建园区、创新中心、展示中心
大气防治	科层式命令与动员；政府管制；运动式治理；减排计划	排污权交易、绿色信贷、供暖同热同价；生态资源定价与交易机制	区域大气联防联控联动工作机制；区域防治行动计划；信息共享平台
食品药品安全	运动式治理；政府管制；科层动员	食品安全企业签署产品质量安全保障供应协议；食品企业市场一体化	区域内全环节追溯；区域联动协作机制；联合执法
交通	政府规划；科层动员	PPP、收费机制	一卡通、联合执法、信息共享
协同创新	政府规划和政策支持；动员高新区走出去	建立市场化平台；评估试点第三方委托	企业专利联盟；园区分园；合建经济开发区或园区
生态协同	区域生态建设规划、生态治理联合行动计划	共建共享市场机制；生态补偿市场机制	绿色产业联盟；联合综合治理区域河流、海域

第三章

京津冀产业协同发展和城市群建设

第一节　京津冀第一产业概括和协同发展

一、京津冀第一产业基本情况

（一）总体情况

如表3-1所示，京津冀地区第一产业比重呈下降趋势，整体比重要低于全国第一产业比重约三个百分点。第二产业比重2010年至2014年基本上略高于40%，2015年以后开始低于40%。第三产业比重呈稳定上升趋势。根据三地2015年统计年鉴数据，2014年北京第一、第二、第三产业增加值占区域比重分别为4.18%、16.63%、47.04，天津分别为5.29%、28.42%、21.93%，河北分别为90.53%、54.94%、31.01%。这说明河北是区域内第一产业的主要力量，第二产业和第三产业增加值主要来自河北和天津，第三产业贡献最大为北京。2005年京津冀地区第一产业就业人数为1708.7万人，至2015年减至1504.3万人。

表3-1　2010—2016年京津冀地区三产结构

年份	地区第一产业比重（%）	地区第二产业比重（%）	地区第三产业比重（%）
2010	6.5	43.2	50.4
2011	6.1	43.7	50.2
2012	6.1	42.9	50.9
2013	6.0	42.0	52.0

年份	地区第一产业比重（%）	地区第二产业比重（%）	地区第三产业比重（%）
2014	5.7	41.1	53.2
2015	5.5	38.4	56.1
2016	5.2	37.3	57.5

资料来源：根据《中国统计年鉴》《北京统计年鉴》《天津统计年鉴》《河北统计年鉴》2015 和 2017 年整理所得。

京津冀区域第一产业总产值如表 3 - 2 所示。总体而言，北京和天津总产值要低于河北。北京和天津作为特大城市，其农地不断转为非农用地，农业可利用资源不断减少，农业产业比较优势低于第二和第三产业。根据《河北经济年鉴 2016》统计数据，2005 年京津冀第一产业增加值为 1601.1 亿元，点全国比重为 7.3%，其中河北为 1400 亿元，占京津冀地区的 87.4%。2006 年至 2015 年京津冀第一产业增加值占全国比重分别为 7.3%、7.2%、6.9%、7.2%、7.1%、6.9%、6.8%、6.9%、6.7%、6.2%，整体呈下降趋势。河北第一产业增加值占京津冀比重整体呈上升趋势，2006 至 2015 年其比重分别为 88.9%、89.5%、89.6%、89.9%、90.5%、90.8%、90.7%、90.5%、90.8%。

表 3 - 2　京津冀第一产业总产值：1975—2012 年

单位：亿元

年份	1965	1975	1980	1985	1995	2000	2005	2010	2012
北京	7.0	10.6	14.2	25.9	164.4	188.6	239.3	328.02	395.7
天津	4.8	5.4	9.3	20.4	125.4	125.4	238.3	317.3	375.6
河北	45.5	72.7	97.8	167.3	1146.8	1147.7	2600.8	4954.8	5340.1

数据来源：《北京统计年鉴 2013》《天津统计年鉴 2013》《河北经济年鉴 2013》《新中国六十年统计资料汇编》。

京津冀地区第一产业的主要部门是农业和牧业，林业和渔业的比重较小。不过，按照"五位一体"总体布局以及《京津冀协同发展规划纲要》，区域林业生态建设将获得重视。根据《河北经济年鉴 2015》数据，2010 至 2014 年，京津冀地区农业占全国比重分别为 7.5%、7.4%、7.3%、7.5%、7.0%，林业占全国比重分别为 2.7%、2.5%、3.9%、4.4%、4.7%，牧业占全国比重分别为 8.0%、7.5%、7.3%、7.3%、7.6%，渔业占全国比重分别为 3.3%、3.1%、2.9%、2.7%、2.7%。如表 3－3 所示，京津冀粮食产量由 2005 年 2831 万吨上升为 2015 年 3607 万吨，蔬菜产量由 2005 年的 7383 万吨上升为 8890 万吨，区域肉类产量基本上都超过 500 多万吨，牛奶产量有波动且基本上超过 560 万吨。京津冀水量产量自 2010 至 2014 年产量分别为 1223.9、1320.0、1396.2、1404.7、1523.2 万吨，总体呈上升趋势。

表 3－3　京津冀主要农产品产量：2005—2015 年

单位：万吨

年份	粮食合计	河北占京津冀比重	蔬菜合计	河北占京津冀比重	肉类合计	河北占京津冀比重	牛奶合计	河北占京津冀比重
2005	2831	91.8%	7383	87.6%	506	78.1%	468	72.7%
2006	3031	91.7%	6931	91.1%	486	83.5%	535	76.1%
2007	3090	91.9%	7055	91.3%	479	83.0%	618	79.1%
2008	3180	91.4%	7320	91.3%	503	83.7%	641	78.7%
2009	3191	91.2%	7433	90.7%	513	83.1%	587	76.8%
2010	3251	91.5%	7795	91.0%	505	82.4%	573	76.7%
2011	3456	91.8%	8112	91.4%	505	82.7%	592	77.5%
2012	3522	92.2%	8422	91.6%	531	83.3%	603	77.9%
2013	3635	92.6%	8624	91.6%	537	83.6%	588	77.9%
2014	3600	93.3%	8822	92.1%	553	84.5%	616	79.2%
2015	3607	93.2%	8890	92.7%	544	84.9%	598	79.1%

资料来源：《河北经济年鉴 2016》。

（二）河北第一产业基本情况

河北地处华北平原，东临渤海、内环京津，西为太行山，北为燕山，燕山以北为张北高原，面积为 18.88 万平方公里。全省地貌多样，有高地、平原、山地、丘陵、湖泊、洼地、盆地、海滨，适合各种农业发展。全省主要有坝上高原、燕山和太行山山地、河北平原三大地貌单元。其中，坝上高原平均海拔 1200 米 ~ 1500 米，面积 15954 平方公里，占全省总面积的 8.5%。山地面积 90280 平方公里，占全省总面积的 48.1%。平原区可分为山前冲洪积平原、中部中湖积平原区和滨海平原区 3 种地貌类型，全区面积 81459 平方公里，占全省总面积的 43.4%。截至 2016 年年末，河北省共有农用地 1306.92 万公顷，其中耕地 652.05 万公顷，园地 83.44 万公顷，林地 459.90 万公顷，牧草地 40.13 万公顷；建设用地 221.89 万公顷，含城镇村及工矿用地 191.80 万公顷。

根据第三次全国农业普查数据，河北省 2016 年年末，在工商部门注册的农民合作社总数 10.89 万个，11.75 万个农业经营单位，1347.94 万农业经营户。2005 年河北第一产业就业人数为 1564.7 万人，至 2015 年减至 1387.8 万人。2016 年年末，全省共有拖拉机 190.24 万台，耕整机 5.96 万台，旋耕机 23.96 万台，播种机 28.34 万台，水稻插秧机 4123 台，联合收获机 7.55 万台，机动脱粒机 13.29 万台。2016 年年末，河北省有火车站的乡镇占 9.73%，有码头的占 0.87%，有高速公路出入口的占 21.93%，99.99% 的村通公路，99.9% 的乡镇有医疗卫生机构，91.09% 的乡镇有图书馆、文化站，7.12% 的乡镇有剧场、影剧院，7.89% 的乡镇有体育场馆，72.75% 的乡镇有公园及休闲健身广场。

河北省农业正在以产业带形式发展。其中，以京山、京广铁路沿线为重点形成小麦产业带，以京山、京广铁路沿线和张承坝下地区为重点形成玉米产业带，以沧州、廊坊等地为重点形成大豆产业带，以冀东、冀中和冀南为重点形成油料产业带，以邯郸、沧州、衡水、邢台等地形成棉花产业带。河北蔬菜有张承地区无公害错季蔬菜、环京津地区精特蔬菜、冀南地区茄果类蔬菜、冀中地区日光温室蔬菜、沧衡地区大中棚蔬菜、冀中地区中小棚和露地蔬菜六大特色产区。大白菜、黄瓜、西红柿、卷心（圆白菜）菜、菠菜和茄子是河北省蔬菜生产的主要品种。2015 年河北农林牧渔分别总产值为 5978 多亿元，其中农业产值占 57.56%，林业产值占 2.03%，牧业产值占 31.85%，渔业产值占 3.32%，农林牧渔服务占 5.2%。这说明，在产业结构上，河北省农业、牧业占了很大比重，渔业和林业相对滞后。2017 年河北省粮食产业达 3508 万吨，总产量全国排第 6 名，人均排第 10 名。2017 年河北畜牧业总产值 1899 多亿元，全国排名第四。2014 年河北蔬菜总产量居于全国第二，仅次于山东，2012 年河北省水果总产量居于全国第三。2015 年河北蔬菜总产量 8243 万吨，继续呈增长趋势。根据 2017 年农业部公示的全国名特优新农产品目录，河北南和金米、开平甜玉米、武安小米、泥河湾绿豆、黄粱梦小米、磁州白莲藕、绕坡香黄瓜、南宫黄韭、青龙黑木耳、临城核桃、乐亭大桃、临城南沟苹果、曲周葡萄、遵化草莓、永年葡萄 15 个产品榜上有名。

（三）北京第一产业基本情况

北京总面积 16410.54 平方千米，华北平原北部，毗邻渤海湾，山区面积 10200 平方千米，约占总面积的 62%，平原区面积为 6200 平方千米，约占总面积的 38%。2005 年北京第一产业就业人数为 62.2 万人，至 2015 年减至 50.3 万人。根据第三次全国农业普查数据，2016 年，北京市共有 11566 个农业经营单位，农民合作社总数 7168 个，42.4 万农业经营户。2016 年年末，全市共有拖拉机 11352 台，耕整机 3967 台，旋耕机 10932 台，播种机 2410 台，联合收获机 676 台，机动脱粒机 1505 台。2016 年年末，在 3838 个村级单位地域范围内，100% 的村通公路；100% 的村通电；592 个村通天然气，占 15.4%。1872 个村有电子商务配送站点，占 48.8%。3810 个村生活垃圾集中处理或部分集中处理，占 99.3%；1639 个村生活污水集中处理或部分集中处理，占 42.7%；3599 个村完成或部分完成改厕，占 93.8%。2016 年年末，实际耕种的耕地面积 105.2 千公顷，实际经营的林地面积（不含未纳入生态公益林补偿面积的生态林防护林）688.0 千公顷，实际经营的牧草地（草场）面积 78.1 公顷。

2015 年，北京农林牧渔总产值 368.2 亿元，占全市总产值的 1.6%，其中农业占 41.96%，林业占 15.56%，牧业占 36.91%，渔业占 3.23%，农林牧渔服务业占 2.34%。2010 年北京三次产业结构由 2005 年的 1.3∶29.1∶69.6 变化为 2010 年的 0.9∶24.1∶75，至 2015 年这一结构为 0.6∶19.7∶79.7。尽管北京在总产量方面不居领先地位，但是北京在现代都市农业发展居于全国领先水平，尤其是都市创意农业非常发达。2010 年北京有 113 个农业创意园，2016 年北京农业创意园上升至 155 个。在创意农产品上，大兴的玻璃西瓜、怀柔的盆栽果菜、延庆的豆塑画、平谷的干花、昌平的干押花画、顺义的葫芦工艺品、怀柔的人参娃娃等具有非常鲜明的创意特色。北京拥有种业研发机构 80 多家，种质资源列世界第二位，拥有亚洲最大的现代化蛋种鸡繁育基地，拥有我国规模最大的鸭养殖基地和养猪育种中心。北京拥有 11 家食品储运为主的现代物流企业、3 家以兽药为主的生物制药业，拥有北京二商集团有限责任公司、顺鑫农业股份有限公司、正大蛋业有限公司、天安农业发展有限公司等农业龙头企业，拥有大北农猪联网、密农人家等农业互联网企业，拥有 16 个中华老字号，六必居酱菜、月盛斋酱烧牛羊肉制作工业、王致和腐乳酿造工艺入选了非物质文化遗产保护名录。北京拥有平谷区挂甲峪村、张裕爱斐堡国际酒庄、蓝调薰衣草庄园、密云酒乡之路沟域、延庆百里山水画廊沟域等乡村旅游知名景点，拥有京东绿安特产体验馆和一大批农业展会。

（四）天津第一产业基本情况

天津地处华北平原东北部，区域总面积 11946 万平方公里，分为平原区、低海岸带区和山地丘陵区，海岸线全长 126.5 公里。2016 年年末，耕地面积 655.39 万亩，实际经营的林地面积（不包括未纳入生态公益林补偿面积的生态林防护林）90.32 万亩。

2005 年，天津第一产业就业人数为 81.8 万人，至 2015 年减至 66.2 万人。据第三次全国农业普查数据，2016 年年末，全市有农业经营户 66.08 万户，其中规模农业经营户 12261 户，全市农业经营单位 11376 个，以农业生产经营或服务为主的农民合作社 5677 个。2016 年年末，全市共有拖拉机 47873 台，耕整机 2238 台，旋耕机 12453 台，联合收获机 3082 台，播种机 8544 台，排灌动力机械 37466 套。2016 年年末，村村通公路，86.5% 的村内主要道路有路灯。村委会到最远自然村、居民定居点距离以 5 公里以内为主。2016 年年末，在乡镇地域范围内有火车站的占全部乡镇的 12.6%，有高速公路出入口的占 49.6%。2016 年年末，村村通电，18.4% 的村通天然气，村村通电话，99.0% 的村安装了有线电视，99.7% 的村通宽带互联网，15.4% 的村有电子商务配送站点。

2015 年，天津农林牧渔总产值为 467.4 亿元，占全市总产值的 2.82%。其中，农业产值、林业产值、牧业产值、渔业产值、农林牧渔服务业产值占总产值比重分别为 50.92%、1.65%、27.20%、2.37%，反映了天津农牧渔比重高，林业所占比重低下。天津农业发展的基本方向是现代都市农业。截至 2017 年年底，天津培育壮大了奥群种羊、天隆种业、科润等一批种业企业，建成 800 多家国际先进的农业物联网平台、农业物联网应用企业，建成 60 万亩高标准设施农业、155 个养殖园区，培育了北国之春、生宝谷物等一批规模化、设施化生产基地，建成水产工厂化养殖面积达到 150 万平方米，海水工厂化设施基本实现了全封闭循环水养殖，发展一批观光农业项目。天津有小站稻、蓟州农品、七里海河蟹、沙窝萝卜、宝坻黄板泥鳅、茶淀玫瑰香葡萄等知名品牌农产品。

（五）京津冀第一产业行业结构特点

从总体发展趋势上看，京津冀第一产业比重略有下降，总值整体上呈上升趋势，第一产业对京津冀经济增长的贡献在逐年减弱。从整体上看，第一产业的主体是农业和牧业，林业和渔业比重小。三地林业占农林牧渔业总比重都较低，渔业只有天津比重相对较高。在传统农产品上，河北占京津冀地区比重高，贡献度高。北京和天津在农业科技、都市创意农业方面存在很高的比较优势。

二、京津冀第一产业定位、协同合作和对策建议

(一) 京津冀第一产业定位

总体而言，北京和天津农业发展定位都是都市型现代农业示范区，河北省一方面要融入京津都市型现代农业区，另一方面要建成高产高效生态农业区，成为京津"菜篮子"产品供给大基地。根据《京津冀现代农业协同发展规划（2016—2020 年）》，京津冀三地农业发展划分为"两区"，即都市现代农业区和高产高效生态农业区。

都市现代农业区是京津冀现代农业发展的核心区，包括京津所有区和河北省环京津的 27 个县市。其中，河北省环京津冀 27 个县市区包括三河、大厂、香河、安次、广阳、永清、固安、霸州、文安、大城、兴隆、滦平、丰宁、承德、怀来、涿鹿、赤城、遵化、玉田、曹妃甸、丰南、丰润、涞水、涿州、高碑店、青县和黄骅。区域以发展都市现代农业为主攻方向，突出服务、生态、优质、科技、增收、传承六大功能，着力推进五项重点任务：以"调粮增菜、扩果控畜"为重点，优化农业产业结构，强化京津"菜篮子"产品供给保障能力；大力发展生态循环农业，着力打造环京津生态保育圈；积极发展主食加工业和农产品物流业，建设布局合理、快速便捷的加工物流网络；以种业、信息化为重点，打造农业科技创新高地；稳步发展休闲农业、传承农耕文明，满足居民健康生活需求。着力打造服务城市、宜居生态、优质高效、科技创新、富裕农民、传承农耕文明的农业，实现农业田园景观化、产业园区化、功能多元化、发展绿色化、环境生态化，发挥率先突破、引领带动作用。

高产高效生态农业区是京津冀现代农业发展的战略腹地，包括河北省 146个县（市、区）。该区域以承接都市现代农业区产业转移、强化支撑保障、促进转型发展为主攻方向，突出优质高效、加工物流、生态涵养三大功能，着力推进五项重点任务：以山前平原区为主建设粮食等重要农产品生产基地，提高京津冀都市群"米袋子""菜篮子"产品供给能力；以黑龙港地下水超采区为主发展高效节水型农业；以冀北坝上和接坝地区为主建设高原特色农牧业；以太行山、燕山为主建设山区生态农业，为建设京津冀都市群生态安全绿色屏障提供有力支撑；以环渤海地区为主打造沿海水产经济带，保护近海水域渔业资源和生态环境。着力打造服务都市的产品供给大基地、农业科技创新成果转化大平台、农产品加工物流业转移承接大园区、生态修复和环境改善大屏障。

21 世纪初，北京市正式将都市型现代农业作为农业发展方向。根据北京市现代农业发展十三五规划，到 2020 年，北京将全面建成都市型现代农业示范区、高效节水农业样板区、京津冀协同发展引领区，实现高水平的农业现代化。根据河北省现代农业十三五规划，到 2020 年，全省现代农业建设取得实质性进展，实现"三个突破、两个提前、一个基本形成"① 的总体目标。天津市现代农业和农村地区发展十三五规划提出要建成京津冀地区城乡协同发展的引领区，都市型农业创新发展的示范区，一二三产业融合发展的先行区，农村重点领域改革创新的试验区和绿色、生态、美丽、文明的宜居区。根据农业部和天津签署的合作协议，天津围绕"四区两平台"② 建设，推动现代都市农业发展。

根据《京津冀农产品加工业发展规划（2018—2020）》，北京以科技要素优势重点发展高端化、康养型、精致化农产品精深加工；天津以区位优势重点发展城市服务型绿色、精品、特色菜篮子农产品加工；河北以资源禀赋优势重点发展主食加工和精深加工。

根据 2016 年签署的《共同推进京津冀协同发展林业生态率先突破框架协议》，通过实施协同合作，促进京津冀地区生态建设与保护取得显著成效，土地沙化和水土流失得到全面治理，湿地功能得到有效保护和恢复，城乡绿化宜居水平明显提升，生态状况整体步入良性循环，建成全国生态修复环境改善示范区，实现全区域生态建设的率先突破，为京津冀协同发展提供体系完备、功能稳定的生态保障。到 2020 年，京津冀区域森林覆盖率达到并稳定在 35% 以上，森林面积达到 11415 万亩，森林蓄积量达到 2 亿立方米，湿地面积达到 1890 万亩，林业年产值达到 2188 亿元。其中，北京市森林覆盖率达到 44%，湿地面积达到 81.6 万亩；天津市林木绿化率达到 28%，湿地面积达到 410 万亩；河北省森林覆盖率达到 35%，湿地面积达到 1413 万亩。根据国家林业局《林业发展"十三五"规划》，国家将京津冀生态协同圈，范围包括北京、天津、河北三省市全部，以及山西东部、内蒙古中段南部、辽宁西南部、山东西北部，生态建设以构建环首都生态屏障为中心，辐射太行山、燕山、坝上高原和渤海湾地区。

① "三个突破"是指产业转型升级突破、智慧农业构建取得突破和产业融合发展取得突破。"两个提前"是指农业生态环境治理提前实现目标、农民人均可支配收入提前实现翻番目标。"一个基本形成"是指基本形成现代农业新格局。
② "四区"是指建设国家级现代都市型农业示范区、建设农业高新技术产业园区、农产品物流中心区和国家农业农村改革试验区。"两平台"是指农业对外合作平台、农业信息化平台。

（二）第一产业协同合作

自京津冀协同发展成为国家战略以来，京津冀在第一产业协同发展方面取得了重要进展。

1. 协同规划

主要有《京津冀现代农业协同发展规划（2016—2020 年）》《京津冀休闲农业协同发展产业规划》《京津冀土肥水协同发展五年规划（2016—2020 年）》《京津冀农业科技创新联盟发展规划纲要（2017—2020 年）》《京津冀农产品加工业发展规划（2018—2020）》，三地在"十三五"规划中也从协同发展的角度对农业发展进行了规划。2016 年 9 月，河北出台了《环首都现代农业科技示范带总体规划》。

2. 合作协议

2017 年 3 月农业部与天津市签署合作框架协议，全面落实《京津冀现代农业协同发展规划（2016—2020 年）》。2018 年 1 月，农业部签署《农业部北京市人民政府共建北京农产品绿色优质安全示范区合作协议》。2015 年 3 月，三地农委签署了《推进现代农业协同发展框架协议》。根据协议，三地在大城市农业功能定位，重点在籽种、会展、观光休闲、沟域经济等方面开展交流与合作，共同开发农业生产、生活、生态等功能。根据协议，三地重点在农业新技术、新品种、新设施推广及动植物疫病联防联控和节水、循环、低碳农业发展等方面开展科研合作。2015 年 9 月，三地签署了《京津冀农业技术推广战略合作协议》。根据协议，三地在农业技术攻关、技术推广路径方面强化深度合作。2015 年 11 月，三地签署了《京津冀休闲农业协同发展框架协议》。根据协议，三地重点在统筹规划京津冀三地休闲农业建设、统一京津冀休闲农业标准体系、共同打造休闲农业精品旅游线路、建立京津冀休闲农业公众服务平台、共同开展休闲农业人才培养、共同策划休闲农业重大活动等六方面开展合作。北京和张家口签署《京张蔬菜产销协作框架协议（2013—2017）框架协议》。2015 年 11 月，三地也签署《关于建立京津冀渔政协同执法机制的协议书》。2015 年 2 月京津冀三地林业部门签订了《京津冀协同发展林业有害生物防治框架协议》。2016 年三地签署了《京津冀渔业协同发展合作框架协议》。2017 年 3 月，三地签署了《金融服务京津冀协同发展战略合作协议》。2018 年 6 月，北京市通州区农业局、天津市武清区畜牧业发展服务中心、河北省廊坊市农业局三地渔政主管部门共同签订了《"通武廊"渔政协同执法机制协议书》，商讨制定了《关于建立通武廊渔政协同执法机制的意见》和《关于加强潮白河、北运河、凤河、港沟河等共有流域渔政协同执法工作的方案》。

3. 省级政府协同政策和协同行动

北京市通过了《〈北京市"十三五"时期推动京津冀协同发展规划〉主要目标和任务分工方案》《北京市落实京津冀协同发展试点示范工作任务分解方案》以及农委系统推进京津冀协同发展工作要点和分工。通过层层任务分解和责任分工，将京津冀农业协同发展具体化、可操作化、可执行化、可考核化。以 2017 年为例，北京市京津冀农业协同重点工作包括农业"调转节"、农村改革试点示范、新型农村城镇化、京津冀农业产业对接协作、京津冀农业科技交流合作、京津冀现代农业协同发展机制创新七个方面。2018 年 5 月，天津通过了《农委系统京津冀协同发展工作要点》，要求 2018 年围绕承接首都农业功能疏解，推动京津冀产业、科技、生态、市场、体制机制，对口帮扶承德市等确定 7 个方面共 36 项工作要点。河北提倡通过推进产业协同、农业信息协同、农业安全协同、农业科技协同、农业生态协同这"五个协同"推进京津冀农业协同发展。三地联合制定了《2016 年京津冀农药市场联合实施方案》《京津冀违规农药产品下架处理指导性意见》《京津冀 2016 年高风险农药产品名录》《京津冀畜禽屠宰监管工作联席会议章程》等，建立了京津冀农业面源污染协同防治机制，形成了《京津冀农业面源污染协同防治行动方案框架》。2017 年，三地联合农业执法部门联合开展以种子、肥料、农药、检疫等为重点的打假行动，对违法产品"一地查处三地下架"制度。三地已经开展水产品质量安全监管协作试点，统一制定水产品质量检测标准执行目录，检测结果互认互用，已经建立林业植物检疫追溯系统。

4. 农业产业对接

在农业产业对接方面，三地联合打造区域沟域经济，联合打造农业产业合作基地等。三地联合规划和打造怀柔天河川·满韵汤河——河北丰宁、密云雾灵溪谷——河北兴隆、平谷金海湖——天津蓟县、门头沟永定河——河北怀来、房山十渡——河北野三坡等五条跨区域沟域带。北京建设了一大批蔬菜、畜牧业外埠基地。仅 2017 年一年，北京建设 3.9 万亩外埠蔬菜基地和 57 个畜牧业外埠生产基地。2018 年，天津高标准推动 16 个外埠生猪养殖单元和 4 个肉羊单元建设。一大批农业龙头企业积极推动京津冀农业协同发展。以首农集团为例，2015 年和河北省承德市政府、天津港集团签订协议，在两地投资旅游、食品项目，并在石家庄、张家口、唐山、衡水、秦皇岛、承德、定州、保定、天津等地建设畜禽养殖、食品加工、冷链物流等项目。

5. 农业创新协同

2015 年，河北省和中国农业大学签订共建协议，在涿州成立国家农业高新技术产业示范区。2016 年 6 月，由北京市农林科学院、天津市农业科学院、河北省农林科学院共同发起成立京津冀农业科技创新联盟，至 2017 年 7 月，其成员达 67 个。诸如"京津冀果树产业创新联盟""京津冀农业生物技术协同创新联盟""京冀谷子种质创新与品种选育科技联""京津冀花卉科技创新联盟"等分支联盟也不断成立。京津冀农业科技创新联盟成立后，与张家口市、承德市、保定市、唐山市、沧州市、邯郸市等地开展科技对接，建立了一大批示范基地。2016 年三地成立了首批联合实验室，即农产品质量安全联合实验室、农业资源环境联合实验室、果蔬有害生物绿色防控联合实验室。2017 年天津市农科院与承德市人民政府实施了《津承绿色农业科技协同创新试验示范基地建设项目》。2018 年，天津市农科院和承德市人民政府整合承德农业科技资源，共同建立了承德市农林科学院。2015 年，天津制订促进京津冀农业科技协同发展方案，在现代种业、农业高新技术产业、农业科技创新合作等方面采取有力措施。根据《环首都现代农业科技示范带总体规划》，环首都现代农业科技示范带内有 14 个县（市、区），其中包括承德丰宁满族自治县、滦平县、兴隆县，张家口涿鹿县、怀来县、赤城县，廊坊三河市、大厂回族自治县、香河县、广阳区、安次区、固安县，保定涿州市、涞水县。环首都现代农业科技示范带以中国农业大学、北京市农林科学院等为依托，以北京农科城涿州农业科技成果创新示范园、京津冀现代农业协同创新研究院为核心进行农业科技创新。

6. 组织协同

总体而言，京津冀农业协同发展需要在中央京津冀协同发展领导小组、省级推动京津冀协同发展工作领导小组统一领导和组织下进行。在这前提下，京津冀三地农业管理部门需要通过联席会议和专项协同组织发挥重要作用。2015 年 5 月，三地通过了《关于建立京津冀一体化农作物品种审定机制的意见》。根据《意见》，三地设京津冀一体化品种审定委员会，品种审定委员会由三省市推荐的科研、教学、生产、推广、管理、使用等方面的专业人员组成专家库，京津冀农业行政主管部门负责人为主任。品种试验审定实行三省市轮流主持制度。在休闲农业方面，根据《京津冀休闲农业协同发展框架协议》，由三地农业部门主管领导任组长，实行轮值组长制的京津冀休闲农业合作协调领导小组，定期召开会议，制定协同发展的相关政策、研究部署重大活动和工作措施。

（三）第一产业协同发展存在问题和对策建议

1. 第一产业协同发展存在问题

（1）协同发展紧密围绕产业链意识不强

随着第一产业的不断发展，全产业链管理日益受到学界和业界关注。目前各种层次的规划、项目整体上缺乏从全产业链的角度予以考虑。尤其是地方，需要紧紧围绕农业产业纵向和横向一体化下功夫，需要以创新产业为基础，推动农业产业和科技创新、文化创新、服务创新、活动创新相结合，推动第一产业协同发展。作为上一级部门，需要把好下级地方和部门的规划，避免存在区域内产业雷同和产业链意识不强的问题。

（2）第一产业协同组织保障不强，协同机制有待进一步完善

从大农业的角度看，第一产业除了和农业农村管理部门相关外，还涉及林业、海洋、城乡管理等主管部门。整体上看，现有的协同主要依赖于省市县区一级的农委，缺乏一个由更广泛部门组织的协调组织机构。并且，现有的各级农委构成的联席会议还没有完全制度化。这也影响了协同机制的健全发展。现有的协同机制在类型上，还有待完善，在协同机制自身内容上也有待进一步完善。尤其是实施层面，要保证协同机制的有效、可持续运转。还有，现有的规划、项目和山东、河南、山西、内蒙古等周边市县联系不强，影响了国家战略对周边地区的辐射力。

（3）第一产业协同市场主体功能有待加强，利益补偿机制有待进一步完善

从效果上看，环首都经济圈区域协同效果要好于其他地区，承德、张家口等京津帮扶地区要好于其他地区。这说明，协同受政策倾斜影响大，第一产业协同中的市场主体功能没有得到充分发挥。区域间利益补偿机制不健全也影响相关主体的利益，导致参与合作动机不强。

2. 第一产业协同发展对策建议

（1）强化全产业链意识，推动区域内产业协同发展

农业产业价值链是由种苗—农业生产与加工—食品系统中一系列相互关联的上下游主体构成的增值链构成，它包括以种苗、农资为中心的农业生产服务保障链，以农业生产、加工、销售为中心的农业产品链，和其他产业融合链。其中，农业产品链属于基本价值链，是由种植、养殖、采摘、加工、冷藏、运输、销售组成的增值链。农业生产服务保障链属于辅助链，由种苗、农资供给、农业技术以及农业基础设施组成的增值链。农业融合价值链属于农业产业和其他产业融合所产生的增值链，在这种价值链中，农村的自然资源、民宿民居、

农艺和传统农业的农户、土地一起构成农业投入的要素资源。这些产业链的存在构成了创意农业形成的必要支持。而创意产业的产生，使得产业主体需要在竞争过程中不断探索科技创新、产权创新、文化创意、互联网＋途径实现农业产业链再造，以提升其竞争力。第一，可以通过科技创新、互联网＋促进都市农业生产性服务保障链转型升级。第二，通过科技创新和信息技术创新途径深化农业产业内部融合，发展种养结合的生态循环农业，推动都市农业物联网建设，提升都市农业生产、加工、销售的智能化水平，发展科技和智慧农业。第三，通过服务创意改造农业全产业链，提升农业全产业链的附加值，发展服务农业。服务创意需要和互联＋相结合推动服务流程的快捷化、个性化、低成本化。第四，通过文化创意，发展文化农业。通过发掘农耕文化，提升农村原生态文化、历史文化、习俗和居住文化的吸引力，通过发掘现代文化资源，提升农产品的审美和文化内涵，通过发掘文化符号，提升农业产品的符号价值，通过策划和举办农业展会，提升农产品及农业过程的展示、体验和文化价值。第五，通过发掘农村自然风光、农业景观再造、农业生态修复等生态创意发展生态农业。第六，通过农业产业纵向垂直一体化，横向的渗透式、重组式、交叉式、延伸式融合发展，实现农业产业化发展。例如，乡村文化和旅游通过创意、休闲体验、展示和技术途径实现融合，形成乡村文化旅游产业。①

　　三地政府需要从全产业链的角度、区域农业发展空间进行布局，以北京的13个区、天津10个区、河北环京津27个县②为基础构建现代都市农业协同创新区。在功能定位上以都市现代农业为发展方向，从上述六个途径推动区域农业沿全产业链通过创新和其他产业融合发展，争取在2025年在全国率先实现农业现代化，构成环京津都市现代农业圈。区域都市现代农业发展的重点任务：①扩大蔬菜种植面积，大力推进标准化规模养殖，提升种植和养殖水平，强化环京津"菜篮子"产品供给保障能力；②大力发展生态循环农业，建立国家级的现代生态循环示范基地；③以种业、设施农业为基础，打造现代农业科技创

---

① 李勇军，王庆生：《乡村文化与旅游融合发展研究》，《财经理论与实践》2016年第3期，第128～133页。

② 北京13个区包括朝阳区、丰台区、海淀区、房山区、通州区、顺义区、昌平区、密云区、大兴区、平谷区、门头沟区、怀柔区、延庆区。天津10个区包括东丽区、西青区、津南区、北辰区、武清区、宝坻区、滨海新区、宁河区、静海区、蓟州区。河北27个县包括三河市、大厂县、香河县、安次区、广阳区、永清县、固安县、霸州市、文安县、大城县、兴隆县、滦平县、丰宁县、承德县、怀来县、涿鹿县、赤城县、遵化市、玉田县、曹妃甸区、丰南区、丰润区、涞水县、涿州市、高碑店市、青县、黄骅市。

新高地；④以信息化为基础，推动农业加工和物流业发展，打造环京津 1 小时农产品物流圈；⑤推动农业和文化旅游产业融合，打造 1 日、2 日、3 日休闲农业圈。围绕涿州国家农业高新技术产业开发区、京张坝上蔬菜生产基地、京承农业合作生产基地三个平台建设，北京和河北省需要创新平台合作机制，以农业全产业链创新为基础推动平台建设落地。

（2）完善第一产业协同组织设置，完善重大项目协同规划、协同实施

在京津冀协同发展领导小组下设京津冀现代农业协同发展委员会，构建三地农业部门主要领导联席会议机制，组建京津冀现代农业发展咨询委员会，为京津冀现代农业协同发展提供组织保障。充分发挥京津冀现代农业协同发展委员会和三地农业部门主要领导联席会议在区域农业发展规划、重大农业项目建设行动方案、区域现代农业协同创新机制等重大决策中的作用，充分发挥京津冀现代农业发展咨询委员会在重大规划、重大项目、重大决策论证中的作用。统一规划、协同实施和统筹一批区域现代农业发展重大项目，包括"菜篮子"生产和安全保障工程、区域生态循环农业建设重大项目、区域农业生态环境修复和建设工程项目、区域农业大数据和互联 + 建设重大项目、区域休闲农业提升工程、区域农业科技创新提升工程、区域农产品流通体系提升工程、区域农业设施提升工程。在协同机制方面努力取得如下突破：①在区域农业物流便利化方面进行试点，在农业物流便利化协同机制方面取得创新；②在农产品质量安全联合监管方面进行试点，在安全可追溯、市场准入互认、农产品质量标准化以及联合检查等方面形成协同机制；③在区域农业基础设施、重大工程成本收益分享机制、农业融资机制方面取得突破。

（3）充分发挥政府和市场作用，推动京津冀现代农业发展

政府和市场是推动农业创新发展的两个主要力量。从政府角度看，可以通过政治吸纳、动员、公私伙伴关系等方式为市场力量创新。其中政治吸纳包括决策过程开放等吸纳市场主体参与"三农"决策，通过开放市场介入范围吸纳市场主体进入等。动员包括通过党政组织化教育、宣传等吸收社会和市场主体参与农业发展创新。公私伙伴关系是指通过公私部门间多样化的制度化安排实现两大部门和资本之间在农业发展创新方面的合作。

政府创新主体包括市政府、区政府、乡镇政府、村两委。以北京市为例，北京在城乡接合处成立地区办事处，对行政村初步实现社区网格化管理。乡镇、村两委作为农业规划和政策的基层落实者，承担了来自上一级政府、农业委员会、城乡建设部门等发布的农业政策指令、项目实施的任务。从组织体制创新

角度看，北京市成立了社会主义新农村建设领导小组，明确了工作推进机制。领导小组由北京市委副书记、主管农业副市长为正副组长，成员涉及市委和市政府 37 个职能部门领导。其综合办公机构为"新农村办"。再由"新农村办"牵头成立具有部门统筹和协调功能的新农村建设工作平台。这种领导与协调组织体制创新有助于避免工作中的重叠或空缺，有助于形成协同规划和督查，有助于整合资源。在工作机制上，如表 3-4 所示的工作机制，保证新农村建设创新项目的落实。其中，规划被有的学者看作是理解中国政策过程的一种核心机制，包括综合规划、专项规划，中央规划、区域规划和地方规划。① 重点工作机制作为一种保证年度中心工作落地的工作机制，被我国一级政府和职能部门广泛采用。北京农科城组织体制创新非常有特色，农科城管理委员会和农科城投资公司分别作为政府和市场化管理主体，而农科城投资管理委员会则既承担了指导和规范农科城投资公司的责任，又承担了落实农科城管理委员会精神的责任。农科城依托政府、市场和社会组织力量，在农科城联合领导办公室和管委会的统一领导、协调下，在组织管理上不断实现协同创新，在产业创新服务联盟、农产品科技示范基地、特色产业园、创新服务平台、融资服务平台等方面制定出一系列的管理规范、标准或办法。

表 3-4　北京市党政组织新农村建设工作机制

工作机制类型	基本描述
规划机制	市政府掌握了北京市农业发展目标、功能和空间布局、主要实施措施等方面的主导权，而区级政府则在落实市政府政策规划和要求的基础上，根据区内资源情况，制定具体的区农业发展目标、功能和空间布局和主要实施措施。北京市自 2006 年起要求村一级要完成体系规划编制，这一做法在全国领先。
重点工作机制	以 2016 年为例，涉及深化农村体制改革（13 项）、新型城镇化、美丽乡村建设（7 项）、转变农村发展方式（14 项）、京津冀农林合作（3 项）、增进农民福祉（5 项）、加强党的"三农"领导（2 项）。每一项重点工作都确定了主要责任单位和负责人、协办单位、完成时限和目标完成度。
资金跟进机制	新农村建设专项资金、山区生态林补偿资金、村级干部工资补贴、村级公益事业专项补助资金等

---

① 韩博天，奥利费·麦尔敦，石磊：《规划：中国政策过程的核心机制》，《开放时代》2013 年第 6 期，第 3~8 页。

续表

工作机制类型	基本描述
试点示范机制	包括示范区、示范县、示范乡镇、示范基地、示范园区、示范村等。
督查机制	专项、联动督查

资料来源：作者整理所得。

政府创新项目沿农业现代化、社会主义新农村建设、美丽乡村途径展开，包括示范区、示范乡镇、创意园区、农业高科技示范园区、产业基地、新农村示范村等。在纵向上，北京通过农科城—现代农业示范区—现代农业示范乡镇—现代农业示范基地（村）—家庭农场、专业大户实现农业政策创新的层级体系。其中，现代农业示范区包括国家级、市级。北京在顺义、房山有两个国家级现代农业示范区，它们由国家、北京市、区政府共同投资。市级农业示范区由市、区政府共同投资建设。在现代农业示范区中，区级政府是政府创新的主要主体，市级政府承担了引导、认同、评价、投资的主体责任。而在现代农业示范乡镇和现代农业示范基地中，乡镇、行政村是政府创新的主要主体。示范区在北京市农业创意产业总体布局中扮演了以点带面的角色，而"区县＋乡镇＋基地＋园区＋农场或农户"是示范区的主要承接主体。

政府和市场主体遵循现代农业发展规律，在平台内不断探索创意农业发展和经营模式。在政府和市场合作过程中，形成了"公司＋农户""农户＋集体产权＋公司""农户＋合作社""农户＋合作社＋公司""农户＋基地＋合作社＋公司"等多种合作形态。各区、各村也正是在产权和组织化创新的基础上才能够发展创意农业发展道路，各市场主体也只有在产权和组织合作形态明晰的基础上才能够形成具有特色的创意农业经营模式。

第二节　京津冀第二、三产业概括与协同发展

一、京津冀第二产业发展基本情况

（一）总体情况

京津冀地区 2005 年第二产业增加值为 9452.2 亿元，2010 年增至 18935.8 亿

元。2011 年至 2016 年，京津冀地区第二产业增加值分别为 22808.4、24727.4、26482.7、27327.8、26633.7、27772.7 亿元。2005 年京津冀地区第二产业就业人数为 1502 万人，至 2015 年增至 1958.4 万人。

（二）北京第二产业发展基本情况

1978 年，北京第一、二、第三产业结构占比分别为 5.1%、71.0%、23.9%，至 1998 年比重分别为 3.2%、35.1%、61.7%，至 2008 年比重分别为 1.0%、23.2%、75.8%，至 2016 年比重分别为 0.5%、19.3%、80.2%。第二产业所占比重由 1978 年的 71.0% 下降至 2016 年 19.3%。2010 年，第二产业增加值 3323.1 亿元，2015 年第二产业增加值为 4526.4 亿元。2005 年北京第二产业就业人数为 231.1 万人，至 2015 年减至 200.8 万人。

北京 1949 年工业总产值为 16951 万元，至 1979 年增至 129 亿元，工业劳动就业人口占总工农业总数的三分之一，北京也成为全国重要的生产性城市和重要工业基地。1979 年，北京工业总产值为 213.4 亿。1984 年工业总产值为 282 亿元。1983 年，北京在全国竞争力排在前列行业包括合成橡胶、塑料乙烯、家用电冰箱、铁矿石、微机处理、洗衣机、内燃机、生铁、钢材、机床、汽车等。1983 年，北京的有机化学工业占全国的 22%，电子工业占全国的 8.5%，纺织工业占全国的 8.3%，皮革占 7.1%。20 世纪 80 年代，北京着重于工业结构轻重工业比重的调整，增加了轻工业的比重。进入 20 世纪 90 年代，北京逐渐走上新型工业化道路。尤其是进入 21 世纪以来，北京逐步将资源开采型和资源加工型企业从内环迁出。与此同时，通信设备、计算机和电子产品、汽车产业、医药制造业等新型产业不断发展。2008 年，北京规模前六位行业：（1）通信设备、计算机和其他电子设备；（2）电力、热力生产和供应业；（3）交通运输设备制造业；（4）石油加工、炼焦和核燃烧加工业；（5）黑色金属冶炼和压延加工业；（6）专业设备制造业。2010 年，北京规模前六位行业：（1）通信设备、计算机和其他电子设备；（2）交通运输设备制造业；（3）电力、热力生产和供应业；（4）石油加工、烧焦和核燃烧加工业；（5）电气机械和器材制造业；（6）煤炭开采和洗选业。2012 年，北京规模前六位行业：（1）电力、热力生产和供应业；（2）汽车制造业；（3）通信设备、计算机和其他电子设备；（4）石油加工、炼焦和核燃烧加工业；（5）煤炭开采和洗选业；（6）电气机械和器材制造业。2013 年以来，汽车制造业、医药制造业所占比重上升。

（三）天津第二产业发展情况

1978 年，天津第一、二、三产业比重为 6.1%、69.6%、24.3，至 1988 年

比重分别为 10.1%、62.0%、27.9%，至 1998 年比重分别为 5.4%、50.8%、43.8%，至 2008 年比重分别为 1.8%、55.4%、42.8%，至 2016 年比重分别为 1.2%、42.4%、56.4%。第二产业比重由 1978 年的 69.6% 下降至 2016 年的 42.4%。天津 2010 年，第二产业增加值 4837.57 亿元；2016 年，第二产业增加值 8003.87 亿元。天津 2005 年第二产业就业人数为 227.4 万人，2015 年增至 320.2 万人。

1952 年天津工业增加值为 6.1 亿元，1978 年增至 57.53 亿元。1949 年天津工业总产值为 7.29 亿元，至 1978 年工业总产值为 157.9 亿元。1949 年天津轻重工业比重为 87.5%：12.5%，至 1978 年这一比重为 50.06%：49.94%。这一时期，天津优势产业为化工、医药制造、纺织、机械、轻工、电子产业。从产品上看，这一时期天津生产的碱、自行车、手表、塑料、轮胎、机械纸、汽车、电视机在全国有较高竞争力。进入 20 世纪 80 年代，天津进一步向重工业化方向发展。1989 年，天津轻重工业比重为 49.99%：50.01%，至 2005 年这一比重变为 20.11%：79.89%。2008 年，天津规模前六位行业：（1）黑色金属冶炼和压延加工业；（2）通信设备、计算机和其他电子设备；（3）交通运输设备制造业；（4）石油和天然气开采业；（5）电子机械和器材制造业；（6）通用设备制造业。2010 年天津规模前六位行业为：（1）黑色金属冶炼和压延加工业；（2）交通运输设备制造业；（3）通信设备、计算机和其他电子设备；（4）石油和天然气开采业；（5）石油加工、烧焦和核燃烧加工业；（6）化学原料和化学制品制造业。2012 年天津规模前六位行业：（1）黑色金属冶炼和压延加工业；（2）通信设备、计算机和其他电子设备；（3）汽车制造业；（4）石油和天然气开采业；（5）化学原料和化学制品制造业；（6）煤炭开采和洗选业。

2016 年，滨海新区全区实现生产总值 10002.31 亿元，按可比价格计算，比去年增长 10.8%，成为国内首个 GDP 过万亿元的国家级新区。2012 至 2016 年共完成规模以上工业总产值 15597.58 亿元。党的十八大以来，以新能源、新一代信息技术、航空航天、生物医药等为主导的新兴产业集群在滨海新区不断发展。2016 年，滨海新区生物医药产业完成工业总产值 420.6 亿元，增幅达 12.3%；滨海新区新能源产业完成 147.7 亿元，增幅达 19.4%；航天航空产业共完成工业总产值 534.1 亿元，增幅 19.8%；电子信息产业完成工业总产值 1830.1 亿元。

（四）河北第二产业发展情况

1978 年，河北第一、第二、第三产业比重为 28.52：50.46：21.02，至 1988

年这一比重分别为 23.14：46.11：30.75，至 1998 年这一比重为 18.58：48.97：32.45，至 2008 年这一比重为 12.65：54.45：32.89，至 2016 年这一比重为 10.89：47.57：41.54。整体而言，工业所占比重高，其中工业所占比重超过 50% 的年份有 1978、1979、1993、2004 至 2014 年。2005 年，河北省第二产业增加值为 5324.2 亿元，2010 年第二产业增加值为 10705.7 亿元，2015 年工业增加值为 14388.0 亿元。2005 年河北第二产业就业人数为 1043.6 万人，2015 年增至 1437.4 万人。

1949 年，河北工业总产值占工农业总产值比重为 24.2%，"一五计划"结束，这一比重上升为 35.8%。"一五计划"主要是围绕煤炭、电力、纺织业进行，相关投资占河北省总投资的 80%。1972 年河北轻重工业比重为 48.09：51.91。进入 20 世纪 80 年代，河北加工业、原材料工业和采掘业所占比重高。1998 年，原材料工业和加工工业的比重已由 1985 年的 35.58：45.88 变化为 51.09：35.80。[1] 20 世纪 90 年代，河北工业中食品加工、纺织工业、医药工业、建材工业、冶金工业、机械工业等制造业所占比重最高。2008 年，河北省规模前六位行业：（1）黑色金属冶炼和压延加工业；（2）电力、热力生产和供应业；（3）石油加工、炼焦和核燃烧加工业；（4）化学原料和化学制品制造业；（5）黑色金属矿采选业；（6）农副食品加工业。2010 年规模前六行业和 2008 年没有变化，只是排名有所变化。2012 年规模前六位行业：（1）黑色金属冶炼和压延加工业；（2）电力、热力生产和供应业；（3）黑色金属矿采选业；（4）石油加工、炼焦和核燃烧加工业；（5）化学原料和化学制品制造业；（6）金属制品业。

从第二产业区位分布上看，2011 年，石家庄的皮革、毛皮、羽毛（绒）及制品业，木材加工及木、竹、藤、棕、草制品业，秦皇岛的化学纤维制造业和农副产品加工业，邢台的纺织业，保定的有色金属冶炼及压延加工业和化学纤维制造业，张家口的烟草制品业，承德的饮料制造业、衡水的橡胶制品业的区位商大于 5。[2] 2016 年，石家庄第二产业增加值 2638 亿元，第三产业增加值 2738.9 亿元，第一产业增加值 480.9 亿元，第三、第二、第一产业结构比重为 46.8：45.0：8.2。在第二产业中装备制造、医药工业、食品工业、纺织服装、

① 武义清，张占茹：《河北省工业结构演进趋势研究》，《河北师范大学学报》2002 年第 5 期，第 16 ~ 20 页。

② 李国平：《京津冀区域发展报告 2016》，科学出版社 2016 年版，第 168 ~ 169 页。

石化工业、钢铁工业、建材工业是石家庄主导产业。2016 年装备制造、石化工业、服装纺织、医药工业增长最快，分别是 10.9%、10.1%、7.9%、3.8%。2016 年，唐山第二产业增加值 4081.4 亿元，第三产业增加值 2424.0 亿元，第一产业增加值 600.7 亿元，主要是"二三一"结构。唐山是钢铁生产基地，在钢铁限产升级的情况下，2016 年唐山钢铁行业增加值增长 0.5%，战略性新兴产业、装备制造业和建材行业增长最快，分别是 19.8%、16.3% 和 17.6%。2016 年，秦皇岛第一产业增加值 195.94 亿元，第二产业增加值 461.62 亿元，第三产业增加值 681.98 亿元，其产业结构属于"三二一"结构。在第二产业中，装备制造业、食品加工业、非金属矿物制品业、金属冶炼业、高新技术产业是其主导产业。2016 年，秦皇岛高新技术产业增长最快，为 15.1%，其中金属船舶制造业增长 35.2%。装备制造业、非金属矿物制品业、食品加工业增长速度分别为 9.5%、5.6%、2.1%。2016 年廊坊第一产业增加值 198.3 亿元，第二产业增加值 1192.7 亿元，第三产业增加值 1315.3 亿元，第三产业增加值略高于第二产业。第二产业中，金属制品业、食品制造业和汽车制造业是其主导产业。高新技术产业中高端技术装备制造和电子信息分别增长 17.6% 和 9.1%，并占整个高新技术产业增加值的 84.9%。2016 年，衡水第一产业实现增加值 184.3 亿元，第二产业实现增加值 662.9 亿元，第三产业实现增加值 566.2 亿元，第一、二、三产业增加值比重分别为 13.0%、46.9% 和 40.1%，呈"二三一"结构。金属制品、橡胶和塑料制品业、酒和饮料制造业、化学原料和化学制品业、非金属矿物制品业、皮革和制鞋业是其主导产业。2016 年，沧州第一产业增加值完成 308.6 亿元，第二产业增加值完成 1748.7 亿元，第三产业增加值完成 1476.1 亿元。第一、二、三产业结构为 8.7∶49.5∶41.8，为"二三一"结构。石油化工、管道装备及冶金、机械制造、纺织服装、食品加工是其主导产业。其中，2016 年沧州机械制造业完成工业增加值 334.6 亿元，增长 9.1%，纺织服装业和食品加工业分别完成工业增加值 81.6 亿元和 43.6 亿元，增长 9.1% 和 10.3%，石油化工业完成增加值 328.1 亿元，增长 4.1%。2016 年承德市第一产业增加值 237.8 亿元，第二产业增加值 654.1 亿元，第三产业增加值 541.0 亿元，第一、二、三产业增长值比重为 16.6∶45.6∶37.8，呈"二三一"结构。黑色金属矿采选业、黑色金属冶炼及压延业、食品制造业增加值、农副食品加工业增加值、装备制造业是其主导产业。其中，黑色金属矿采选业和黑色金属冶炼及压延业对全市工业增加值的贡献率达 53.6%。2016 年，张家口第一产业实现增加值 266.02 亿元，第二产业实现增加值 543.17 亿元，第三产业实现增加值 651.86 亿，第一、二、三产业增加值比重分别为 18.2%、37.2% 和 44.6%，呈"三二一"结构。铁矿石开采、烟草业、饮料业是其主导产业。2016 年，邢台第一产业增加值 269.7 亿元，第二产业增加值 904.9 亿元，第三产业增加值 780.2 亿元，第一、二、三产业增加值结构比重为 13.8∶46.3∶39.9，呈"二三一"结构。铁矿石开采、发电、服装、植物油加工等是其主导产业。2016 年，邯郸第一产业增加值 417.2 亿元，第二产业增加值 1576.4 亿元，第三产业增加值 1343.5 亿元，第一、二、三产业结构比重为 12.5∶47.2∶40.3，呈"二三一"结构。装备制造业、钢铁工业、食品工业、煤炭开采和洗选业、石油加工、炼焦及核燃料加工业、服装纺织业是其主导产业。2016 年装备制造业增长 29.4%，食品工业增长 7.7%，纺织服装业增长 21.6%。2016 年，保定第一产业增加值 367.5 亿元，第二产业增加值 1543.5 亿元，第三产业增加值 1199.4 亿元，第一、二、三产业结构比重为 11.8∶49.6∶38.6，呈"二三一"结构。汽车、新能源、纺织、食品和建材是其主导产业。2016 年汽车及零部件业增加值增长 13.6%，建材业增长 8.5%，纺织服装业增长 3.9%。

二、京津冀第三产业发展情况

（一）总体情况

2005 年，京津冀地区第三产业增加值为 9853.1 亿元，2010 年，京津冀地区第三产业增加值 2.2 万亿，至 2016 年第三产业增加值为 4.4 万亿。2005 年京津冀地区第三产业增加值占全国第三产业增加值比重分别为 12.9%，2016 年这一比重为 11.4%。北京第三产业占比较高，河北和天津第二和第三产业相对均衡。2005 年京津冀地区第三产业就业人数 1778.7 万人，至 2015 年这数据增至 2832.8 万人。2017 年，京津冀三地第三产业产值 48395.7 亿元，其中，北京第三产业产值 22569.3 亿元，天津第三产业产值 10786.7 亿元，河北第三产业产值 15039.7 亿元。增速方面，2014 年到 2017 年，京津冀三地第三产业产值增长 1.35 倍，增速明显快于第一、二产业，其中，北京第三产业产值增长 1.32 倍，贡献了增量部分的 43.5%；天津第三产业产值增长 1.38 倍，贡献了增量部分的 23.9%；天津第三产业产值增长 1.37 倍，贡献了增量部分的 32.6%。北京在金融保险、信息服务业、科技服务业、商务服务业方面占据优势，河北在交通运输服务业方面具有优势，天津和河北在批发服务业方面具有很高的发展潜力。

（二）北京第三产业发展情况

1978 年，北京第三产业生产总值为 26 亿元，至 1988 年增至 152.4 亿元，至 1998 年增至 1483.9 亿元，至 2008 年增至 8638 亿元，至 2016 年增至 20594.9 亿元。2005 年北京第三产业就业人数为 584.7 万人，至 2015 年增至 935 万人。1994 年开始，北京市第三产业开始超过第二和第一产业。2000 年，北京金融保险业增加值是 378.89 亿元，批发零售贸易、餐饮业增加值是 218.54 亿元，社会服务业增加值 191.18 亿元，交通运输、仓储及邮电通信业增加值为 190.12 亿元，教育、文艺广播电视业增加值 148.42 亿元，科学研究和综合技术服务业增加值为 102.87 亿元，房地产服务业增加值 77.37 亿元，国家机关、政党机关和社会团体服务业增加值 70.01 亿元。至 2003 年，金融保险业增加值 537.32 亿元，社会服务业增加值为 365.4 亿元，批发零售贸易、餐饮业增加值为 279.6 亿元，交通运输、仓储及邮电通信业增加值为 253.8 亿元，教育、文艺广播电视业增加值 242.66 亿元，房地产服务业增加值 190.55 亿元，科学研究和综合技术服务业增加值为 197.73 亿元，国家机关、政党机关和社会团体服务业增加值 96.52 亿元。金融保险业、社会服务业以及教育、文艺广播电视业等高端服务业所占比重增加，这表明北京服务业现代服务业的地位不断上升。2006 年，金融保险业成为北京第三产业的第一大产业，其增加值为 974.1 亿元，信息传输计算机服务和软件业成为第三产业中的第三大产业。2016 年，北京金融业生产总值达 4266.8 亿元，超过工业总产值 3884.9 亿元，占地区生产总值比重达 17%。信息传输、软件和信息技术服务业生产总值达 2697.9 亿元，占地区生产总值比重达 10.8%。2016 年北京文化创新产业生产总值达 3581.1 亿元，在全国处于领先地位。

（三）天津第三产业发展情况

天津 1978 年第三产业生产总值为 20.09 亿元，至 1988 年增至 72..54 亿元，至 1998 年增至 602.47 亿元，至 2008 年增至 2912.04 亿元，至 2015 年增至 8710.94 亿元。2015 年，天津第三产业生产总值和比重都略为超过第二产业。2005 年天津第三产业就业人数为 233.4 万人，至 2015 年增至 510.5 万人。2016 年第三产业生产总值为 10093.82 亿元，第二产业生产总值为 7571.35 亿元。2016 年，天津第一、二、三产业比重为 1.2∶42.4∶56.4。在第三产业结构上，天津优势产业为住宿和餐饮业、批发和零售业、租赁和商务服务业、旅游产业、科学研究、技术服务等产业。2016 年天津金融业增加值 1735 亿元，旅游总收入 3129 亿元。

（四）河北第三产业发展情况

2005 年河北第三产业增加值为 3340 亿元，至 2016 年增至 13320.7 亿元。

2005 年河北省第三产业就业人数为 960.7 万人，2015 年增至 1387.3 万人。2005 年至 2016 年河北第三产业增加值占京津冀地区第三产业增加值比重分别为 33.4%、33.0%、32.2%、31.4%、34.0%、32.0%、32.1%、31.7%、31.1%、31.0%、30.8%、30.3%，比重略有下降。2010 年，河北交通运输、仓储和邮政业增加值占地区第三产业增加值比重为 24.51%，批发和零售业增加值占第三产业增加值比重为 21.5%。2014 年这两大行业所占比重分别为 21.86% 和 20.57%。这说明，尽管有所变化，但是这两大行业仍是河北第三产业中的主导产业。

三、京津冀第二、第三产业协同情况、效果、存在问题和对策建议

（一）京津冀第二、三产业协同情况

1. 京津冀第二、三产业协同发展规划和布局

推动区域间产业链梯次布局，尤其第二、第三产业梯次布局是京津冀产业协同发展主要目标。为了保证《京津冀协同发展规划纲要》目标的实施，工信部会同三地于 2016 年 6 月通过了《京津冀产业转移指南》，2017 年 12 月通过了《关于加强京津冀产业转移承接重点平台建设的意见》，对区域产业转移进行规划和行动安排。

根据《京津冀产业转移指南》，区域产业将构建"一个中心、五区五带五链、若干特色基地"① 的梯次产业布局。

《关于加强京津冀产业转移承接重点平台建设的意见》进一步将京津冀产业合作具体化为"2 + 4 + 46"产业合作平台。即北京城市副中心和河北雄安新区

---

① "一个中心"是指北京作为科技创新中心，以中关村国家自主创新示范区为主体，重点提升创新能力，推进高端共性技术研发和关键核心部件研制，加快工业设计、信息服务、咨询等生产性服务业发展。"五区"是指突破建设重要引擎区，即以北京中关村、天津滨海新区、唐山曹妃甸区、沧州沿海地区、张承（张家口、承德）地区为依托，强化政策支持与引导，实现率先突破，建成京津冀产业升级转移的重要引擎。"五带"包括京津走廊高新技术及生产性服务业产业带、沿海临港产业带、沿京广线先进制造业产业带、沿京九线特色轻纺产业带、沿张承线绿色生态产业带。"五链"是指汽车、新能源装备、智能终端、大数据和现代农业五大产业链。若干（N 个）特色产业基地，即把点状经济作为带状经济的重要补充，依托现有特色和优势，积极发展特色产业集群。围绕节能环保、医药、家具、食品、皮革等行业，形成区域品牌，建设具有全国影响力的行业技术创新中心、产品展示中心、信息集散中心。

两个集中承载地，四大战略合作功能区①及 46 个专业化、特色化承接平台。46
个专业化、特色化承接平台中，除了前面提过的 3 个现代农业合作平台，还有
20 个现代制造业平台、15 个协同创新平台②、8 个服务业平台③。如表 3 - 5 所
示，20 个现代制造业平台主要沿京津、京保、京唐秦方向和京九方向布置。

---

① 四大战略合作功能区是指曹妃甸协同发展示范区、北京新机场临空经济区、天津滨海
　新区、张承生态功能区是京津冀四大战略合作功能区。曹妃甸协同发展示范区依托曹
　妃甸港口优势和产业基础，引导钢铁深加工、石油化工、装备制造、新能源部件等产业
　及产业链上下游企业向示范区集聚。北京新机场临空经济区以北京新机场建设为机遇，
　结合北京非首都功能疏解和区域产业结构升级，新机场临空经济区重点发展航空物流
　产业和综合保税区，适当承接北京非首都功能转移，有序发展科技研发、跨境电子商
　务、金融服务等知识密集型、资本密集型的高端服务业，大力发展电子信息、先进制造
　等高新高端产业，打造国际交往中心功能承载区、国家航空科技创新引领区和京津冀
　协同发展示范区。天津滨海新区重点包括天津滨海中关村科技园、临港经济区高端装
　备制造产业基地等多个载体，是一个综合承载平台。张承生态功能区以 2022 年冬奥会
　筹办为契机，突出生态屏障和水源涵养功能，推动健康、旅游、数据存储等生态友好型
　产业发展。
② 15 个协同创新平台沿京津方向有武清京津产业新城、未来科技城京津合作示范区、武
　清国家大学创新园区，沿京保方向有邯郸冀南新区、邢台邢东新区、石家庄正定新区、
　保定—中关村创新中心、白洋淀科技城，沿京唐秦方向有宝坻中关村科技城、曹妃甸循
　环经济示范区、中关村海滨园秦皇岛分园、北戴河生命产业创新示范区，沿京九有霸州
　经济开发区、衡水滨海新区、清河经济开发区。
③ 8 个服务业平台沿环首都承接地批发市场聚集带有保定市白沟新城、廊坊市永清临港经
　济保税商贸园区、石家庄永乐城国际商贸城、邢台邢东产城融合示范区、香河万通商贸
　物流城，其功能定位主要有两个方面：一是引导和推动北京服装、小商品等区域性批发
　市场有序转移，支持建设环首都承接地批发市场聚焦带和冀中南承接地批发市场聚焦
　带；二是引导北京农产品批发市场过境物流及初加工、大宗仓储等功能向周边重点平
　台转移，加快构建环首都 1 小时鲜活农产品流通圈。沿京津方向有静海团泊健康产业
　园、燕达国际健康产业园，鼓励健康养老等部分新型服务业向静海团泊健康产业园、燕
　达国际健康城等地转移。沿冀中南承接地批发市场聚焦带有沧州市明珠商贸城。

表 3 – 5　26 个京津冀现代制造业承接平台

区域方向	平台名称	主要产业定位
沿京津方向	廊坊经济技术开发区、北京亦庄永清高新技术产业开发区、天津经济技术开发区、天津滨海新区临空产业区、天津华明东丽湖片区、天津北辰高端装备制造园、天津津南海河教育园高研园、天津西青南站科技商务区、沧州渤海新区、沧州经济开发区	引导电子信息、高端装备、航空航天、现代化工、生物医药、现代种业等产业转移承接，积极承担京津冀地区科技成果产业化功能，打造高新技术产业带。
沿京保方向	保定高新技术产业开发区、石家庄高新技术产业开发区、石家庄经济技术开发区、邯郸经济技术开发区、邢台经济技术开发区	引导汽车、生物医药、高端装备、电子信息、新材料等产业转移承接，打造先进制造产业带，建设军民融合产业基地。
沿京唐秦方向	唐山高新技术产业开发区、秦皇岛经济技术开发区、京津州河科技产业园	整合发挥港口资源优势，引导精品钢铁、成套重型设备、海洋工程装备、现代石油化工、汽车及零部件、生物医药、港口物流、优质农副产品加工等产业转移承接，建设沿海临港产业集群，打造产业转型升级发展带。
沿京九方向	固安经济开发区、衡水工业新区	引导食品加工、绿色食品、纺织服装、高端装备、航空航天等产业转移承接，借助北京的龙头企业、先进技术和市场渠道，建设特色轻纺产业带。

资料来源：根据相关文件整理所得。

2. 北京市第二、第三产业转移进展

有序疏解北京非首都功能是京津冀协同发展战略的核心。北京形成了一揽子推进体系疏解北京非首都功能的政策体系。

（1）近期有年度重点工作方案、工作要点、行动计划。主要有《北京落实〈京津冀协同发展规划纲要〉2015 年重点项目》《北京市推进京津冀协同发展 2016 年重点项目》《北京市推进京津冀协同发展 2015—2017 年工作要点》和《北京市推进京津冀协同发展 2018—2020 年行动计划》。2015 年主要有"首都地区环线高速公路（通州至大兴段）""新机场北线高速"等重点项目。2016 年共安排了 45 项任务。类似地，各区也制订了重点工作任务工作方案。2017 年，北京市共安排 255 项重大工程项目。如表 3 - 6 所示，怀柔 2017 年重点工作方案将主要任务分解为更为具体的重点工作任务，并明确了牵头领导、主责单位和配合单位，使得方案具有可执行性。北京市为了推动各项任务落到实处，将协同发展重点任务纳入市政府绩效考评体系，制订督查方案，建立台账式管理制度。在重大产业合作项目的带动下，北京对津冀的投资呈井喷态势，2016 年北京企业在津冀的投资为 2039 亿元，比 2014 年增长了 3.35 倍。

（2）中期有五年规划。主要有《北京市"十三五"时期推动京津冀协同发展规划》《〈北京市"十三五"时期推动京津冀协同发展规划〉主要目标和任务分工方案》《北京市落实京津冀协同发展试点示范工作任务分解方案》。

（3）远期有贯彻意见，即《中共北京市委北京市人民政府关于贯彻〈京津冀协同发展规划纲要〉的意见》。

（4）配套政策。如 2016 年通过《疏解非首都功能产业的税收支持政策（试行)》、2005 年修订的《北京市新增产业的禁限目录》、2017 年通过的《关于财政支持疏解非首都功能构建高精尖经济结构的意见》。其中，修订的《北京市新增产业的禁限目录》对严控非首都功能增量、加快构建高精尖经济结构发挥了重要作用。《目录》实施以来，至 2017 年 11 月，北京市不予办理新设立或变更登记业务累计达 1.85 万件，关停退出一般制造业企业 2465 家。根据《北京市推进京津冀协同发展 2018—2020 年行动计划》，北京 2018 至 2020 年将再退出 1000 家左右制造业企业。

表 3 - 6　怀柔区疏解非首都功能促进经济转型升级 2017 年重点工作任务（部分示例）

主要任务	重点工作任务	牵头领导	主责单位	配合单位
严格控制不符合区域功能定位的"增量"	1. 加强源头治理，强化部门联合执法。定期对全区市场进行摸底，对无证无照的坚决予以取缔，全年完成无证无照主体销账 18 户。	李某某	工商分局	区城管执法监察局、区食品药品监管局、相关镇乡政府、各街道办事处
	2. 加大违法建设查处力度，坚决杜绝新增违法建设。强化日常巡查，坚决实现新生违法建设"动态清零"，全年完成拆违面积 33 万平方米。	于某某	区查违办	区城管执法监察局、区住房城乡建设委、区农委、区园林绿化局、区水务局、公安分局、国土分局、规划分局、开发区管委会、示范区管委会、相关镇乡政府、各街道办事处

主要任务	重点工作任务	牵头领导	主责单位	配合单位
有序疏解不符合区域功能定位的"存量"	1. 有序退出高耗水种植业。调减粮食种植面积 1 万亩。 2. 对禁养区内、重点河道、市级考核断面的河流周边，其他区域无法达到环保要求的养殖场户依法关闭、清退 15 个。	肖某某	区农业局	区禁养区内畜禽养殖场（小区）综合整治工作领导小组各成员单位
	3. 退出或转移一般制造和污染企业（工艺和污染环节）18 家。	李某某	区经济信息化委	区发展改革委、区财政局、区环保局、区人力社保局、区安全监管局、开发区管委会、相关镇乡政府

资料来源：《北京市怀柔区人民政府办公室关于印发怀柔区疏解非首都功能促进经济转型升级 2017 年重点工作任务的通知》怀政办发〔2017〕9 号。

3. 天津市第二、第三产业转移和承接进展

2017 年 2 月，天津市通过了加快建设全国先进制造研发基地、北方国际航运核心区、金融创新运营示范区、改革开放先行区的四个专项《实施意见》，以贯彻落实天津"一基地三区"定位。同年 2 月天津出台了《天津市承接非首都功能的工作意见》与《天津市承接非首都功能精准发力意见》。按照这两个意见，天津市建立对接产业、重点承接平台、重点对接项目滚动"三级清单"，实行承接项目台账管理，构建以滨海新区战略合作功能区为综合承载平台、宝坻中关村科技城等若干专业承载平台为框架的"1+16"承接格局。

2014 年 8 月，京津两市签署《关于共同推进天津未来科技城京津合作示范区建设的合作框架协议》，2014 年 7 月东丽区政府与清华大学签约成立清华高端装备研究院。2017 年 11 月 10 日，天津市人民政府办公厅和北京市人民政府办公厅共同发布《关于成立京津合作示范区建设协调工作领导小组的通知》。领导小组组长由北京市委常委、副市长阴和俊，天津市副市长何树山担任；成员包括京津两市发展改革委等政府机构及首创集团负责同志。2016 年天津开发区全年促成京津合作项目 420 余个，投资总额超过 600 亿元，与河北的合作项目 100 余个，投资总额约 200 亿元。2016 年北京企业来津投资到位 1700 亿元，河北企

业来津投资到位 294 亿元。2016 年 11 月天津滨海中关村科技园成立，并成立京津合作示范区建设协调工作领导小组，统筹推进园区规划建设。很快百度（滨海）创新中心、京东（滨海）云创空间、深之蓝等一批项目落户园区。2017年，北京企业在津投资项目超过 1000 个，资金到位额超过 1560 亿元。2016 年 6月，河北省唐山市人民政府与天津市宁河区人民政府签订《共建津冀协同发展示范区合作框架协议》，共建唐山芦台示范区。2017 年天津和河北签订了《共同打造沧州协同发展示范区框架协议》。截至 2018 年 1 月，沧州渤海新区累计承接天津产业转移项目 197 个，总投资 493.8 亿元。

4. 河北第二、第三产业转移和承接进展

2011 年 10 月，河北省通过了《河北省人民政府关于进一步扩大开放承接产业转移的实施意见》。《意见》提出要积极参与京津冀产业分工，重点瞄准"珠三角""长三角"地区和京津地区承接产业转移。2014 年 6 月，河北省确定了40 个产业对接平台。河北省 2015 年《中共河北省委关于制定河北省"十三五"规划的建议》和《关于推进新型城镇化的意见》对河北各城市在京津冀协同发展中地位进行了定位。根据《沿海地区发展规划"十三五"实施意见》，秦皇岛、唐山、沧州成为环渤海地区新兴增长区域、京津城市功能拓展和产业承接区、新型工业化基地、开放合作新高地、沿海生态良好宜居区发展的关键城市。河北省对城市发展的定位为精准承接京津冀产业转移、避免各地市之间同质化竞争提供了政策支持。自 2015 年起，河北省新增和淘汰类产业目录需要通过京津冀协同发展领导小组办公室同意。这也意味着，新增或淘汰产业目录设置需要符合京津冀协同发展战略定位。类似地，在重点项目和招商目录方面也需要服务于京津冀协同发展战略要求和定位要求。除了在政策层面有积极响应外，在行动层面的响应突出表现在如下几个方面。

（1）第二、三产业项目承接。截至 2018 年 3 月 29 日，河北唐山和京津两地合作亿元以上项目 442 项，总投资 5751.06 亿元。其中，曹妃甸成为唐山承接京津产业转移最重要的区域。河北廊坊和北京通州、天津武清签订了《通武廊科技合作协议》《通武廊科技创新合作行动计划（2017—2020）》和《通武廊战略合作发展框架协议》等协议展开合作，并吸引了大量京津企业投资。2014 年秦皇岛市委和市政府将生命健康产业作为承接京津健康医疗资源疏解的主要平台。2016 年 9 月 28 日，河北北戴河生命健康产业创新示范区获得国务院批复，成为首个国家级生命健康产业创新示范区。除了有《北戴河生命健康产业创新示范区发展总体规划》，秦皇岛市也出台了《支持示范区产业发展 27 条扶持政策》。截至 2017 年年底，河北省引进京津项目 15560 个，引进资金 13901 亿元。2017 年秦皇岛与京津对接合作项目达 128 项。河北沧州在产业承接方面逐渐形成了以北京现代沧州工厂为龙头的汽车产业集群、渤海新区生物医药产业集群、以沧州明珠商贸城为龙头的服装服饰产业集群。河北承接以环首都健康养老基地、中关村河北产业园、承德国家级高新技术开发区、承德双滦国家级钒钛产业基地、京津农副产品生产保障基地为基础，作为承接京津产业对接的重要平台。河北衡水工业新区、深州京津冀产业协作示范区和市域南部的生态化工园区是承接京津产业对接的重要平台，吸引了大量的企业入驻。河北保定白洋淀科技城，涿州国家农业高新技术产业示范区，以首都新机场为依托的临空产业发展平台，以满城、涞源、曲阳、唐县、顺平等县区为基础的传统产业升级和新兴产业培育平台，以保定市区和安国市的装备制造、生物医药产业承接平台为承接京津产业对接的重要平台。张家口市高新技术产业开发区、张家口市经济开发区、怀来航空航天产业基地、汽车产业基地（沃尔沃汽车产业园）、张家口战略性新型产业园等平台和载体努力承接京津产业转移。石家庄以正定新区、高新技术开发区、经济技术开发区、国家生物产业基地、南部工业区、信息产业基地、装备制造基地、物流产业园等八大产业承接平台承接京津产业转移。邯郸冀南新区、邯郸经济技术开发区、冀津（涉县·天铁）循环经济产业示范区等为承接京津产业转移的重要平台，自 2014 年京津冀上升为国家战略至 2017 年 3 月共引进京津产业转移项目 186 个，协议总投资 3569.9 亿元。邢台以沙河新型玻璃产业集群、宁晋电线电缆产业集群、羊绒及制品产业集群、平乡和广宗自行车及零部件生产制造产业集群、临西轴承产业集群、清河汽摩配件产业集群等为主的六大产业集群为基础承接京津产业转移。

（2）积极承接北京区域性批发市场转移。2017 年 2 月，京冀两地商务部门制定了《河北省承接地批发市场建设工作方案》。按照这一方案，至 2017 年年底，要取得明显成效，至 2020 年，河北省承接地批发市场及配套基础设施建设和公共服务设施基本建成。按照方案，北京小商品市场主要承接地为保定市白沟新城、石家庄市乐城·国际贸易城、廊坊市香河万通商贸物流城、承德市双滦国际物流园、唐山市盛华世家商业广场等地。保定市高阳庞口汽车农机配件城、承德市双滦国际物流园等主要承接北京汽车配件批发市场转移。承德、保定、廊坊、唐山、张家口等市主要承接北京农产品批发市场过境物流及初加工、大宗仓储等功能转移。北京建材市场主要承接地为香河和大城。北京服装市场主要承接地为保定市白沟新城、廊坊市永清临港经济保税商贸园区、石家庄市乐城·国际贸易城、沧州市明珠商贸城。截至2017年12月，河北省累计签约引进北京商户25000余户，入驻10150户。

（3）积极推进"四个一批"平台建设。一是，建设北京新机场临空经济区、渤海新区、张家口可再生能源示范区等一批省级重大承接平台；二是，建设京冀曹妃甸协同发展示范区、津冀芦台·汉沽协同发展示范区等一批产业共建平台；三是，建设石保廊全面创新改革试验区、河北·京南科技成果转移转化示范区、北戴河生命健康产业创新示范区、环首都现代农业科技示范带等一批科技创新平台；四是，围绕承接现代制造业、服务业和农业，筛选确定了以承接区域性批发市场为主的新发地高碑店农副产品物流园、沧州明珠商贸城，以承接健康养老为重点的燕达国际健康城等一批专业化、特色化平台。

（二）京津冀第二、第三产业转移效果

1. 北京首都功能优化、非首都功能得到疏解

通过《北京新增产业目录》，北京严格控制不符合北京功能定位的产业进入，通过重点工作任务层层计划有序推动不符合北京功能定位的企业转移到河北和天津。其中，一般制造业、区域物流基地和批发市场是疏解重要目标。部分行政性、服务性事业机构和企业总部也得以疏解，部分承担医疗、教育等社会服务功能的机构也是疏解的重要目标。如图3-1所示，北京市常住人口增长自2015年起增长呈下降趋势，说明人口疏解和控制取得成效。非首都功能疏解优化了北京产业结构，给河北和天津带来了机会。

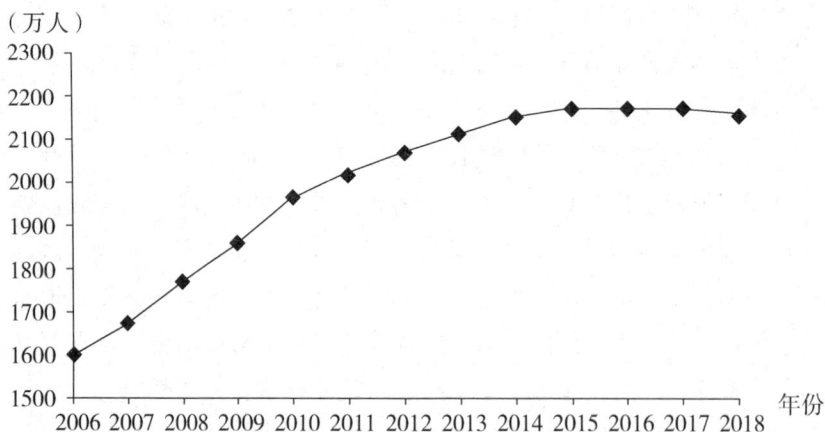

图3-1 北京市常住人口：2006—2018

2. 产业转移合作机制不断创新

从政府的角度说，通过创新已经形成的产业转移合作机制包括（1）顶层设计机制和推动落实机制。《京津冀协同发展规划纲要》《京津冀产业转移指南》《关于加强京津冀产业转移承接重点平台建设的意见》等给京津冀产业转移提供了顶层设计。北京市根据顶层设计要求将产业转移纳入年度工作重点并层层任务分解，为产业转移提供了落实机制，而河北和天津通过出台产业转移的实施意见，为产业转移提供了落实机制。从机制完善的角度看，无论是产业转移本身还是产业转移承接平台都需要通过形成有效的评价机制予以完善。在评价的基础上，产业转移目录和平台可以进行调整甚至退出。（2）证照互认机制。相关部门需要统一证照认定标准、完善证照认定流程，并建立证照互认机制，减少企业产业转移成本。在产业转移过程中，企业总部、研发地、生产地存在不在一地的情况，由此带来相应证照办理涉及的行政管辖的复杂性。京津冀在产业转移的实践过程中，一些地方政府之间开始探索证照互认机制。例如，北京和沧州达成协议在渤海新区建设新型医药工业园区，京冀两地管理部门通过会商并报请国家有关部门批准，对入园企业实施京冀两地证照互认并对入园企业生产过程实施两地共管。（3）共建共享共担机制。通过政府间税收分享、合作协议、共建和共管组织设置等方式，京津冀园区、产业转移平台、基础设施等方面已经形成了一批合作项目，初步形成了共建共享共担机制。（4）市场机制。产业转移平台、合作园区、公共基础设施的建设和运营需要充分发挥市场机制的力量，以弥补政府资金不足和政府管理方面的不足。（5）承诺机制。为了减少产业项目随意变更，从而给产业规划和土地使用带来负面影响，京津冀地区探索建立项目承诺机制。主要包括准入条件设立、投资项目书面承诺、项目定期监测评估、项目执行情况社会公开和社会监督等环节。

3. 产业转移和产业转型升级相互促进，区域内产业布局得到一定优化

产业转型给区域内产业转型升级带来机会。北京根据京津冀协同发展纲要定位，大力推动科技创新促进产业转型升级。北京市 2017 年出台了《中共北京市委、北京市人民政府关于印发加快科技创新构建高精尖经济结构系列文件的

通知》① 和《北京市人民政府关于加快科技创新构建高精尖经济结构用地政策的意见（试行）》，大力促进高精尖产业发展。根据《北京市新增产业禁止和限制目录》，禁止和限制的基本上是低端产业。北京市根据制造业发展实际情况不断修订和完善《北京市工业污染行业、生产工艺调整退出及设备淘汰目录》，重点是淘汰污染较大、能耗较高的企业和制造环节。2012 年至 2017 年，北京关停退出一般制造和污染企业 1992 家。产业转移和淘汰为北京高精尖产业发展提供了空间。根据《中国制造 2025 北京行动纲要》，北京聚焦五类高精尖产品②，致力于打造"北京创造"。河北出台了《关于促进传统产业转移转型升级的政策措施》，提出了 20 项政策措施。其中，产能转移 4 项，促进转型转产 5 项，促进就业安置 4 项，支持创新创业 3 项，财政金融支持 4 项。作为京津产业转移承接地，河北省充分利用产业转移带来的机会推动产业转型升级。在第二产业方面着力打造 7 个战略性新兴产业链③和 4 个优势传统产业链④。在传统产业改造和去产能方面，2012 年至 2017 年，河北省规模以上工业增加值从 11069.6 亿元增加到 13002.7 亿元，装备制造业增加值对规模以上工业增长的贡献率由 18.9% 提高到 88.9%，累计压减炼钢产能 6993 万吨、炼铁产能 6442 万吨、水泥产能 7057 万吨、煤炭消费量 4400 万吨、平板玻璃 7173 万重量箱。在第三产业方面，河北省着力打造 5 个现代生产性服务链⑤。2012 年至 2017 年，河北省服务业对经济增长的贡献率由 30.9% 提高到 69.3%。2018 年河北省一、二、三产业结构为 9：45：46。有学者研究认为，产业转移对河北的技术进步、经济增

---

① 系列文件包括《北京市加快科技创新发展新一代信息技术产业的指导意见》《北京市加快科技创新发展医药健康产业的指导意见》《北京市加快科技创新发展节能环保产业的指导意见》《北京市加快科技创新发展新材料产业的指导意见》《北京市加快科技创新发展软件和信息服务业的指导意见》《北京市加快科技创新发展智能装备产业的指导意见》《北京市加快科技创新发展科技服务业的指导意见》《北京市加快科技创新培育人工智能产业的指导意见》《北京市加快科技创新培育新能源智能汽车的指导意见》《北京市加快科技创新发展集成电路的指导意见》。
② 是指聚焦发展创新前沿、关键核心、集成服务、设计创意和名优民生等五类高精尖产品，主要涉及新能源智能汽车、云计算与大数据、集成电路、新一代健康诊疗与服务、自主可控信息系统、新一代移动互联网、通用航空与卫星应用八个领域。
③ 包括高端装备、电子信息、生物医药、新材料、先进节能环保、新能源和未来产业（新一代人工智能、下一代互联网和通信、生命科学等）。
④ 包括钢铁、石化、食品、纺织服装工业。
⑤ 包括工业设计、信息技术服务业、电子商务、现代物流、工业旅游。

长和产业结构优化有一定正向影响。① 在第二产业方面，天津致力于通过转型升级打造"10＋3＋8＋2"② 产业新体系。在第三产业方面，天津以中国（天津）自由贸易试验区、国家自主创新示范区建设为契机，重点发展金融、现代物流、电子商务、信息服务、文化创意、健康养老、会展商务等。

（三）京津冀第二、第三产业转移存在问题

1. 对政府主导依赖性强，市场力量有待进一步加强

2015 年，李克强总理在四川代表团审议《政府工作报告》时强调："产业引导资金、金融服务这方面政府可以加大一些倾斜政策力度。产业转移发展，主要靠地方本身的市场吸引力，不能靠政府拍板。"目前，各级政府主要是通过规划、工作方案、工作要点，主要是通过行政手段、责任制推进产业转移，承接地主要是通过平台建设、招商引资推动产业承接。要推动产业转移以市场和企业为主导，必须充分发挥市场主体的力量。

有学者研究认为，京津冀商品市场一体化长期稳定在较高水平，但是要素市场一体化程度低且波动大。③ 京津冀在交通一体化方面取得的成就有助于推动区域商品和要素市场一体化。但是，要素市场的关键在于土地、金融资本、技术、人才等因素。京津冀还需要通过深化改革进一步推动区域要素市场一体化。在转移产业过程中要充分发挥市场主导力量，需要提高营商环境。总体说来，在区域经济竞争日益激烈的背景下，各地都采取了政策措施来提升营商环境。从产业转移的角度说，市场主体会通过营商环境区域比较来选择产业转移地址。具体到京津冀地区来说，根据《2018 年中国营商环境评价报告》，北京、天津、石家庄在营商环境排名中分别为第 2、15、35。④ 这说明，北京营商环境

① 周伟：《京津冀产业转移效应研究：基于河北技术溢出、产业集聚和产业升级视角》，《河北学刊》，2018 年第 1 期，第 172～178 页。

② 包括 10 个高端产业（航空、航天、集成电路、高性能服务器、海洋工程、特高压输变电、大型工程机械、轨道交通、高档数控机床、自动变速器）、3 个比较优势产业（大智能终端、基础元器件、生物医药和健康）、2 个传统产业（现代石化、现代冶金）和 8 个新兴产业（节能与新能源汽车、新能源、新材料、机器人、三维 3D 打印设备、自主操作系统、国产数据库和软件）。

③ 陈甬军，丛子薇：《京津冀市场一体化协同发展：现状评估及发展预测》，《首都经济贸易大学学报》，2017 年第 1 期，第 34 至 42 页。该研究测算 2008 年至 2013 年，京津冀商品市场一体化指数分别为 0.0001、0.0001、0.0002、0.0003、0.0001、0.0001。2008 年至 2013 年，京津冀要素市场一体化指数分别为 0.0059、0.0033、0.0012、0.0068、0.0107、0.0088。

④ 该排名对全国（不含港澳台）直辖市、副省级城市、省会城市 35 个城市进行排名。

在京津冀地区最好，但是北京作为一线城市，其竞争对象是上海、广州、深圳等一线城市，因此北京在营商环境方面也面临着巨大的竞争压力。河北11个地级市在营商环境方面都有很大的提升空间。天津营商环境和其城市整体定位也存在较大差距。

2. 产业合作机制有待进一步完善

产业转移涉及转移企业税收问题。根据企业所得税法，企业分公司的税收要汇总到总部进行缴纳，总部地区政府再依据分公司缴税比例给予当地适当返还。目前京津两地产业转移主要还是工厂转移或建立分公司，总部多仍留在北京和天津。三地签订的《税收合作框架协议》主要涉及税收征管、税收执法、纳税服务的标准统一问题，对于税收分配问题仍有提升空间。如前所述，京津冀地区存在300多个开发区、园区。京津冀46个专业化、特色化承接平台也多是在这些开发区、园区的基础上设立的。产业转移合作的核心是企业合作、项目合作和园区合作。在实践中，主要存在如下合作模式。（1）整体搬迁模式。即生产企业或市场整体搬迁至迁移地。如北京新发地农产品批发市场在保定建立河北高碑店新发地物流园区。（2）孵化模式。即高科技园区、科研机构在合作地建立孵化基地、中试基地、生产基地，通过科技创新推动相关产业发展的模式。如中关村与秦皇岛经济技术开发区合作的中关村海淀园秦皇岛分园。（3）"飞地"模式。即在合作地建立"飞地"园区的模式。例如，京津两地在沧州临港经济技术开发区共建北京－沧州渤海新区生物医药产业园。（4）再造模式。即具有丰富园区建设经验和资本优势的园区和合作区合作再造一个同类模式的园区模式。如北京亦庄经济技术开发区与河北永清经济开发区合作共建北京亦庄－永清高新区，再造了一个"新亦庄"。（5）新城模式。即将大城市的部分功能疏解区和创业宜居生态卫星城，再造一个新城的模式。这些合作模式涉及的利益主体并不相同，需要在成本分担、利益共享、风险分担等方面有针对性地予以完善。

4. 产业转移与合作的产业链意识、整体意识有待进一步加强

从根本上说，产业转移不是终结目的，产业升级才是产业转移和合作的关键。在产业转移过程中一定要关注产能是否过剩、是否切断产业链等问题。突出表现在以下方面。（1）产业转移过程中，各地都将高收益、无污染、高科技、高附加值产业链或产业环节留在本地，而将低收益、污染程度高的产业链或产业环节转移到其他地方。（2）产业承接地在产业承接过程中缺乏产业链意识和产业配套意识，导致转移方和承接方产业不配套，承接地产业链条不完整，增

加了企业经营成本。（3）产业转移和合作大局意识不强。产业转移和合作不仅要着眼于京津冀地区，还要着眼于周边地区，着眼"一带一路"国家发展战略。无论是京津冀整体规划，还是区域内中心和节点城市在产业规划过程中，需要具有大局意识。（4）将产业转移和"产能过剩"以及产业转型升级相联系的程度不够。

（四）京津冀第二、第三产业转移对策

1. 加快培育市场主体和市场机制

（1）加快培育市场主体。如前所述，诸如滨海新区等产业承接地市场化程度高，市场主体数量和质量高，但是一部分产业承接地属于市场化程度低、市场主体数量和质量低的市、县或区。因此，对这一部分产业承接地需要积极发展市场主体，提高市场活力。产业承接地要加快培育市场主体，需要通过招商引资、引导创业、"二次创业"、产业对接、重点帮扶等手段培育市场主体，通过深化改革提高市场主体存活率和成长率，需要搭建产业平台、园区、孵化基地等提高市场主体生存和发展机会。加快培育市场主体需要产业承接地抓政策配套落实。在实践中，一些地方政府尤其是基层政府重招商引资，轻政策承诺，政策落实不到位，导致企业产业转移的高度不信任。这就需要，承接地要有政策配套的意识，主动在政策设计环节考虑到不同政策配套的问题，在政策方案出台后重点抓落实细则和落实责任分工、督查检查。

（2）破除行政壁垒，充分发挥市场机制作用。承接地需要通过深化"放管服"改革提高为企业服务的水平，严厉打击在企业立项、项目落实过程中对企业侵凌、寻租现象，提高企业营商环境，保证市场主体合法合理权益，保证市场机制充分发挥作用。三地需要清理和废除妨碍区域统一市场和公平竞争的各种地方市场保护主义规定和做法，要制定清单并全面清理限制商品、人员、资产、技术等要素在区域间自由流动的条款和规定，促进各类要素有序自由流动，三地需要在产品认证、行业标准、价格管理、信用等级等方面采用统一标准，强化市场信息公开和市场监管力度，推进区域统一市场的建立。从消费市场来说，京津冀区域，北京、天津消费体量巨大，石家庄、唐山消费体量较大，其他城市消费潜力有待进一步挖掘。

（3）完善三地要素市场。一是通过完善三地仓储、物流、批发市场的空间布局，通过统一标准和借助信息技术进一步完善区域内商品流通市场体系。二是进一步通过信息技术和加强合作完善北京技术交易促进中心、北京金融资产交易所、北京证券交易所、天津渤海商品交易所、天津排放权交易所、秦皇岛海运煤炭交易市场等交易场所。三是在土地储备交易、人才交流、技术交流等方面建立共同交易市场。

2. 加强京津冀产业合作机制

第一，进一步完善京津冀产业转移税收收入分享办法。根据《京津冀协同发展产业转移对接企业税收分享办法》的规定，迁出企业完成工商和税务登记变更并达产后三年内缴纳的"三税"，由迁入地区和迁出地区按50%：50%比例分享。未来，需要从两个方面进一步完善，一是以落实《京津冀协同发展产业转移对接企业税收分享办法》为抓手，在划转数额确认、资金结算办理、转移行为规范等方面还需要更为详细的配套措施。二是完善产业园区税收的分享机制。

第二，通过PPP设立京津冀协同发展基金，并通过互联网股权众筹融资试点、投贷联动和发行认股权证试点等措施进一步完善融资途径。2016年京津冀开发区产业发展基金成立，资金总额初步为1000亿元。同年，河北省京津冀协同发展基金成立，天津京津冀产业结构调整引导基金成立。两者资金总额初步都为100亿元。2017年9月30日，经国务院批准，由国家发改委、财政部、工信部牵头发起，联合北京市、天津市、河北省以及国家开发投资公司、招商局集团、工商银行、清华大学等其他投资主体共同出资设立的京津冀产业协同发展投资基金成立，首期资金规模为100亿元。对于基金项目的审批要建立一套科学的论证和审批程序，对于项目建设过程也要建立规范的监管和评价体制。

第三，打破行政壁垒，采用"共建共享共管"原则将产业合作平台或产业转移承接平台建设好。随着京津冀协同发展的深入，除了前述省级及以上确定的产业转移平台外，三地市县区主动联系和建立了一些合作园区。如邢台开发区·通州产业园、威县·顺义产业园等。由此也带来了管理问题。例如，北京·沧州渤海新区生物医药产业园成立以后，北京工信、食药监管部门还有没有监管权？2016年7月19日国家食药总局正式批复，同意沧州医药园由北京局监管。例如，京津合作示范区涉及天津宁河，其中清河农场属于北京市在天津的"飞地"。为了解决由此带来的管理问题，2017年11月16日，两地政府发布《天津市人民政府办公厅北京市人民政府办公厅关于成立京津合作示范区建设协调工作领导小组的通知》，明确领导小组由两地各一名副市长挂帅组成。

第四，坚持"市场主导、政府引导、企业主体"的原则建设合作开发区和产业转移承接平台。政府引导主要体现在总体规划、征地拆迁、基础设施配套、项目审核、人才政策支持等方面，开发区、产业转移承接平台建设以及区（平台）内项目运作以企业为主体，以市场机制运作为主。例如，京冀（曹妃甸）协同发展示范区建设由京冀（曹妃甸）协同发展示范区建设投资有限公司通过PPP模式、贴息、特许经营权授权等形式融资建设。在开发区或平台管理体制上要建立协调会办机制、并联审批机制、重大特大项目"一事一议"机制、行政公开机制、责任追究机制。

第五，加强合作的组织保障。一是要加强平等协商的议事协商组织机构，主要包括区域党政领导一把手之间的议事协商机构和部门领导构成的议事协商机构。二是强化专家咨询委员会在区域产业规划、产业转移平台规划、重大项目等方面咨询论证和评价工作。三是设立产业合作和转移纠纷处理机构。

3. 增强大局观，从全产业链和产业转型升级的角度构建京津冀产业布局

第一，围绕46个承接平台，转移方和承接方要在组织机构、财政、税收、政绩核算方面展开充分合作，并在此基础上一起围绕产业链做好产业配套、产业链重构方面的工作。第二，三地在产业转移目录和产业禁止目制定过程中，要和"产能过剩"以及产业转移升级规划相联系，要和"一带一路"倡议相联系，要和周边地区相联系。京津冀区域的产品、技术、资本直接链接"一带一路"沿线国际市场有助于解决区域内"产能过剩"和推动区域内产业转型升级。同样，区域内中心城市、节点城市在产业转移和承接过程中要主动和山东、山西、河南、内蒙古、辽宁等周边城市和地区增强产业融入度，以更地好发挥京津冀协同发展的示范效应和带动效应。未来可以考虑，在区域产业规划过程中融入周边中心和节点城市，考虑从国家政策层面为中心城市、节点城市主动融入京津冀协同发展战略提供支持。第三，三地要深化产业链分工协作，北京要在产业链创新和管理中扮演重要角色，而天津、河北以产业链环节为切入点联动发展并形成产业部门合理分工的多层次网络型产业协同发展布局。第四，以15个协同创新平台为基础整合区域产学研各类创新主体促进创新链、产业链、资金链、区块链、物流链和政策链的深度融合打造以创新驱动型中国经济协同发展带。第四，构建以园区（平台）为基础形成产业链整合，以产业链为依托形成创新协作，以创新协作体系构建"黏合"三地产业的产业转型升级发展道路。第五，以产业链融合、产业链升级为基础，建立三地产业联合发展联盟及其分行业发展联盟，设立产业重点发展基金和重点项目，设立区域重点产业研发基金。

第三节　京津冀世界级城市群建设

一、打造以首都为核心的世界级城市群

《京津冀协同发展规划纲要》提出，按照"功能互补、区域联动、轴向集聚、节点支撑"的布局思路，以"一核、双城、三轴、四区、多节点"为骨架，推动有序疏解北京非首都功能，构建以重要城市为支点，以战略性功能区平台为载体，以交通干线、生态廊道为纽带的网络型空间格局。2016 年发改委通过的《关于贯彻落实区域发展战略促进区域协调发展的指导意见》提出，要编制京津冀空间规划，建设以首都为核心的世界级城市群。

2017 年 9 月《北京城市总体规划（2016—2035 年）》获得通过。《北京城市总体规划（2016—2035）》第七章提出，要深入推进京津冀协同发展，建设以首都为核心的世界级城市群。①

刘崇献 2005 年对比分析了北京和上海对周边城市的影响，认为北京影响力要低于上海。② 朱虹等运用 1997—2005 年环京经济圈和环沪经济圈的县、市级面板数据进行计量分析，发现：北京对环京地区的辐射模式主要以"空吸"效应为主，而上海对周边腹地则表现为"反哺"效应。③ 何龙斌通过对三大经济圈核心城市辐射能力的研究认为，北京对内地影响力要低于天津、唐山，京津

---

① 该总体规划对北京空间体系定位中要求如下。（1）充分发挥北京一核的引领作用。把有序疏解北京非首都功能，优化提升首都功能，解决北京"大城市病"问题作为京津冀协同发展的首要任务。（2）强化京津双城在京津冀协同发展中主要引擎作用。要强化京津联动，全方位拓展合作广度和深度，实现同城化发展，推进面向全球竞争的京津冀城市群中心城市建设，共同发挥高端引领和辐射带动作用。（3）实现北京城市副中心与河北雄安新区比翼齐飞。北京城市副中心与河北雄安新区共同构成北京新的两翼，应整体谋划、深化合作、取长补短、错位发展，努力形成北京城市副中心与河北雄安新区比翼齐飞的新格局。（4）共同构建京津冀网络化多支点城镇空间格局。发挥区域性中心城市功能，强化节点城市的支撑作用，提升新城节点功能，培育多层次多类型的世界级城市群支点，进一步提高城市综合承载能力和服务能力，有效推动非首都功能疏解和承接聚集。
② 刘崇献：《北京和上海经济辐射能力差异探析》，《北京社会科学》2005 年第 4 期，第 40 ~ 44 页。
③ 朱虹，徐琰超，尹恒：《空吸抑或反哺：北京和上海经济辐射模式比较》，2012 年第 3 期，第 111 ~ 124 页。

冀经济圈向内地经济辐射的渠道和网络不够通畅，上海对长三角经济圈的影响要高于北京、广州分别对京津冀、珠三角经济圈的影响，长三角经济圈一体化程度要高于京津冀和珠三角经济圈。① 这些研究表明，北京"一核"作用要充分发挥，必须要克服"北京本位主义"，需要从京津冀协同发展的全局中做好规划，需要主导在各个领域进行协同体制和机制创新，需要真正贯彻落实疏解非首都功能的要求。

正如习近平总书记强调的"疏解非首都功能是北京城市规划建设的'牛鼻子'"，是解决北京"大城市病"的关键，也是北京发挥区域影响力关键。按照规划，北京要重点疏解一般性制造业、区域性物流基地和区域性批发市场、部分教育和医疗机构、部分行政性和事业性服务机构。从北京的角度说，疏解非首都功能到郊区，不仅留下了 GDP，也带来了郊区就业和发展。但是，如果疏解非首都功能到郊区，则依然会导致人口和产业向北京聚集。由于北京郊区承担了较重的生态建设和保护功能任务，因此这种聚集不仅会进一步增加北京的"大城市病"问题，而且会增加北京生态建设方面的压力。从京津冀协同发展和增加北京的区域辐射力的角度说，只有将大部分非首都功能疏解到北京以外，才能真正带动京津冀其他地区的发展，并因其他城市的发展而减轻北京城市的压力。

要发挥北京在京津冀世界级城市群建设中的核心作用，需要贯彻和落实好《北京城市总体规划（2016 年—2035 年）》。一是始终坚持"双控机制"和"三条红线"②，建立严格的审批和责任追究机制，并通过精细化、可操作性配套政策和管理制度予以落实。二是推动分区规划、控制性详细规划、重点区域详细规划编制和落实工作，推动专业规划和详细控制性规划合一，城市功能布局统筹和协调。三是充分发挥规划、国土等职能部门和区级政府的主动性、能动性和责任性，维护好规划的严肃性和权威性。按照《北京城市总体规划（2016 年

---

① 何龙斌：《我国三大经济圈核心城市经济辐射力比较研究》，《经济纵横》2014 年第 8 期，第 50～54 页。
② "双控机制"是指控制人口规模、控制城市开发规模；"三条红线"是指人口总量上限、生态控制线、城市开发边界线。

—2035 年)》，北京要形成"一核一主一副、两轴多点一区"① 的空间结构布局，而这一布局能否落实，关键在于 14 个分区规划、老城整体保护规划和核心区控制性详细规划（主要涉及首都功能核心区）、北京市城市副中心规划、中轴线及其延长线规划、长安街及其沿线规划、五个新城规划、北京市生态涵养区规划。

在京津冀世界级城市群建设过程中，北京城市副中心具有重要的战略意义。一是，作为"一核一主一副、两轴多点一区"多中心城市布局的一部分，北京市城市副中心建设有助于突破北京基于"单中心"和"环状"扩展的城市发展思路，以副中心建设打造新的城市增长极和"反磁力"中心，实现城市空间布局的优化和凸显首都功能核心区的"首都功能"。二是，按照习近平同志的多次指示，北京副中心建设要坚持世界和 21 世纪眼光，要在贯彻"创新、协调、绿色、开放、共享"新发展理念，统筹生产、生活、生态三大布局中具有示范价值，要探索人口密集地区优化开发模式中具有示范价值。三是，北京城市副中心地处京津冀三省市交汇处，处于"京津发展轴"的重要节点，属于"中部核心功能区"的重要组成部分，在规划、产业转移和合作、资源共享和公共治理等方面具有很强的示范价值，属于京津冀区域协同发展的重要示范区。因此，需要从如下几个方面加强北京城市副中心的建设，提升北京在京津冀世界城市建设中的地位和影响力。（1）严格按照北京市副城市规划，做好建设工作。

2019 年 1 月，国务院批复同意《北京城市副中心控制性详细规划（街区层面）（2016 年—2035 年)》。在规划落实过程中，必须坚持以"人民为中心"，针对人民关心的热点问题科学配置资源②，必须做好整体规划落实的路线图和责任清单，将规划建设落到实处，必须加强公共服务空间和体系的建设。在

---

① "一核"是指首都功能核心区（东城区、西城区）；"一主"是指中心城区即城六区（东城区、西城区、朝阳区、海淀区、丰台区、石景山区）；"一副"是指北京市副中心；"两轴"是中轴线及其延长线、长安街及其延长线；"多点"是指 5 个位于平原地区的新城（顺义、大兴、亦庄、昌平、房山新城）。"一区"是指生态涵养区，包括门头沟区、平谷区、怀柔区、密云区、延庆区，以及昌平区和房山区的山区。

② 北京城市副中心规划依托水网、绿网、路网，将城市副中心划分成为 12 个民生共享组团和 36 个美丽家园，在规划层面体现了"人民中心"。民生功能共享组团，即政府按照功能分配划分这 12 个综合性的组团，且不同的组团将配备不同的公共服务职能。一个街区即一个家园，设置一个家园中心。整个区域通过市民中心—组团中心—家园中心—便民服务点实现网络式联结，居民从家步行 5 分钟可以到达便民服务点，步行 15 分钟到达家园中心接受各种社区服务。

"一核五区"建设过程中，一定要处理好地上建设和地下建设的关系，处理好行政功能区、产业聚焦区、商务功能区的关系，处理好生产、生活、生态之间的关系，按照规划目标，真正实现北京城市副中心建设成为"国际一流的和谐宜居现代化城区"。（2）做好人口和生态控制。通州承担着北京中心城区疏解人口的重要职责，但是同时自身也要有严格的人口控制。通州副中心地区可能承担40万~50万的常住人口疏解工作，到 2035 年常住人口大约是 130 万。城市副中心规划面积约 155 平方公里，在建设过程中要为生态环境、公共服务区域提供足够的空间。（3）做到城市规划和产业规划同步，做好副中心管理体制和制度建设。（4）推动城市副中心和周边区域在产业园区、生态农业、基础设施、应急管理、科技创新等领域深度合作。北京要发挥"总部经济"优势，通过创新区域共建、共治和共分享机制，通过财税政策创新和金融政策创新，大力推动"总部—制造基础""总部—共建园区""总部—共建研发中心"等模式发展，将北京总部经济辐射力拓展到京津冀地区。

二、建设雄安新区

（一）雄安新区设立和建设的战略意义

雄安新区设立和建设是以习近平同志为核心的党中央推进京津冀协同发展的一大战略部署，具有重要的意义。一是，雄安新区和北京城市副中心作为首都经济圈经济发展的两翼，对于疏解北京非首都功能、提升北京城市的发展质量具有重要的意义。不仅如此，雄安这一国家级新区的成立，将在空间上与京津形成新三角空间联系，有助于提升河北和"两城"之间的联系，充分发挥"两城"的经济辐射力。二是，按照习近平总书记的要求，雄安新区要建设成为"创新驱动发展引领区"和"贯彻落实新发展理念的创新发展示范区"。在区域发展创新驱动上，京津冀尽管有北京和天津两个创新驱动程度高的城市，但是这两个城市毗邻过紧，影响了其创新辐射影响力。这一点和长三角和珠三角还存在一定差距。长三角除了有上海外，还有杭州、南京、苏州等创新驱动程度高的城市。珠三角则更是拥有深圳、广州、香港、澳门等创新驱动程度高的城市。因此，雄安新区一旦建设成为"创新驱动发展引领区"和"贯彻落实新发展理念的创新发展示范区"，不仅有助于支撑北京成为全国科技创新中心，而且也能够带动河北以及整个区域的创新发展。三是，雄安新区要打造成为京津冀开放发展先行区，对于促进区域经济发展的外向驱动具有重要意义。四是，雄安新区要打造成为"协调发展示范区"，在产业协调发展、公共服务均等、高质量城市建设、人和自然和谐共处等方面具有示范作用。

自中共中央、国务院 2017 年 4 月 1 日决定设立河北雄安新区至 2019 年 1 月 25 日通过的《中共中央国务院关于支持河北雄安新区全面深化改革和扩大开放的指导意见》，雄安新区建设形成了"1 + 2 + N"① 的政策体系，"顶层设计"初步完成。根据规划要求，雄安新区按"一主、五辅、多节点"进行空间布局。"一主"即起步区，通过建设形成北城、中苑、南淀三个区域。"五辅"即由雄县、容城、安新县城及寨里、昝岗五个外围组团形成的区域。"多节点"即若干特色小城镇和美丽乡村。

（二）雄安新区建设发展对策

（1）全面落实雄安新区的功能定位。①和北京城市副中心一样，被定位为"非首都功能集中疏解地"。要落实到这一功能定位就离不开北京的支撑，因为它需要承接的是北京的高端产业而不是低端产业。②"五个区"的定位。为了落实这"五个区"的定位，中央进一步提出了"七个任务"，即建设绿色智慧新城、打造优美生态环境、发展高端高新产业、提供优质公共服务、构建快捷高效交通网、推进体制机制改革、扩大全方位对外开放。雄安新区设立时的定位主要是服务于以首都为核心的京津冀世界城市群建设，是统筹推进"五位一体"总体布局、协调推进"四个全面"战略布局综合示范区。换句话说，雄安新区的建设是作为中国城市发展的未来样板，需要在总体规划、专项规划、统筹规划等方面经得起考验。同时，作为综合示范区，雄安新区需要在配套政策和管理体制上具有创新性和示范价值。尤其是在土地利用和规划政策、产业布局和产业政策、城市智慧化管理、房地产政策、体制机制改革创新等方面要有创新和示范价值。要落实雄安新区功能定位，还需要做好和北京、天津、石家庄、保定等城市的融合发展以及和北京市副中心、北京中心城区、天津滨海新区的错位发展。

---

① "1"是指《中共中央国务院关于支持河北雄安新区全面深化改革和扩大开放的指导意见》（以下简称指导意见）。《指导意见》提出，要牢牢把握北京非首都功能疏解集中承载地这个初心，紧紧围绕创造"雄安质量"、建设"廉洁雄安"和打造推动高质量发展的全国样板，进一步解放思想、勇于创新，赋予雄安新区更大的改革自主权，着力在创新发展、城市治理、公共服务等方面先行先试、率先突破。"2"是指《河北雄安新区规划纲要》和《河北雄安新区总体规划（2018—2035 年）》。《河北雄安新区总体规划（2018—2035 年）》是对《河北雄安新区规划纲要》的细化，在内容上增加了 4 章、22 节。"N"是指白洋淀生态环境治理和保护规划、起步区控制性规划、启动区控制性详细规划等综合性规划和 26 个专项规划。

（2）推动新区体制和机制创新。①推进新区管委会管理体制创新。2017 年 6 月 27 日，河北雄安新区管理委员会（和中共河北雄安新区工作委员会署办公）成立。它是中共河北省委、河北省人民政府的派出机构，同时接受国务院、京津冀协同发展领导小组办公室指导。成立之时，内设有党政办公室、党群工作部、改革发展局、规划建设局、公共服务局、综合执法局和安全监管局。根据《中华人民共和国行政复议法》第十五条规定，派出机构可以行使包括制定规范性文件在内的宪法赋予地方政府的大部分行政职权。根据中共中央、国务院发布的《关于支持河北雄安新区全面深化改革和扩大开放的指导意见》，雄安新区将逐步获得省级经济社会管理权限。在新区管委会架构下，需要结合《中共中央关于深化行政管理体制改革的意见》（2017）《中共中央关于深化党和国家机构改革的决定》（2018）和《关于支持河北雄安新区全面深化改革和扩大开放的指导意见》精神，推动新区行政审批体制改革、清单管理体制改革、综合行政执法体制改革。根据新区建设进程需要，本着优化机构配置和职能配置的原则，逐步完善新区党政机构，将新区党政机构向城市管理体制转变，需要在司法责任制、法官员额制、检察官办案制度、公安执法体制等司法体制方面发挥创新引领的作用。① ②推进人才和科技体制创新。新区要在海外人才引进、科技人才激励、选人用人机制等方面进行创新，形成具有示范效应的人才体制。在人才体制创新的基础上，推动职务发明科技成果权属混合所有制改革，探索知识产权质押融资风险分担机制、成果转化机制、产学研协同创新机制、技术创新市场导向机制，形成具有示范效应的科技创新机制。③坚持协调发展理念，推动协同发展机制，努力打造协调发展示范区。以新发展理念为指导，在区域总体规划和各类专项规划中处理好和北京、天津、河北其他地区区域协调发展的关系，做好城乡统筹协调发展，促进产业协调发展，促进公共服务均等化。新区需要落实中央《关于建立更加有效的区域协调发展新机制的意见》精神，出台相应的落实文件，在战略统筹机制、市场一体化发展机制、区域合作机制、利益共享和补偿机制、基本公共服务均等化机制、区域发展保障机制等方面进行创新，形成符合雄安新区发展需要又具有示范效应的协同发展机制。在战略统筹机制方面，需要处理好"一主、五辅、多节点"之内关系，处理了城乡统筹发展关系，统筹好区域内"五位一体"布局关系，处理好和周边城市协同发

---

① 2019 年 1 月河北雄安新区中级人民法院、河北省人民检察院雄安新区分院正式挂牌成立。

展关系，处理好军民融合发展关系，处理好北京和天津发展关系。在市场一体化发展机制方面，要在自然资源产权确权方面做好创新，要以高标准完成区域内自然资源产权确认、登记和保护工作，要建立完善的区域产权交易平台和制度，要以高标准建立现代市场体系，要在优化营商环境方面不断创新。在区域合作方面，不仅要在京津冀地区内寻求合作，还要主动和京津冀以外的其他地区进行合作，尤其是要和京津冀周边地区和深圳、浦东进行合作。在承接产业转移、园区共建、基础设施共建、生态环境治理、危机处理等方面要形成成熟的利益共享和补偿机制。在基本服务均等化方面，要坚持以人民为中心，充分利用新城市建设所具有的空间，将公共基础设施和服务网点科学化配置，并通过出台一系列相关制度予以保障。在区域发展保障机制方面，要出台专门区域规划管理文件，要建立区域发展监测评估预警体系，要有完善的区域发展组织保障体系，要建立健全区域协调发展法律法规体系，以在规划、监测评估预警体系、组织保障体系、法律法规体系层面予以保障。④根据《中共中央国务院关于深化投融资体制改革的意见》，积极探索雄安新区投融资体制改革。一是通过完善投资项目的审批、"清单"管理等制度，优化项目管理流程和提高营商环境，确立企业投资主体地位。二是通过明确政府投资范围、规范政府投资管理、优化投资安排方式、强化事中和事后监督、鼓励政府和社会投资合作等方式，充分发挥政府投资的引导和带动作用。三是通过直接融资、政府和民营企业合作融资、信托组合融资、股权和资产证券化融资、发行新区债券、构建新区建设基金或平台等方式进行融资。⑤推动生态文明体制改革，打造生态文明典型城市。雄安新区要以白洋淀及上下游生态保护和修复、植树造林、山水林田湖草生态建设为契机，在自然资源资产体系建设、生态修复体系建设、资源智慧监测体系、生态搬迁补偿机制、总量和强度"双控"机制等方面进行创新，将雄安新区建设成为蓝绿交织、水城共融的新时代生态文明典范城市。

（3）以高标准推动雄安新区城市建设。一是通过逐步、分期规划和建设推进雄安新区建设。将新区建设分为规划建设启动区、中期发展规划区和远期规划区。在建设过程中严禁大规模开发房地产，严格控制建设用地规模，严格控制建筑高度和建筑材料。二是在城市建设中加大对数字感知设施系统、数字化标识系统、一体化的数据采集物网化、数据集成和汇聚平台、数据管理系统等建设力度，通过大力发展智慧教育、智慧交通、智慧医疗、智慧金融等智慧产业以及打造智慧政府，将雄安新区打造为智慧城市。三是通过高标准建设防震、防洪等基础设施建设，通过完善供水、供电、供气、供热网络保障城市供给安全，高标准设防、高质量建设提高城市公共基础设施的安全保障水平，通过城市公共安全体系和应急体制建设提供城市安全管理水平，通过政法和司法建设提高城市治安水平。

三、河北省城镇体系建设

从世界级城市群发展的角度说，京津冀地区存在两个超大城市和环首都经济带，拥有大港口优势，但是从整个区域的角度说，河北省缺乏特大城市，河北省内都市区不发达并且联系不紧密，河北省存在大量的贫困带，河北省整体城市化水平不高。

河北省县域经济整体发展水平不强，城镇化水平不高。因此，河北省城镇化体系建设对于优化京津冀世界级城市群格局非常重要。表 3-7 是河北省根据京津冀协同发展战略确定的城市定位和城镇化排名。

表 3-7 河北省城市定位和城镇化排名

城市	城市定位	城镇化		城市	城市定位	城镇化	
		得分	排名			得分	排名
石家庄	省会城市，发展壮大服务经济，增强对冀中南地区的辐射能力，努力建成功能齐备的省会城市和京津冀城市群"第三极"	0.9351	2	承德	国家绿色发展示范区、国际旅游城市、国家绿色数据中心	0.8070	8
唐山	东北亚地区经济合作的窗口城市、环渤海地区的新型工业化基地、首都经济圈的重要支点、京津唐区域中心城市，积极发展大物流、大产业、大港口	0.9034	5	邯郸	全国先进制造业基地、区域性商贸物流中心、中原经济和首都经济圈联动的区域中心城市	0.8538	6

续表

城市	城市定位	城镇化		城市	城市定位	城镇化	
		得分	排名			得分	排名
沧州	京津冀城市群重要产业支撑基地；沿海城市，积极发展大物流、大产业、大港口	0.9160	4	秦皇岛	科技创新城、国际健康城、国际滨海休闲度假之都；积极发展大物流、大产业、大港口	0.9253	3
廊坊	战略新兴产业和现代服务业聚集区、科技研发和成果转化基地	0.9455	1	邢台	国家新能源示范区、产业转型升级示范区、中原经济和首都经济圈联动的区域中心城市	0.6741	11
保定	京津保区域中心城市、创新驱动发展示范区	0.7733	9	衡水	冀中南综合物流枢纽、省级综合配套改革示范区	0.8448	7
张家口	以冬奥会为契机，建设服务首都的特色功能城市；国家再生能源示范区、国际休闲旅游区	0.7694	10	定州、辛集	京津冀城市群特色功能节城市	-	-

资料来源：城市定位主要根据《河北省城镇体系规划（2016—2030 年）》整理所得。城镇化得分与排名数据来自马奔，薛阳：《京津冀城市群城镇化质量评价研究》，《宏观经济研究》2019 年第 4 期，第 73～83 页。测算数据是 2015 年数据。其中，定州、辛集为县级市未参与城镇化排名。

（一）把石家庄、唐山作为京津冀城市群次中心城市和河北"两翼"发展核心城市

除了雄安新区以外，河北省还需要建设两个以上市内户籍人口中达 500 万以上的城市，以此作为京津冀世界级城市群次中心城市和河北省省域中心城市。按照《河北省城镇体系规划（2016—2030 年）》安排，石家庄和唐山作为构成带动河北冀中南地区与冀东地区"两翼"发展的两大省域中心城市。如表 3 - 8 所示，作为省会城市，石家庄和广州、南京、杭州相比，在城市化率、国民生产值和全年人均可支配收入方面都存在较大差距。2017 年石家庄全年民营经

济增加值为 4318.7 亿元，杭州、南京和广州分别为 7561 亿、5376 亿、48339 亿元。在城镇人口方面，2017 年年末，唐山全市城镇人口和石家庄相近，为 486.78 万人。两个城市很快就会超过 500 万。2017 年唐山 GDP 为 7106.10，超过石家庄，为河北省第一，接近广东的东莞，但是和广东佛山、广州、深圳存在较大差距，和江苏的南通接近，但和江苏的苏州、南京、无锡存在较大差距。从城镇化水平看，石家庄城镇化质量高于唐山，和廊坊、秦皇岛、沧州属于城镇化质量水平第 1 档，而唐山和邯郸属于第 2 档，衡水、承德、保定、张家口、邢台则属于第 3 档。

表 3-8 石家庄、广州、南京、杭州城市主要指标比较：2017

城市	人口		常住人口城镇化率	GDP（亿元）	全年人均可支配收入（元）
	城镇人口	年末常住（万人）			
石家庄	490.22	1087.99	61.64%	6460.9	24651
广州	897.87	1449，84	86.14%	21503	55400
南京	685.89	833.50	82.29%	11715.10	48104
杭州	727.14	946.80	76.8%	12556	49832

资料来源：根据 2017 年相关城市经济社会发展统计公报数据整理所得。

对于石家庄来说，需要深化合作机制，积极承接北京非首都功能疏解，主动对接雄安新区规划建设，努力打造一批高水平、高质量的合作平台，需要大力化解过剩产能，改造提升传统产业，通过产业结构性调整增强经济竞争力，需要发展生物医药、电子信息和装备制造等战略新兴产业和现代服务业。石家庄需要在国家服务外包示范城市、国家自主创新示范区、国家跨境电子商务综合试验区申报中获得突破。石家庄需要通过"九通一平"① 提升开发区升级建设，通过加快中芬合作产业园、中韩国际日化产业园、欧洲产业园等中外和省际合作产业园区建设步伐提升产业园区竞争力，重点支持河北鹿泉经济开发区、河北石家庄循环化工园区等条件比较成熟的开发区向国家级迈进，需要升级完善海关国检信息化服务平台软件和复制推广自贸区经验提升通关效率，通过提

---

① 是指信息通、市场通、法规通、配套通、物流通、资金通、人才通、技术通、服务通 + 双创平台。

升窗口服务能力提升综合保税区服务水平。在城市建设方面要严格按照 2016 年通过的《石家庄市新型城镇化和城乡统筹发展规划》要求进行建设。按照这一规划，石家庄要按照"一河两岸三组团"① 的发展布局进行发展，要形成中部崛起、东部突破、西部绿色发展的三大区域协调发展战略②，将石家庄真正发展为京津冀世界级城市群第三极。中部区域既是石家庄市的中心区域，也是工业化、城镇化的重点区域，是区域中央商务区域建设区。其中，正定新区是京津冀协同创新平台建设区，在推动石家庄成为京津冀中心城市中扮演了重要角色。东部和西部区域要重点发展县域经济，尤其是要发展平山、晋州、新乐、井陉－矿区、赵县经济，增强石家庄市对京津冀城市群南部的辐射带动作用。

唐山独特的地位决定了其可以和京津实现深度融合，可以作为河北省沿海地区开放开发的重要支点城市。截至 2018 年年底，唐山累计与京津实施合作的亿元以上项目达 392 个，完成投资 1523 亿元。唐山曹妃甸区不仅是京津冀协同发展示范区，而且和滨海新区、沧州沿海地区一起构成京津冀沿海临港产业带。除了曹妃甸，唐山高新技术产业开发区是京津冀 46 个专业化、特色化承接平台中的第二个平台，它也构成了京津冀高新技术产业带的重要组成部分。唐山的芦台经济开发区和汉沽管理区是坐落在天津的两块飞地。根据唐山市政府和天津宁河区政府签署的共建津冀协同发展示范区框架协议，双方共同编制《津冀协同发展示范区建设总体规划》和《芦台经济开发区总体规划》。双方以唐山市芦台经济开发区和宁河区相应的区域以及唐山市汉沽管理区临津产业园与宁河经济开发区为基础共建以"产业协同、机制创新、政策灵活、利益共享"为原则的津冀协同发展示范区先行试验区。唐山以钢铁、煤炭、化工等传统重工业为支撑，需要在"去产能"和结构转型方面予以突破，通过科技创新和产业升级走出一条新型工业化道路。具体来说，需要在精品钢铁、装备制造、现代化工、新型建材及装配式住宅这些支柱性产业方面做强做好，需要在智能轨道交通、机器人、电子及智能仪表、动力电池、节能环保这些新兴产业方面做大做

---

① "一河"是指滹沱河、环城水系构成的环形生态廊道，"两岸"涉及水系两岸。环形区域内部主要是主城区，通过"北跨"发展正定古城和正定新区，并和主城区一起构成都市区核心，再以藁城、鹿泉、栾城为组团并和滹沱河、环城水系一起构成组团式发展（"三组团"）。

② 中部区域主要由市内七区、高新区和正定县构成。东部区域主要包括晋州、无极、新乐、赵县、深泽、行唐、元氏、高邑。西部区域主要包括平山县、井陉县、井陉矿区、赞皇县和灵寿县。

强，需要在现代物流、现代金融、新兴信息服务、研发设计这些现代服务产业方面做好做优，并支援支柱性和新兴产业发展。唐山在城市布局方面，需要以京津冀协同发展两大平台为基础，推动"一港双城"① 建设。

（二）通过"四区"专项规划以及相应地区规划精准衔接，促进京津冀协调发展

按照《河北省城镇体系规划（2016—2030 年）》规划要求，河北省提出了"四区"发展规划，即环京津核心功能区、沿海率先发展区、冀中南功能拓展区和冀西北生态涵养区四大功能区发展规划。按照"四区"规划，每个区依不同的空间组织进行建设，其中环京津核心功能区要以"网络—节点"空间组织模式进行，沿海率先发展区要以"港口＋通道"空间组织模式进行，冀中南功能拓展区和冀西北生态涵养区分别突出"轴带＋集群""据点式"空间组织模式。保定、廊坊和北京、天津联系紧密，作为环京津核心功能的重要节点城市。秦皇岛、唐山、沧州市属于沿海城市，可以作为河北外向型和开放型城市，可以打造成河北省开放型经济引领区和战略性增长极，并通过港产城互动和组团发展沿海经济。石家庄、邯郸、邢台、衡水市作为冀中南功能拓展区的主要城市，可以打造成为京津冀协同发展战略腹地和城乡统筹发展重要示范。张家口、承德市是冀西北生态涵养区的中心城市，可以通过提升生态保障、水源涵养、沙化治理等构建绿色生态体系，发展生态、绿色、休闲旅游产业。从规划的角度说，还需要形成针对每个"区"的总体规划、产业规划和功能区规划予以落实，需要中心城市通过相应的规划予以落实。除了协同规划，还需要在协同体制和机制方面促成"四区"建设。

（三）通过中心城市多点带动、交通联结以及城镇化发展实现河北省经济社会发展"五个带"

"五个带"是指京石邯城镇发展带、京唐秦城镇发展带、沿海城镇发展带、石衡沧城镇发展带、京衡城镇发展带。"五个带"的发展离不开中心城市带动作用和交通联结作用。从中心城市的带动作用看，河北省11个地级城市以及雄安

---

① "一港"即唐山港，以打造世界一流大港为目标，按照港产城融合发展的要求，研究确定唐山港功能结构、资源利用、临港产业布局等，谋划港口、临港产业带与曹妃甸区、唐山市主城区乃至全市域的空间联系。"双城"即唐山市主城区和曹妃甸滨海新城。一是推进丰润区、古冶区两个外围组团与中心城区互联互通、互动发展。二是港产城融合发展规划、发展路径以及功能分区定位，将曹妃甸发展成为港产城融合发展的现代化滨海新城。

新区都需要在相应的带中发挥重要作用。在交通联络方面，京港澳高速、京广铁路、京哈高速公路、津汕高速公路、石黄高速公路等都是可以依托的交通线路，同时需要通过发展高速公路、轨道交通进一步提升"带"内以及"带"与"带"之间的联结。有学者研究以2014年数据测算了河北省县域产业承载力，发现河北县域产业承载力平均得分为0.3718，得分最高10个县域和得分最低10个县域的平均得分分别为0.7415、0.2125，这说明河北省县域产业承载力总体偏低并且县域之间承载力存在较大差距。① 根据《2018年中国县域经济百强研究》，江苏和浙江分别有25、22个县（市）上榜，河北只有2个县（市）上榜。迁安市排在第29位，而三河市则排在57位。除了县域经济发展不强，河北省还存在国家级贫困县，② 其中张家口、承德、保定较为集中。截至2019年1月底，河北仍有28个国家级贫困县（全国共有584个）。由此可见，河北省县域经济发展还存在巨大的发展空间。在县域经济发展方面，河北省可以借助京津冀协同发展战略赋予的机会，通过基础设施提升、县域营商环境完善、招商引资推动产业集聚和园区发展，借助国家乡村振兴战略和精确扶贫战略提升乡村环境和群众经济基础，通过科技农业、创意农业以及"互联网＋"推动农业和其他产业融合发展，通过特色小城镇、特色县城建设推动县域城镇化发展。在财政激励上，河北需要提高县级税收分享比例，需要对在扶贫、京津冀产业承接、高质量招商引资、县域开发区建设等方面做出突出成效的县实施财政奖补措施。

四、加强和京冀对接，将天津打造成为世界级城市

如图3-2所示，可以看出天津市固定资产投资快速增长，GDP也快速增长，而2011年固定资产投资断崖式下降，GDP也飞速下降。2005年滨海新区成为国家级新区，带动了由滨海新区带动的固定资产投资。2005年天津固定资产投资为1516.8亿元，至2015年上升至13065.8亿元，DGP也由2005年3905.64亿元增至2015年16538.19亿元。总体上说，天津在依赖于投资高速增长的过程中，在制造业转型升级、新兴产业培育和发展方面没有跟上步伐。

---

① 吴建民，丁疆辉，王新宇：《县域产业承载力的综合评价与空间格局分析：基于京津冀产业转移视角》，《地理与地理信息科学》2017年第3期，第75~80页。

② 2011年《中国农村扶贫开发纲要》确定河北有22个县属于集中连片特殊困难地区。2012年3月，国务院发布的国家扶贫开发工作重点县名单，全国共665个，其中河北有39个。

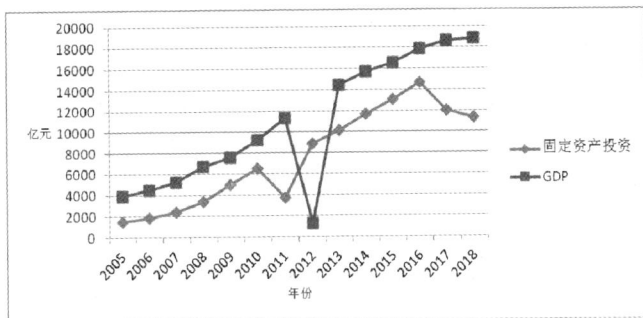

图3-2 天津固定资产投资和GDP：2005—2018

天津要建设全国先进制造研发基地，需要摆脱对传统和低效产业的路径依赖，必须坚持改革引领、创新驱动、智能转型，必须培育壮大新一代信息技术、新材料等十大高端产业集群，并大力推动传统制造业创新能力和智能化升级。天津要建设全国北方国际航运核心区，需要紧紧抓住"一带一路"建设和"京津冀协同发展"战略契机，进一步全面深化改革开放，从天津港和滨海国际机场规划功能布局入手，推动基础设施网络化、智能化，从而大力提升航运枢纽功能，需要在航运核心区制度化建设上不断创新，不断完善通关环境和航运服务水平，不断提升航运产业的国际竞争力。天津要打造金融创新运营示范区，需要充分发挥"金融创新运营示范区＋中国（天津）自由贸易试验区"的复合优势，推动金融体制改革创新，明确了金融创新运营示范区在区域协同中地位，尤其需要和北京金融业发展实现错位发展。天津要打造成为改革开放先行区，需要进一步优化党政机构设置，在简政放权方面有突破性变革，需要强化廉政建设和主体责任，并在政商关系方面有突破性变革，需要大力营造经商环境并推动民营经济发展，需要充分利用沿海和北方国际航运核心区优势，在进一步开放方面取得突破性进展。

2006年通过的《天津市城市总体规划（2005年—2020年)》提出了"双城双港，相向拓展，一轴两带，南北生态"① 城市规划理念。在《北京城市总体

---

① "双城"是指天津市中心城区和滨海新区核心区，"双港"是指天津港和天津南港；"南北"指市中北部及南部，"北端"是指蓟县北部山地丘陵地带；"一轴"是指"京滨综合发展轴"，依次连接武清区、中心城区、海河中游地区和滨海新区核心区，有效聚集先进生产要素，承载高端生产和服务职能，实现与北京的战略对接；"两带"是指"东部滨海发展带"和"西部城镇发展带"。

规划（2016 年—2035 年）》和《河北雄安新区规划纲要》相继出台的背景下，天津市需要根据京津冀协同发展需要重新编制城市总体规划。2017 年 8 月天津完成了《天津市地下空间开发利用总体规划（2017—2030 年）》，确立了"一主五副、网络共享"① 总体格局，并将地下空间划分为核心建设区、重点建设区以及一般建设区。②

---

① "一主"是指小白楼文化中心地区。"五副"是指天钢柳林地区、西站地区、侯台地区、津滨地区及北部地区公共副中心。

② 核心建设区包括中心城区和滨海新区核心区。重点建设区包括 7 个辅城与 7 个功能组团。辅城分别为西青城区、津南城区、武清城区、宝坻城区、宁河城区、静海城区和蓟州城区；功能组团分别为京津科技城组团、未来科技城组团、东丽湖组团、北辰产业组团、子牙组团、京津新城组团、州河产业组团。一般建设区为天津城乡居民点体系中的"小城镇"。

第四章

京津冀创新共同体和协同创新

第一节 京津冀创新资源分布情况

一、北京创新资源分布情况

2010 年北京拥有 175 所高校，2014 年北京拥有 177 所高校，2016 年北京拥有高校总数 91 所，其中本科大学 66 所，高职专科 25 所，民办 15 所。2017 年，中国以中国社会科学院研究生院为基础形成中国社会科学院大学。这样，2017 年，北京拥有高校总数为 92 所。其中 211 大学 26 所，985 大学 8 所。北京"985 工程院校"拥有量占全国拥有数的 20.5%，"211 工程院校"拥有数占全国的 22.8%。在 2017 年"双一流"高校建设名单中，北京有 33 所学校入围，162 个学科入选，占全国总入选学科的 34.8%。8 所"985 工程院校"全部入围一流大学高校建设名单 A 类，其中，北京大学、清华大学作为中国顶尖的名牌大学，一流学科数总计达到了 75 个。

截至 2016 年年底，北京拥有 79 个国家重点实验室，数量在全国排名第一，比排名第二的上海多出 47 个。其中清华大学、北京大学、中国医学科学院北京协和医学院、北京师范大学、北京航空航天大学、北京科技大学、北京化工大学、北京邮电大学分别有 10、8、5、4、2、2、2、2 个。2011 年至 2017 年北京拥有高新企业数量分别为 7663、9049、9316、10104、12388、15900、20000 家。2017 年北京拥有科技型企业 50 万家，独角兽企业 67 家。截至 2014 年年底，北京拥有博物馆 171 家，公共图书馆 25 个，拥有医院总数 672 个，疾病预防控制中心 32 个。截至 2016 年年底，北京累计吸引"千人计划"人才 1653 位，占全国四分之一，"科技新星"青年科技人才 2275 人，拥有在京两院院士占全国总量的47%。截至2017年5月，北京市经认定的国家高新技术企业16000家，占全国总数近16%。全市科技型企业总数达44万家，科技创新对经济增长的贡献率超过60%。

2012至2016年，北京投入研究与试验发展（R&D）经费分别为1063.4亿、1185.0亿、1268.8亿、1384.0亿、1484.6亿元。2012年北京投入研究与试验发展（R&D）经费总数全国排第三，低于广东和江苏，2016年R&D经费总数排在第四，在广东、江苏和山东之后。在经费投入强度（与地区生产总值之比）方面，北京自2012至2016年一直排在全国第一名，2012年至2016年经费投入强度分别为5.95%、6.08%、5.95%、6.01%、5.95%。根据《中国城市科技创新发展报告2017》的排名，北京在中国287个地级及以上城市排名第一。

北京是我国文化创意中心。2004年北京文化创意产业增加值573亿元，至2010年增加到1697.7亿元，2016年北京文化创意产业实现增加值3581.1亿元，规模以上文化创意产业法人单位8033个，从业人员198.1万人，固定资产投资372.1亿元。北京市自2006年起至2010年共认定了30个市级集聚区。如表4-1所示，通州区2个，丰台区2个，海淀区3个，朝阳区8个，西城区2个，石景山区2个，其余区县均有1个集聚区。从主导产业集聚看，文化旅游和设计创意各8个，文化艺术7个，广播影视3个，出版发行和会展各1个，动漫游戏2个。

表4-1 北京市文化创意集聚区分布

中心城区	中心城区外围	邻近高新技术产业园	郊县
中关村科技园雍和园区、前门传统文化产业集聚区、北京DRC设计创新产业基地、琉璃厂历史文化创意产业园、北京音乐创意产业园	古玩艺术品交易园、北京798艺术区、北京CRD国际传媒产业集聚区、惠通时代广场、北京时尚设计广场、北京欢乐谷生态文化园、北京大红门服装服饰创意产业集聚区、首钢三通厂中国动漫游戏城、北京奥林匹克公园、卢沟桥文化创意产业集聚区	中关村创意产业先导区、中关村软件园、清华科技园、北京数字娱乐示范基地	国家新媒体产业基地、中国影视基地、通州宋庄原创艺术和卡通产业集聚区、中国欢乐—首都音乐文化创意产业集聚区、国展产业园、北京出版发行物流中心、北京历史文化旅游集聚区、八达岭长城文化旅游产业集聚区、北京古北口国际旅游休闲产业集聚区、门头沟斋堂古村落古道文化旅游区、十三陵文化创意集聚区

资料来源：根据北京市产业文化创意集聚区认定整理所得。

二、天津创新资源分布情况

天津拥有 19 所本科院校，其中南开大学和天津大学是 985、211 高校，天津医科大学是省属 211。2018 年天津和中国核能集团签订协议筹建中国核工业大学。2017 年公布的"双一流"名单中，天津有 5 所高校入围。其中，南开大学和天津大学入围世界一流大学建设名单 A 类，天津工业大学、天津医科大学、天津中医药大学入围世界一流学科建设名单。南开大学的世界史、数学、化学、统计学、材料科学与工程入围一流学科建设名单。天津大学的化学、材料科学与工程、化学工程与技术、管理科学与工程入围一流学科建设名单。天津工业大学的纺织科学与工程、天津医科大学的临床医学（自定）、天津中医药大学的中药学入围一流学科建设名单。天津拥有中国医学科学院生物医学工程研究所、天津钢铁研究所、天津地质研究院、天津水利水电勘测设计研究院科学研究所、天津电气传动设计研究所等国家级研究所。

截至 2016 年年底，天津拥有 6 个国家重点实验室，其中天津大学 4 个，南开大学 2 个。截至 2016 年 2 月，在津两院院士人数为 36 名，国家级"千人计划"人才 140 名，国家杰出青年科学基金获得者 75 名。

2012 至 2016 年，天津投入研究与试验发展（R&D）经费分别为 360.5 亿、428.1 亿、464.7 亿、510.2 亿、537.3 亿元。2012 至 2016 年天津经费投入强度分别为 2.8%、2.98%、2.96%、3.08%、3.0%。2015 年全市文化产业增加值达到 784 亿元，比 2010 年增加 480 亿元。天津拥有国家动漫产业综合示范园、中国天津 3D 影视创意园区、国家影视网络动漫实验园、国家影视网络动漫研究院、国家级文化和科技融合示范基地、天津国家数字出版基地等八家国家级文化创意产业园区。截至 2017 年年底，天津艺术表演团体 84 个，文化馆 19 个，博物馆 65 个，拥有医院、卫生院 573 个。根据《中国城市科技创新发展报告 2017》的排名，天津排名第六。

三、河北创新资源分布情况

截至 2018 年年底，河北有本科院校 44 所，专科院校 63 所。河北工业大学是河北唯一 211 工程高校，坐落在天津。华北电力大学（保定）、河北工业大学的电气工程（自定）都入围世界一流学科建设名单。河北拥有华北石油管理局采油工艺研究所、华北油田井下工艺研究所、华北石油管理局橡胶制品暨防腐技术研究所、煤炭科学研究总院唐山分院选煤研究所、煤炭科学研究总院唐山分院矿山测量研究所、煤炭科学研究总院唐山分院选煤研究所、华北石油管理局油建一公司施工技术研究所、河北省张家口煤矿机械研究所等国家级研究所。截至 2017 年 9 月，河北省有 218 家院士工作站，合作院士达 520 多人次。

2012 年至 2016 年河北省投入研究与试验发展（R&D）经费分别为 245.8、282.5、314.2、352.1、383.4 亿元。经费投入强度（与地区生产总值之比）为 0.92%，2016 年这一数据增至 1.20%。2016 年河北省石家庄、唐山、秦皇岛、邯郸、邢台、保定、张家口、承德、沧州、廊坊、衡水研究与试验发展（R&D）经费分别是 107.5、68.7、15.4、32.6、19.5、66.2、5.5、7.8、18.1、28.5、10.5 亿元。其中，投入最多的三个城市是石家庄、唐山、保定。衡水、张家口投入不足 10 亿元。邯郸、邢台、衡水、承德、沧州、张家口的研究与试验发展（R&D）经费投入强度不足 1%。

2015 年河北省文化产业增加值达到 960.36 亿元。河北拥有中国曲阳雕塑文化产业园区 1 家，拥有河北省吴桥杂技文化经营集团公司、河北易水砚有限责任公司、曲阳宏州大理石厂工艺品有限公司、衡水习三内画艺术有限公司、河北金音乐器制造有限公司、大厂评剧歌舞团演艺有限责任公司、张家口市蔚县圆通文化创意有限责任公司、金大陆展览装饰有限公司、承德鼎盛文化产业投资有限公司、河北野三坡神悦文化传播有限公司、河北乐海乐器有限公司、河北省曲阳县荣杰雕刻石材有限公司 12 家国家级文化产业示范基地。另有 30 家省级文化产业示范园或基地。2017 年年底，互联网宽带接入端口总数达 4126.9 万个，互联网宽带接入端口总数达 4126.9 万个，河北省光纤宽带用户达到 1785.5 万户，这三项数据都居全国第 7 位。截至 2017 年年底，全省网民达 4183 万人，普及率达 56%。

四、京津冀创新资源整体分布特征

从创新资源看，京津冀是我国高校、国家实验室、科研院所集中分布地区。区域内信息基础完善，互联网普及率高。区域内历史文化资源丰富，文化创意资源丰富。作为我国协同创新示范区，京津冀在协同创新方面出台了一系列政策，推动了各种协同创新基地、示范区、园区的建立，初步形成了一定的协同创新机制体制。区域内创新创业意识不断加强，培育了一批创新型企业。但是，区域内创新资源分布并不均衡，北京创新资源远优于天津，天津远优于河北。创新资源从北京、天津流入河北多，从河北流入北京和天津少，资源流动具有不对称的特征。河北内部创新资源分布也不均衡，邯郸、邢台、衡水、承德、沧州、张家口的高校和科研院所等创新资源稀缺。区域内创新资源呈"总体丰富、局部稀缺、中心密集、周围分散"① 的特征。在行政效能方面，河北的政府行政体系效率及政府官员的专业能力和政策执行能力，与北京和天津相比，存在比较突出的"断层式"差距。② 有学者测算了 2004 年至 2013 年京津冀协同创新系统的有序度，得到北京、天津和河北三个子创新系统的有序代的均值分别为 0. 6067、0. 4418、0. 3235，说明三个子系统有序化发展不协调，发展水平不同步。③

第二节　京津冀协同创新共同体

一、创新共同体要素构成和相互之间的关系

2008 年美国大学科技园区协会组织发布了《空间力量：建设美国创新共同体体系的国家战略》，提出了"创新共同体"的理念和组织形式。美国创新共同体建设计划是由联邦政府主导，地方政府主要是在土地资源、基础设施和公共服务等方面提供协助和支持。其主体主要包括科技园区、高校、联邦政府建立的实验室、私营研发企业。美国北卡三角园是具有代表性的科技园区之一，它由科研三角基金会负责园区建设和规划。科研三角基金会是由政府、学校、企业等各方代表 11 人组成，科研三角基金会无权对园区各单位的内部事务干预。园区内有些研究机构是在政府资助下建立的，如科学和技术研究中心、北卡生物技术中心等。北欧创新组织由北欧部长会议出资并隶属于北欧部长会议。它围绕主导产业及主要问题设立基金，为北欧创新组织筹集资金。北欧创新组织通过发布项目计划、组织申报项目为区域内创新提供支持，通过发布各类研究报告及组织相关会议为其成员提供服务。在项目管理上，同一个项目设计了研

---

① 王峥，龚轶：《京津冀创新共同体：概念、框架与路径》，科学出版社 2018 年版，第 82 页。

② 张杰，郑若愚：《京津冀产业协同发展中的多重困局与改革取向》，《中共中央党校学报》2017 年第 8 期，第 37～48 页。

③ 鲁继通：《京津冀科技创新效应与机制保障研究》，经济管理出版社 2017 年版，第 133～134 页。

究机构和商业企业主导两个模块，针对不同模块设计不同的评审标准和流程。英国知识转移网络的成员来自英国商业界、大学、研究界、技术专家、金融家、政策制定者等，有200多位从事知识转移的人员，管理农业食品、生物技术、环境建设等核心网络。作为英国创新共同体的关键组织者，英国知识转移网络和英国创新署、大学、投资者、企业、欧洲企业网络等有着广泛合作。国外创新共同体主要有四种运行模式①。（1）政府支持机构主导模式。主要由政府出资并由相关代理机构组织和管理的运作模式。参与成员主要包括政府、研究机构、企业等。（2）大学主导模式。主要由大学或大学教授组织并管理的运作模式。大学、研究机构和企业是主要参与成员。（3）商业组织主导模式。主要由商业组织出资和运营的运作模式。大学、研究机构和企业是其主要参与成员。(4)非营利组织主导模式。主要是由非营利组织、政府和商业机构出资并由非营利组织负责运营的运作模式，独立的企业或企业家是主要参与成员。我国经济进入新常态，迫切需要通过协同创新、创新共同体建设来推动区域产业升级以及提升区域经济发展能力。在这种情况下，《长江三角洲城市群发展规划》和《京津冀协同发展规划纲要》都提出了要"建设创新共同体"，推动区域创新协同发展。《推进"一带一路"建设科技创新合作专项规划》也提出了要"建设创新共同体"的目标。

学界将创新共同体看作是有共同、明确的价值观和目标的，是目标和兴趣的共同体②，是有多元参与主体参与的共同体③，是具有网络化结构的共同体，是需要相应的体制机制支撑的共同体。与一般创新合作及创新网络形成不同的是，创新共同体更强调制度基础中软件因素的作用，软件因素即文化习惯和价值观。④

各城市的大学、研究机构、企业、政府甚至个人构成创新共同体的主体。各城市主体基于自愿、市场以及政府力量形成创新共同体中的网络化的结构。各城市相关推动创新共同体形成和发展的规划、行动计划有助于在城市内部丰

---

① 王峥，龚轶：《京津冀创新共同体：概念、框架与路径》，科学出版社2018年版，第15～18页。

② Kilpatrick S, Barrett, JonesT. Defining learning communities [R]. Australian Association for Research in Education, 2003.

③ Lyna L H, Reddy N M, Aram J D. Linking technology and institutions：The innovation community framework [J]. Research Policy, 1996, 25 (1)：91：106.

④ Zukin S, Dimaggio P J. Structures of Capital：The Scoial Organizaiton of Economy [M]. New York：Cambridge University Press, 1990.

富和完善这种网络化的结构。这种网络化的结构在区域协同创新相关协议、区域大数据产业发展计划、区域信息化和大数据协同发展政策推动下嵌入至整个区域，推动区域创新共同体的发展。区域内协同创新机制、创新共同体建设模式的扩散为区域协同创新共同体提供了体制机制支撑。

二、京津冀协同创新共同体基本框架

创新共同体一般由共同价值观和目标、创新资源、参与成员/参与主体、网络结构、运行机制和形成基础构成。① 如图 4-1 所示，在中央和京津冀政府政策推动下，京津冀协同创新共同体基本框架基本形成。

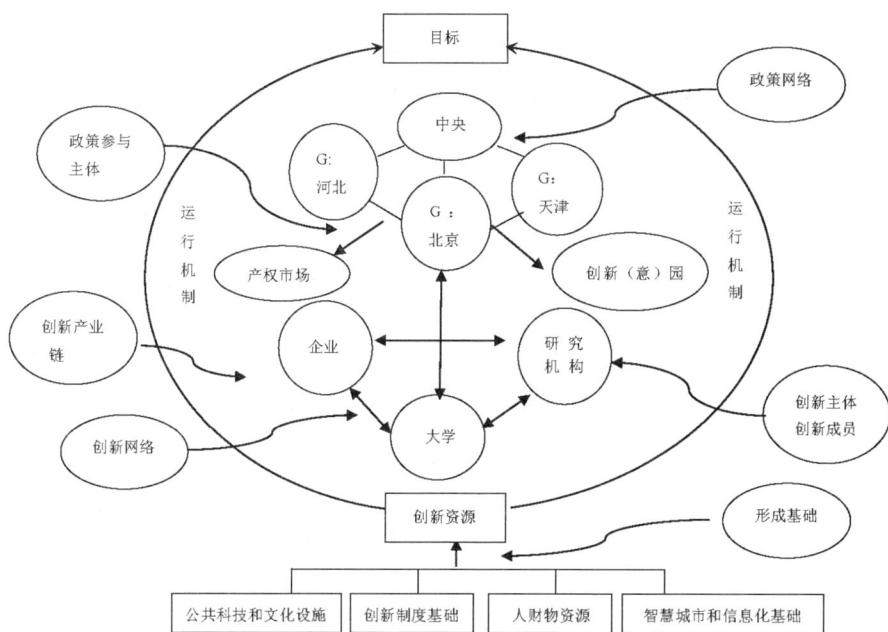

图 4-1 京津冀协同创新共同体基本框架

在中央和三省（市）政府积极推动下，京津冀地区初步达成协同创新目标和共同创新价值观。党的十八大提出了创新驱动发展战略。2016 年 5 月，我国发布的《国家创新驱动发展战略纲要》确定了创新驱动发展的"三步走"战略

① 王峥，龚轶：《京津冀创新共同体：概念、框架与路径》，科学出版社 2018 年版，第 5 页。

目标。①《京津冀协同发展规划纲要》提出了打造"京津冀协同创新共同体"的目标。2014年三地科学技术委员会签订的《京津冀协同创新发展战略研究和基础研究合作框架》就建立京津冀区域协同创新发展战略研究和基础研究长效合作机制方面达成了一定的共识。《"十三五"时期京津冀国民经济和社会发展规划》提出了要将京津冀地区打造成全国创新驱动经济增长新引擎的目标。2016年6月国务院批复的《京津冀系统推进全面创新改革试验方案》，提出要进一步促进京津冀三地创新链、产业链、资金链、政策链深度融合，建立健全区域创新体系，推动形成京津冀协同创新共同体的目标。2017年出台的《文化部"十三五"时期文化发展改革规划》提出要围绕"一带一路"建设、京津冀协同发展、长江经济带建设，加强重点文化产业带建设的目标。

　　政府的行动不仅体现在目标和价值层面，一系列行动方案的实施推动了区域协同创新政策网络的形成，由此也带动了创新网络的发展。随着不同层级行动方案的落地，一系列项目、园区、示范基地开始实施，由此为区域协同创新注入政府资金，并在此基础上推动了市场主体和资金的进入。区域内协同创新主体数量和行为频次不断增加。创新共同体离不开人、财、物等物质资源，离不开公共科技和文化基础设施，离不开创新文化和制度基础。在信息化社会，创新共同体的建设离不开智慧城市和信息化基础。创新资源为创新共同体提供"能量"，是创新共同体得以运行的基本保障，并为吸引多元参与主体参与区域内创新提供支持。创新共同体参与主体包括政府、企业、大学、研究机构、实验室、创新（创意）中介公司、创新风险投资公司、产权交易机构、行业协会等主体。要实现协同创新，创新共同体必须具有网络化的结构，包括政策网络、创新网络等。无论是协同创新本身还是创新共同体的运转都离不开相应的体制机制支撑。

三、京津冀协同创新合作网络演变

　　专利数据是一种关于技术发展和合作的非常有价值的信息资源，本书采用

---

① （1）第一步，到2020年进入创新型国家行列，基本建成中国特色国家创新体系，有力支撑全面建成小康社会目标的实现。（2）第二步，到2030年跻身创新型国家前列，发展驱动力实现根本转换，经济社会发展水平和国际竞争力大幅提升，为建成经济强国和共同富裕社会奠定坚实基础。（3）第三步，到2050年建成世界科技创新强国，成为世界主要科学中心和创新高地，为我国建成富强、民主、文明、和谐的社会主义现代化国家，实现中华民族伟大复兴的中国梦提供强大支撑。2015年政府工作报告中提出了"大众创业，万众创新"的目标。

国家知识产权局联合申请数据并运用社会网络分析法探讨京津冀协同创新合作网络空间演变阶段性特征。如图 4 - 2 所示，2010 年北京和河北 6 个城市之间存在创新合作关系，天津和河北五个城市之间存在创新合作关系，河北保定、唐山成为区域创新合作网络节点城市，张家口、承德、邢台合作创新程度最低，完全游离于区域合作创新网络，河北城市之间合作程度低。如图 4 - 3 所示，2014 年北京、天津、唐山构成区域合作网络中心，北京和区域内 9 个城市有合作，天津和区域内 7 个城市有创新合作关系，唐山和区域内 8 个城市有创新合作关系，廊坊、保定、石家庄为区域创新合作网络节点城市，河北省城市之间合作程度有一定提升。如图 4 - 4 所示，2018 年北京和区域内 10 个城市有创新合作关系，天津和区域内 6 个城市有创新合作关系，唐山、廊坊、保定、石家庄作为区域创新合作网络节点城市，河北省城市之间联系进一步提升，整个网络节点和连边更加丰富。

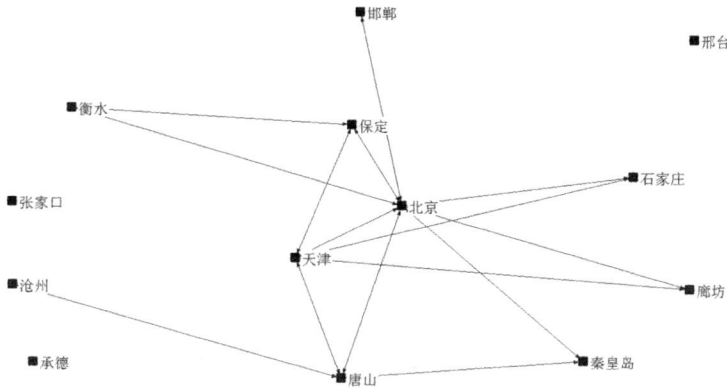

图 4 - 2　京津冀协同创新合作网络：2010 年

图 4 - 5 反映了京津冀地区 2010 至 2013 年合作创新情况，图 4 - 6 反映了京津冀地区 2015 至 2018 年合作创新情况。显然，图 4 - 6 比图 4 - 5 节点和连边丰富得多，区域内聚类板块数更多。北京和天津为"核心板块"，2015 年至 2018 年北京和天津专利合作数为 2275 个，2010 年至 2013 年北京和天津专利合作数 405 个，前者是后者的 5.57 倍。2015 年至 2018 年北京和河北 11 个市专利合作数 789 个，天津和河北省 11 个市专利合作数为 144 个，两者相加不及北京和天津专利合作数的一半。这说明京津冀协同发展战略实施以来北京和天津创新频繁大幅度增加，北京和天津是京津冀地区活跃区域。图 4 - 5 和图 4 - 6

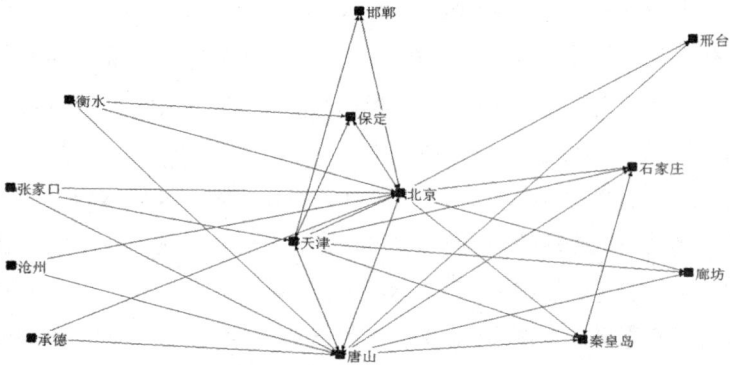

图 4-3　京津冀协同创新合作网络：2014 年

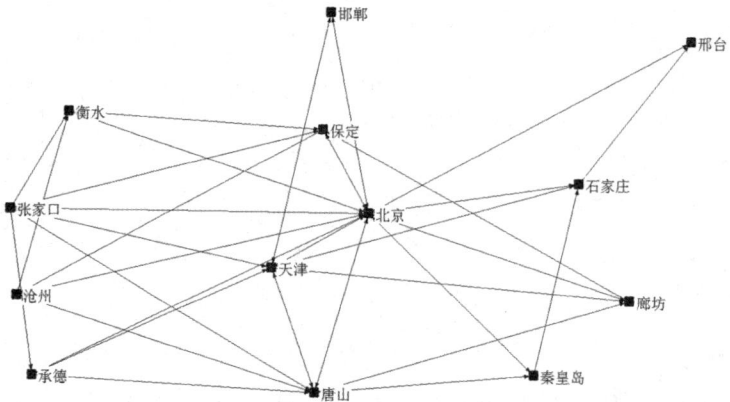

图 4-4　京津冀协同创新合作网络：2018 年

可以看出自 2010 年至 2018 年邯郸、邢台一直属于网络中的"游离"板块，创新合作改进效果不明显。唐山、保定、廊坊、石家庄属于京津冀地区活跃程度第二高的板块。其中，唐山、保定具有和北京、天津一起构成区域内创新合作的四边形结构的趋势。河北省张家口、承德、沧州、秦皇岛、衡水属于区域内创新合作活跃程度第三高的板块，属于"跟随板块"。2010 年至 2013 年京津冀协同创新合作网络平均密度和平均距离分别为 9.64、1.436，而 2015 年至 2018 年京津冀地区协同创新合作网络平均密度和距离分别为 41.82、1.436，两者都有提升。

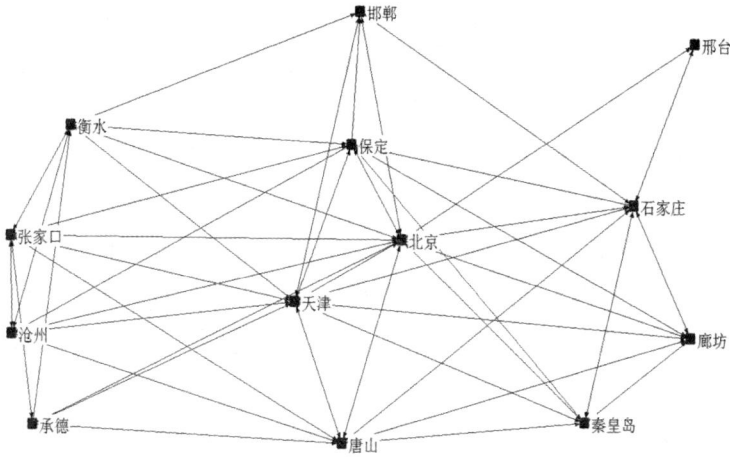

图 4 - 5　京津冀协同创新合作网络：2010 年—2013 年

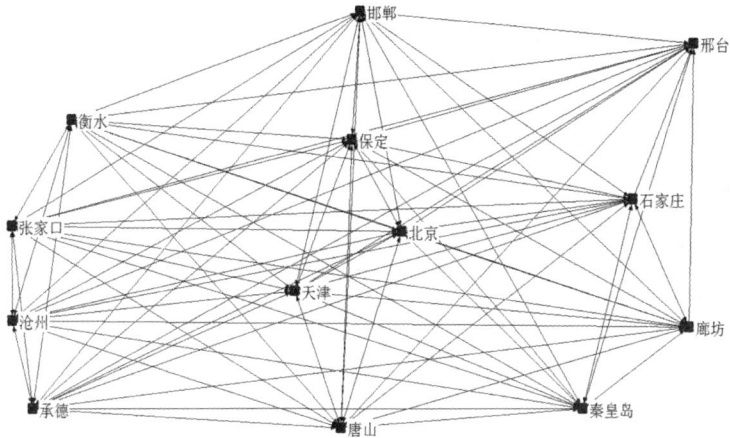

图 4 - 6　京津冀协同创新合作网络：2015 年—2018 年

四、京津冀协同创新共同体行动方案

2015 年国务院通过了《关于在部分区域系统推进全面创新改革试验的总体方案》。《总体方案》提出要从发挥市场和政府作用的有效机制、探索科技和经济深度融合途径、探索深化开放创新的有效模式、探索激发创新者动力和活力的有效举措四个方面进行改革探索。《总体方案》涉及 8 个系统推进全面创新改革试验区域。其中，京津冀是唯一的一个跨省级行政区域试验区。在文化产业协同发展方面，京津冀三地达成一系列方案，包括《京津冀三地文化产业协同发展战略合作备忘录》（2012 年 12 月）、《京津冀三地文化领域协同发展战略框架协议》（2014 年 8 月）、《京津冀文创园区协同发展备忘录》（2015 年 4 月）、《京津冀三地文化产业协会框架合作协议》（2015 年 5 月）、《京津冀文化产业协同发展行动计划》（2017 年 12 月）。其中，《京津冀文化产业协同发展行动计划》提出要建设京津冀文化产业联席会议制度，搭建大数据支撑和微信宣传两个平台，每年组织开展京津冀文化产业协同发展十项重点活动的行动计划。

2015 年 9 月，北京通过了《北京市科学技术委员会关于建设京津冀协同创新共同体的工作方案（2015—2017）》。《工作方案》把完善协同创新机制、建设协同创新平台、实施协同创新工程作为三大工作任务，提出要建设三类协同创新平台，即资源创新平台、共建创新创业孵化中心、创新攻关平台。《工作方案》提出要实施协同创新四项工程，即高端产业培育工程、传统产业提升工程、生态安全工程和服务民生工程。《北京市"十三五"时期加强全国科技创新中心建设规划》提出到 2020 年初步建成京津冀协同创新共同体，提出要建设京津冀创新共同体，形成区域协同创新中心，提出北京要央地协同共建国家原始创新中心，要全力推动中关村科学城、怀柔科学城、未来科技城建设，要重点部署围绕信息科学、材料科学、生物医学、农业科学、环境科学、能源科学等领域关键问题开展原始创新、集成创新和引进消化吸收再创新。2015 年出台的《北京市关于推进文化创意和设计服务与相关产业融合发展行动计划（2015—2020年）》提出了十大融合发展行动，即文化创意产业提质行动、数字内容产业提速行动、旅游文化内涵开发行动、教育服务业态培育行动、体育产业空间拓展行动、城市文化品位提升行动、文化金融服务创新行动、商务服务业态优化行动、制造业产业链升级行动、现代农业创意增效行动。2016 年 8 月，中关村国家自主创新示范区领导小组发布了《中关村国家自主创新示范区京津冀协同创新共同体建设行动计划（2016—2018 年)》。《行动计划》提出了"六大工程"，即实施政策先行先试工程、实施创新社区共建工程、实施重点园区建设工程、实施新兴产业培育工程、实施京津冀人才圈建设工程、实施金融服务一体化工程。2016 年北京市通过了《北京市人民政府办公厅关于加强首都科技仪器向社会开放的实施意见》。《实施意见》推进了北京科技服务资源向小微企业和创业团队开放。2018 年 2 月，为了强化京津冀协同发展落实工作的要求和推进公共科技服务市场化，北京市对 2014 年通过的《首都科技创新券资金管理办法（试行)》进行修订，发布了《首都科技创新券资金管理办法》。新的《管理办法》将企业范围由中关村国家自主创新示范区内注册扩大到北京地区注册，降低了微小企业获得创新券的门槛，并开展京津冀创新券试点工作。2018 年 8 月，北京、天津和河北共同签署《京津冀创新券合作协议》，这标志着三地创新券正式开始互通互认。首批 753 家合作实验室中，包括北京地区 427 家、天津地区 238 家、河北地区 88 家。2017 年《北京市"十三五"时期文化创意产业发展规划》提出要建设京津冀地区文化产业发展协作区；要有序疏解转移人口聚集较大的文化消费商品市场，加强三地文化产权交易市场的共建；要沿京哈高速以及在建的京秦高速等主要通道，推动创意商品、文化装备制造产品从创意设计到生产制作的产业协同；要在北京市山区、天津市山区、河北省张（家口）承（德）地区率先推进文化旅游市场一体化，打造京津冀文化休闲旅游新板块。北京市 2017 年出台了《北京市推进两化深度融合推动制造业与互联网融合发展行动计划》《北京市深入推进"互联网＋流通"行动实施方案》《北京市加快推进"互联网＋政务服务"工作方案》。

为深入贯彻落实《国务院关于大力推进大众创业万众创新若干政策措施的意见》和《国务院办公厅关于发展众创空间推进大众创新创业的指导意见》等文件精神，2015 年 10 月，北京市出台了《北京市人民政府关于大力推进大众创业万众创新的实施意见》。根据北京市的这一《实施意见》，北京市要在积极构建创新创业服务体系、全面优化创新创业空间布局、着力培育创新创业发展形态、不断完善创新创业保障机制、组织保障机制方面下功夫，推进大众创业万众创新。其中，在空间布局方面，北京要打造高端创新创业核心区①、南北创新创业发展带②、郊区县创新创业特色园区、京津冀协同创新创业体系。为了推动京津冀协同创新，北京将创新创业项目向曹妃甸协同发展示范区、张（家口）承（德）生态功能区、天津滨海—中关村科技园区、新机场临空经济区等区域转移，以创新创业带动战略合作功能区共建。在创新创业发展形态方面，主要有推进众创空间集约发展、推进高精尖领域创新创业、推进科技文化融合创新、国际化发展等形态。在保障机制方面，主要有公平市场竞争机制、政府创新服务机制、科技成果转化机制、财税政策扶植机制。

---

① 以海淀区"一城三街"为主体形成的区域，"一城"是指中关村软件城，"三街"是指以中关村西区为核心建设创新创业孵化一条街、知识产权与标准化一条街和科技金融一条街。

② 以海淀区北部、昌平区南部和顺义区部分区域为重点，大力推进研发服务、信息服务等高端产业创新创业项目，加快战略性前沿技术研发，促进高新技术成果孵化转化，积极建设科技成果交易核心区。

2017 年 11 月，河北省发布了《河北省科学技术厅协同共建工作机制实施办法（试行）》。按照《实施办法》，河北将在"六个着力"方面推进京津冀创新共同体的建设。一是着力完善协同共建机制。二是着力推动雄安新区规划建设，共同打造雄安新区中关村科技园。三是着力打造"一南一北一环"① 三大成果转化战略创新平台。四是着力实施京津冀协同创新重点项目。要主动对接和落实《京津冀环境综合治理重大工程实施方案》和《发挥中关村节能环保技术优势推进京津冀传统产业转型升级工作方案》。五是着力健全技术交易服务网络。尤其是要深化与中国技术交易所、中国国际技术转移中心、天津北方技术交易市场等对接合作，以对接京津为重点大力实施技术转移机构服务能力提升行动。六是着力完善科技金融支撑体系。包括大力发展创业投资和天使投资，加快组建京津冀创投联盟，加大京津冀科技成果转化创业投资基金后期运营资金，建立专利权质押贷款风险补偿机制等支撑体系。2017 年 8 月，河北省出台了《河北·京南国家科技成果转移转化示范区建设实施方案（2017—2020 年）》。《建设实施方案》涉及"一区 11 园"②。《建设实施方案》提出要对接河北协同创新中心、中国国际技术转移中心、中国技术交易所、北京技术交易市场服务平台、中关村技术交易中心、天津北方技术交易市场等，以"互联网＋技术交易"为核心，建设一批线上线下相结合的技术交易市场，做强石家庄、保定等枢纽平台。《建设实施方案》提出要在示范区建立科技金融服务中心，到 2020 年示范区科技信贷规模达到 200 亿元，要推动首期规模 10 亿元的"国投京津冀科技成果转化创业投资基金（有限合伙）"正式运营，要支持每个分园区至少设立 1 支子基金，要在示范区组建"京津冀创投联盟"。《河北省文化产业发展"十三五"规划》提出要建京津冀文化产业协同发展区，重点打造京张文化产业集群、京承文化产业集群、京津廊文化产业集群、京保文化产业集群。

《天津科技创新"十三五"规划》提出要产业技术创新联盟 5 ~ 6 个，跨区域产业技术创新联盟 10 个，市级产业技术创新联盟 80 ~ 100 个，提出要建立加快京津冀全面创新改革试验区建设，要和中关村合作建设天津滨海中关村科技

---

① "一南"是指京南国家科技成果转移转化示范区建设。这是科技部批准的全国首批国家科技成果转移转化示范区。"一北"，即科技冬奥绿色廊道，这是对接国家科技冬奥（2022）行动计划。"一环"，即环首都现代农业科示范带。

② 包括石家庄国家高新区、保定国家高新区、固安高新区、白洋淀科技城、亦庄·永清高新区、霸州经济开发区、长城汽车科技园、高碑店国际创新园、涿州国家农业科技园区、任丘经济开发区、衡水高新区等。

园、宝坻京津中关村科技城和武清、北辰、东丽创新社区，要推进静海、蓟州、宁河等其他区科技园区建设园区协同创新共同体，依托重点学科和优势技术领域的高校、科研院所，创新体制机制，建设跨学科跨领域协同创新研究中心，要加快京津冀企业、科研机构建立一批高水平的京津冀产业技术创新联盟，要建设大型科学仪器设备设施协作共用网，共建国家科技资源服务业基地，要探索设立京津冀基础研究合作专项，要推动区域间产学研用合作，加快建立促进成果利用、共享与转化的体制机制，要加快建立京津冀区域间创新政策的统筹协调和有效衔接机制。2015 年天津市通过了《天津国家自主创新示范区"一区二十一园"规划方案》。"一区"是指天津国家自主创新示范区，主要包括华苑、北辰、南开、武清、塘沽海洋 5 个科技园。"二十一园"即在各区县、滨海新区有关功能区分别规划建设 21 个分园。2015 年 12 月科技部批复了《天津国家自主创新示范区发展规划纲要（2015—2020 年)》。《规划纲要》提出要重点推动滨海科技园京津合作示范区、滨海—中关村科技园、中关村—武清创新社区、中关村—北辰创新社区、中关村—滨海创新社区、宝坻京津科技园以及津冀天铁循环经济产业园等共建园区和创新社区建设，要共建京津冀科技人才信息共享平台，建立统一的科技资源开放共享数据库和线上仪器设备共享、线上检验检测等网上服务平台，要联合北京和河北科研机构、高等院校、龙头企业、重点实验室、工程技术研究中心、孵化器、产业技术研究院等机构，建设科研机构和科技设施开放共享试点，要推动建立跨区域产业技术联盟，要推动成立京津冀环境污染控制协同创新中心。

在智慧城市建设方面，北京 2012 年就通过了《智慧北京行动纲要》。《纲要》提出了城市智能运行行动计划、市民数字生活行动计划、企业网络运营行动计划、政府整合服务行动计划、信息基础设施提升行动计划、智慧共用平台建设行动计划、应用与产业对接行动计划、发展环境创新行动计划。2016 年 8月，北京市发布了《北京市大数据和云计算发展行动计划（2016—2020)》。《行动计划》提出了夯实大数据和云计算发展基础、推动公共大数据融合开放、深化大数据和云计算创新应用、强化大数据和云计算安全保障四大核心任务。在夯实大数据和云计算发展基础方面重点建设"两网、三平台、一中心"①。在

---

① "两网"是指要建设高速宽带网络，积极发展移动互联网和 4G、5G 等新一代移动通信基础设施和建成政务物联数据专网。"三平台"指全市统一的基础公共云平台、大数据和云计算协同创新平台、大数据和云计算创新创业服务平台。"一中心"是指建设大数据交易汇聚中心。

推动公共大数据融合开放方面，要建立北京市数据管理中心，建立市级大数据管理平台，建设公共数据开放平台，推动重点领域大数据汇聚融合，推动市级公共大数据汇聚中心建设，要完善数据融合共享机制，要建立公共数据资源开放共享清单，要制订公共数据开放计划，要引导社会主体主动开放数据。在深化大数据和云计算创新应用方面，要发展政府决策大数据，发展市场监管大数据，发展交通管理大数据，发展工业大数据，发展农业大数据，发展服务业大数据，发展市民服务大数据，发展医疗健康大数据，发展教育大数据，发展旅游文化大数据，发展社会保障大数据。要创建京津冀综合试验区，要建立大数据一体化协同发展格局，要深化京津冀大数据产业对外开放。在强化大数据和云计算安全保障方面，要建立健全信息安全保障机制，提高重点领域安全防护水平，建立网络安全态势感知系统，推进网络风险信息共享，提高重大风险识别处理能力，加强涉密重点信息保护。在住建部组织的智慧城市试点第一二批名单中，有北京市东城区、朝阳区、未来科技城、丽泽商务区、北京经济技术开发区房山区长阳镇。

天津市通过了《关于大力发展智能科技产业推动智能经济发展建设智能社会的实施意见》《关于促进我市信息消费扩大内需的实施意见》《天津市新一代信息服务产业发展行动方案（2014—2016 年）》《"宽带天津"实施方案(2014—2016 年)》《天津市推进智慧城市建设行动计划（2015—2017 年）》《天津市智慧城市专项行动计划》《天津大数据产业发展和网信军民融合配套政策及实施细则》等一系列方案。根据《天津市智慧城市专项行动计划》，到 2025 年，基本完成"智慧天津"建设，要建成安全高效的现代化基础设施体系，要建成智能惠民的智慧化应用体系，建成开放共享的数据资源体系，要建成创新发展的信息技术产业体系，要建成可信可控的信息安全体系。《专项行动计划》提出了 11 项重点工程，包括智慧政务工程、智慧社保工程、智慧教育工程、智慧医疗工程、智慧环保工程、智慧气象工程、智慧交通工程、智能制造工程、智慧金融工程、智慧物流工程、智慧电子商务工程。在住建部组织的智慧城市试点第一二批名单中，有天津津南新区、天津市生态城、武清、河西区。

2016 年通过的《天津市关于积极推进"互联网＋"行动的实施意见》，提出要将"互联网＋"和大众创业万众创新、智慧城市管理、产业转型升级、民生便捷服务、创新政务等重点任务相结合。2018 年通过的《天津市人民政府关于深化"互联网＋先进制造业"发展工业互联网的实施意见》，提出了信息基础设施提升改造工程、工业互联网平台培育工程、平台应用推广工程、产业发展提升工程、融合创新应用工程、创新引领示范工程、安全保障能力工程。在推动互联网和农业发展方面，天津市正在推动"互联网＋"现代农业"三网联动"工程实施方案，正在推进农产品品牌建设实施方案和农产品网络销售全覆盖实施方案，实施天津"三农"大数据建设工程。在《天津市生产服务业发展"十三五"规划》中提出要加快"互联网＋"、新一代移动通信、云计算等新技术在生产性服务业全过程管理的推广应用。2017 年 12 月，天津市出台了《天津市关于强化实施创新驱动发展战略进一步推进大众创业万众创新深入发展的实施意见》。《实施意见》提出要加强京津冀技术市场合作。一是推动国家大院大所、知名高校等携成果在津设立创新研究院、分院、成果转化基地。二是充分发挥国投京津冀科技成果转化创业投资基金（有限合伙）、京津冀产业结构调整引导基金等作用，加大对符合条件的科技成果转化项目分阶段支持力度。《实施意见》提出要推动中心商务区和滨海高新区国家双创示范基地建设，要培育推介一批返乡下乡人员创业创新园区（基地），要支持高校和科研院所建立集群思、汇众智、解难题的众创空间，要鼓励龙头骨干企业、科研院所、高校等围绕优势细分领域建设平台型众创空间，要实施科研院所创新创业共享行动，组织大院大所走进自创区、自贸区，加强院所与企业对接合作，要促进各类创新创业企业平台建设，要搭建创新创业活动平台。《实施意见》提出要强化普惠金融服务，拓展多元化投融资渠道，要加大创业投资力度，要促进实体经济转型升级。

河北省出台了《河北省信息化发展"十三五"规划》《河北省大数据产业创新发展三年行动计划》等政策推动信息和大数据产业发展。《河北省大数据产业创新发展三年行动计划》，提出雄安新区要建设成为研发和智能新区，张家口要建设成为云计算产业基础，廊坊要建设成为大数据创新应用示范基地，承德要建设成为旅游大数据产业示范区，秦皇岛要建设成为大健康大数据产业示范区，石家庄要建设成为大数据应用示范区。在住建部组织的智慧城市试点第一二批名单中，河北省有石家庄市、秦皇岛市、廊坊市、邯郸市、迁安市、北戴河新区、唐山市曹妃甸区、唐山市滦南县、保定市博野县。石家庄 2017 年 5 月出台了《石家庄市推进智慧城市建设行动计划（2017—2019 年)》。《行动计划》提出到 2019 年年底，要建成"一云一网一图一库"① 的架构，要建成智能便捷的医疗、教育、交通、养老等民生服务体系，要建成覆盖全市 13 万家企业和1050 万自然人的信用信息数据库和社会信用信息系统，要基本形成基于大数据

---

① 指智慧城市云数据中心、政务和政法网、智慧城市时空信息图、智慧城市基础数据库。

的监测预警和决策支撑体系，要形成先进制造业与现代服务业共同主导、传统产业与新兴产业双轮驱动、一二三产业融合发展的新格局。在推动互联网＋创新中，河北省出台了《河北省人民政府关于加快推进"互联网＋政务服务"工作的实施意见》（2017）、《河北省人民政府办公厅关于推进"互联网＋"现代农业行动的实施意见》（2017）、《河北省人民政府关于推动互联网与先进制造业深度融合加快发展工业互联网的实施意见》（2018）。2017年10月，河北省出台了《关于强化实施创新驱动发展战略进一步推进大众创业万众创新深入发展的实施意见》，提出要破除科技成果转移转化制度障碍、拓展创新创业融资渠道、促进实体经济转型升级、激发人才创新创业活力、创新政府管理方式和营造创新创业良好氛围。

2016年12月22日，京津冀大数据综合试验区建设正式启动。包括北京—京津冀大数据核心示范区、天津—京津冀大数据综合示范区、张家口—京津冀大数据新能源示范区、廊坊—京津冀物流金融大数据示范区、承德—京津冀旅游大数据示范区、秦皇岛—京津冀健康大数据示范区、石家庄—京津冀大数据应用示范区。根据2017年通过的《京津冀大数据综合试验区建设方案》，三地要在公共基础信息共建共享、统一的公共数据共享和开放平台体系、数据资源的统筹利用、数据中心整合利用、大数据创新应用探索、大数据产业聚焦实验探索、大数据交易流通实验探索、大数据国际交流合作试验探索等方面展开合作。在协同创新方面，京津冀在航运、交通、气象、惠民、环保、旅游、大健康、教育等方面实施数据协同创新。2016年12月，京津冀大数据产业协同创新平台正式成立。2017年8月，按照京津冀大数据综合试验区建设方案总体要求，京津冀大数据协同处理中心在国家超级计算天津中心正式启动建设。天津超算中心与中石油东方物探、中国恩菲、天津港、河钢集团、华大基因、中国医促会、国研智库、天科院、航天云网、北京大学、天津大学、天津麒麟公司分别签订大数据协同创新、产业应用方面的深入合作协议。

五、京津冀协同创新共同体运行机制和建设模式

创新驱动包括外部驱动力和内部驱动力。外部技术溢出、外部创新主体介入、外部创新文化介入、外部竞争环境构成创新的外部驱动力。内部驱动力包括市场需求驱动、技术发展驱动、政策驱动和企业家精神驱动。

（一）运行机制

（1）政策互动机制。从专项政策的角度，在创新券互动方面、专业人员职称

方面已经初步达成互认机制，但是高新企业互认备案、科技成果处置收益统一化、科技成果转化等方面还没建立政策互动机制。《京津冀商标保护区域合作备忘录》就著名商标异地保护、互认商标品牌战略示范企业、加强执法联动配合等达成一致意见。从综合政策的角度说，京津冀作为全国唯一跨省级全面创新改革试验区，需要由京津冀协同发展小组组织和出台一个鼓励和支持全面创新改革试验的综合政策。在规划层面，尽管北京有京津冀协同创新共同体的近期规划方案，但是天津、河北还缺乏相应规划，并且三地共同达成的短中长期规划尚有缺乏。

（2）资源"共建共享共分担"机制。目前，京津冀专家库已经开始逐步建立，包括教育督导共享专家库、环境损害司法鉴定机构登记评审专家库、节能技术服务专家库等。北京市科学技术情报研究所、天津市科学技术信息研究所、河北省科学技术情报研究院等机构牵头成立了京津冀科技资源创新服务平台。虽然京津冀三地科技主管部门都设有专门的信息资源中心等科技信息资源数据管理机构，但是由三地统一规划、建设和共享的科技信息资源共享机制仍然缺乏。尤其是缺乏涉及北京、天津、河北 11 个城市和雄安新区在内的科技信息资源共享机制。京津冀重大科技基础设施、实验室共享机制需要进一步完善，同时需要建立重大科技基础设施、检测机构"共建共享共分担"机制。京津冀区域已经形成文化产业园区联盟、环保产业联盟、技术转移协同创新联盟、开发区创新发展联盟、农业科技创新联盟、协同创新联盟、京津冀产权交易联盟等，未来需要进一步发挥区域创新联盟的作用。

（3）市场开放机制。包括科技交易市场、文化交易市场、投融资市场、消费市场。北京拥有产权交易所、技术交易促进中心等交易平台，天津拥有联合交易所、金融资产交易所等交易平台，河北也拥有金融资产交易所、股权交易所等交易平台。2015 年成立了京津冀技术交易河北中心，2017 年 6 月军民两用技术交易中心成立。

（4）组织保障机制。一是要构建由区域相关党政组织领导人员以及相关咨询参谋人员构成的京津冀协同创新领导决策机制，负责区域协同创新规划、行动计划的制订，推动规划和行动计划的执行。二是构建由第三方构成的协同创新评估机制。三是启动京津冀法院联席会议机制，探索区域产权、合同纠纷集中管辖和仲裁的制度。四是优化各协同创新平台横向协作流程和纵向协作流程。五是构建项目成长机制。强化项目负责人和团队之间的责任和权利，优化项目申报、资金管理、成果转化流程，形成项目从种子期到成长期的资金引导体系。推行"一个项目、一位领导、一套班子、一个方案、一抓到底"的项目工作机制，推行针对项目倒排工期、建立台账、责任到人的项目通报机制，推行重点项目专项考核机制。六是构建投融资保障机制。区域政府通过设立的协同创新专项基金，发挥政府种子基金的"杠杆"作用，通过健全知识产权抵押质押登记系统，并给予创新平台企业长期贷款担保、简化手续贷款担保，适当放宽准入条件，鼓励风险投资基金、私募股权基金等风险偏好型投资进入科技和创意产业，鼓励商业银行探索以联保联贷的方式对协同创新项目提供金融支持。七是区域大数据协同和综合利用组织保障机制。

（5）创新扩散机制。一是通过不断的评估和总结协同创新、创新或创新平台（园区）的政策效果，并在此基础上通过政府间的政策取向性学习，建立政府协同创新政策扩散机制。二是通过完善产权、成果转化和交易制度建立创新成果市场化扩散机制。三是通过完善区域内创新创意环境形成创新创意环境友好机制。四是通过搭建良好的区域内创新联盟、创新论坛构建创新扩散的沟通机制。五是构建由商业界、大学和研究界、技术专家、金融专家、政策制定者等构成的知识转移网络推动技术转移和扩散。

（二）建设模式

（1）产业协同创新共同体模式。它是一种强调通过将产、学、研等力量集中于具体产业全产业链进行发展的模式。例如，在河北望都县形成辣椒产业协同创新共同体发展模式。其共同体包括中国园艺学会、中国农科院、河北农业大学、北京市超市协会、河北乾亿食品股份有限公司等 60 余家成员和支持单位。共同体围绕辣椒产业形成集政策、技术、成果转化、金融、销售于一体的全产业链支撑平台。由于需要整合全产业链发展的空间和政策支持，因此需要政府引导区域内以某一产业进行发展，并提供产业及配套政策支持。2018 年 3月，由中国兵工学会牵头河北省保定市科学技术协会、北京理工大学、天津大学、河北大学、中国人民解放军陆军装甲兵学院、中国人民解放军陆军工程大学、中国兵器工业规划研究院、中兵投资管理有限责任公司等 9 家单位成立了京津冀军民融合产业协同创新共同体。

（2）核心园区扩张合作模式。在京津冀地区，中关村无疑是区域内最具竞争力和活力的科技创新园区。它具有三种典型产学研合作模式。① 一是企业、大学、科研院所以具体项目为纽带，或通过技术转让，或通过项目委托，或通

---

① 王晓明：《中关村产学研合作的三种典型模式》，《中国发展观察》2015 年第 4 期，第36 ~ 40 页。

过联合研发而展开合作的模式。二是通过共建科研基地、衍生企业进行合作的模式。三是通过打造产业技术联盟的方式进行合作，包括契约式产业技术联盟和实体产业技术联盟。中关村基于这三种模式摆脱发展空间的束缚，积极和其他地区展开合作。为此，经北京市委市政府同意，中关村成立了中关村协同发展投资有限公司和中关村协同创新母基金。截至 2018 年年底，中关村国家自主创新示范区与津冀共建 11 个协同创新共同体（如表 4 - 2 所示）。

表 4 - 2   中关村国家自主创新示范区与津冀共建的协同创新共同体情况简介

共同体名称	重点发展产业	规模（Km²）	签署时间（年月）	开发主体
宝坻京津中关村科技城	能源互联网、新材料、生物工程、先进装备制造	14.5	2013.11	中关村科技园管委会、宝坻区人民政府
中关村海淀园秦皇岛分园	节能环保、高端制造、生物工程及新医药、电子信息	128	2013.11	中关村科技园区海淀园管委会与秦皇岛经济技术开发区管委会
中关村（曹妃甸）高新技术成果转化基地	海工装备、新能源、高端装备、新材料、海水淡化	0.127	2014.7	中关村科技园管委会与曹妃甸区人民政府
天津滨海中关村科技园	移动互联网、生物医药、集成电路、高端制造业	10.3	2014.8	中关村科技园管委会与滨海新区人民政府
张家口（张北）云计算产业园	云计算、智慧产业	5	2014.8	中关村科技园管委会、北京市经信委与河北省工信厅
中关村丰台园保定满城分园	新能源、新材料、生物制药、高端装备制造、轨道交通	24.37	2014.9	中关村科技园区丰台园管委会与满城区人民政府

续表

共同体名称	重点发展产业	规模（Km²）	签署时间（年月）	开发主体
石家庄（正定）中关村集成电路产业基地	集成电路设计、制造和封装测试及装备制造	30	2014.12	中关村科技园管委会与石家庄市人民政府
中关村昌平园怀来分园	电子信息、生物医药	2	2015.1	北京市昌平区政府与河北怀来县人民政府
保定中关村创新中心	智能电网、智慧能源、新一代信息技术、高端装备研发	0.062	2015.4	中关村科技园管委会与保定市人民政府
京津冀大数据走廊	大数据、节能环保、大健康	5	2015.8	中关村科技园管委会与承德市人民政府
雄安新区中关村科技园	节能环保、智慧城市	待定	2017.12	中关村科技园区管委会与雄安新区管理委员会

资料来源：薄文广，刘阳，李佳宇：《京津冀协同创新共同体发展研究》，《区域经济评论》2019年第3期，第140页。

（3）研究机构构建型。包括大学在内的研究机构通过主动和其他研究机构、企业、政府合作形成创新共同体的模式。例如，由北京大学、南开大学、河北大学联合组建形成了"京津冀信息服务协同创新共同体"。创新共同体在资源共建共享、协同服务创新、专业人才培养等方面展开广泛合作。又如，河北工业大学、天津工业大学、中北大学等大学和唐山建华实业集团、北京天宇航天新材料科技有限公司合作成立了京津冀军民融合石墨烯产业发展联盟。2015年7月，北京大学科技园在石家庄建立了第一个分园。

（4）政府推动型发展模式。主要是通过搭建创新平台、园区、基地的方式建立创新共同体。这些平台建设中，政府需要在总体和专项规划、基础设施建设、组织项目申报和评估、招商引资、行政管理服务等方面扮演重要角色。例如，在环首都现代农业科技示范带建设中，河北省出台了《环首都现代农业科技示范带总体规划》，编制《环首都现代农业科技示范带及农业科技园区建设等专项项目申报指南》并组织项目申报，通过部省会商、省市县联动机制推动示范带和园区建设，通过政府投入、股权投资基金等多元化投资体系推动园区基础设施建设，通过举办河北省现代农业产业洽谈会等招商引资。各市县积极响应示范带和科技园区建设。例如，兴隆县充分利用板栗资源，与北京林业大学、中国农业大学、北京农学院、天津农学院等10余所院校开展"引进示范板栗早熟新品种""极早熟板栗配套有机栽培技术示范"等课题项目合作，将北京市科委立项的燕山板栗节水高效优质栽培技术集成示范项目引入兴隆。

第三节 京津冀协同创新效果

一、初步形成了京津冀区域协同创新的全新格局

在京津冀协同发展战略布局下，三地政府加大对京津冀协同创新共同体支持力度，一大批国家级、省（市）级及其以下共建创新平台形成，并吸引了大量协同创新项目的形成和发展。京津作为区域技术输出集中地，是河北各地级市协同创新最为重要的合作对象，京津成为区域内创新、研发集中地，而河北各地则成为创新制造地、转化地。石家庄、唐山、保定及雄安因为自身具有一定优势的创新资源，可以作为区域创新次中心城市予以发展。通过协同创新中心、院市—院校合作、研发合作体、创新联盟、创新驿站、孵化转化平台等途径，通过相关协同创新规划、政策支持，河北各地级市可以在协同创新过程中学习和提升自己的创新体系。

如表4-3所示，各地借助京津冀协同创新重大平台，结合本地优势开始探索具有自身区域特点的区域创新合作模式，并由此形成区域内创新驱动发展模式，进而寻找自身在京津冀协同创新大格局中的定位。三地科委设立了支持京津冀协同创新项目，并自2015年开始设立基础研究合作专项。主要包括如下四个领域：（1）南水北调对京津冀受水区生态环境影响及调控机制研究；（2）京津冀一体化城际铁路系统发展基础理论与关键技术研究；（3）智能制造；（4）精准医学研究。2015至2017年三地共立项47项，其中"软土地区高铁桥轨系统环境温度效应与安全控制技术研究"已经被应用到2022年冬奥会重大建设工程京张高铁中的官厅水库悬索桥修建。在合作中，三地初步形成了"统一组织、

统一申请、统一评审、统一立项、统一管理成果共享"的"五统一"合作机制。未来，三地还需要将合作领域进一步拓展。

表4-3 京津冀协同创新进展及愿景

地区	地区协同创新进展及愿景描述
京津之间	以滨海—中关村科技园、通武廊一体化、宝坻中关村科技城、京津合作示范区等为基础打造一大批协同创新示范基地和创新平台，在联合创新研发、创新平台资助、创新环境优化建设、创新成果转化、创新主体激励等方面进行全方位合作，形成创新共同体系，谱写京津创新"双城记"。
京津与唐山	北京合作共建了中国科学院唐山高新技术研究与转化中心、北京中关村（曹妃甸）高新技术成果转化基地、京津冀钢铁联盟（迁安）协同创新研究院、唐山领航创业大学等一批高水平的协同创新平台，努力形成"京津创造、唐山制造"协同创新合作模式。
京津与秦皇岛	已经有中关村海滨园秦皇岛分园、北戴河生命健康产业创新示范区等区域性协同创新重大平台，以京津冀协同创新示范区为契机进一步推进秦皇岛（中科院）技术创新成果转化基地、北京大学（秦皇岛）科技产业园等建设成为协同创新园区或协同创新基地建设。
京津与廊坊	以京津冀（廊坊）协同创新创业基地为基础，努力形成"京津研发、廊坊孵化转化产业化"的协同创新合作模式，通过"众创空间—孵化器—加速器—产业园区"全链条体系建设形成区域创新合作链。
京津与保定	以白洋淀科技城、京南科技成果转化实验区、保定·中关村创新中心、石保廊全面创新改革试验区为基础，借助雄安新区所在地优势，通过园区共建、企业联姻、产业联盟等合作方式把保定打造成京津科技成果转化转移承接地和创新改革实验区。
京津与沧州	以京南科技成果转移转化示范区任丘经济开发区建设为契机，通过大学科技园、科技孵化器、院士工作站、技术转移中心、中试基地、成果转化基地等协同创新平台承接京津技术转移，形成"京津研发、沧州转化"的京津冀协同创新合作模式。
京津与承德	以张承生态功能区、承德中关村协同创新共同体示范区等为契机，以"五合一"① 精确对接模式推动区域协同创新发展。

---

① "五合一"精确对接是指对接国家部委、对接京津部门、对接行业协会、对接科研院所、对接龙头企业。

地区	地区协同创新进展及愿景描述
京津与张家口	以张承生态功能区、京张坝上蔬菜生产基地、冬奥会建设为契机，以生态科技协同创新中心、科技和创新农业创新中心，初步形成了"园区承接、孵化培养、合作转化、政策保障"科技成果转化模式。
京津与石家庄	以石家庄（正定）中关村集成电路产业基地、河北·京南国家科技成果转移转化示范区、石家庄市高新技术产品推广应用平台、首都科技条件平台石家庄合作站为基础，通过人才引进、创新链和产业链深度融合将石家庄打造成为京津冀协同创新中心城市。
京津与衡水	以"一枢纽、四个基地"建设为契机，以"三个一百"工程为重点，加快建设集技术交易、孵化转化、公共服务、众创空间于一体的科技成果转化试验区，以"中科院+""院士+""千人计划+""硅谷+"四大协同创新平台为基础，将衡水打造成为京津冀成果集中转化的聚集区。
京津与邢台	以邢台经济技术开发区、邢东新区建设为契机，以通州—邢台产业园、沙河—房山产业园、威县—顺义、巨鹿—昌平等合作经验为基础，通过共建科技园区、创新基地、转化基金、创新平台"四个共建"协同京津联动中原。
京津与邯郸	以邯郸经济技术开发区、冀南新区建设为契机，打造好邯郸市技术交易中心、京津科技成果转化孵化平台、科技成果展示交易中心，努力形成"京津研发、邯郸孵化"的格局，并将京津冀协同创新力辐射到中原城市群。

资料来源：作者根据相关城市协同创新进展及相关政策整理所得。

整体而言，在各级政府协同创新政策支持下，大量京津冀协同创新平台、项目产生，各级地方政府在协同创新整体规划、发展模式方面已经初具形态，初步形成了京津冀区域协同创新的全新格局。

二、区域技术输出和吸纳能力进一步提升

如表4-4所示，京津冀技术输出和技术吸纳能力都在提升。2008年京津冀地区全年共输出技术合同66154项，至2017年的增至97876项，成交额由2008年的1130.42亿元增至2017年的5127.25亿元，技术吸纳合同数由2008年的

45551 项增至 2017 年的 74261 项，技术吸纳成交额由 2008 年的 562.87 亿元增至
2017 年的 2612 亿元。2017 年京津冀地区技术合同输出成交总额占全国技术合同
输出成交额的 39.92%。北京无论是技术输出成交还是技术吸纳成交在全国 31
个省市区排名中都是第 1 名。天津 2008 年技术输出成交和技术吸纳成交全国排
名分别为第 6 和第 7 名，至 2017 年这两项排名分别为第 5 和第 7 名。河北 2008
年技术输出成交和技术吸纳成交排名为第 20 和第 9 名，至 2017 年这两项排名都
是第 8 名。河北无论是输出技术还是吸纳技术在协同战略实施以来，在增幅方
面都有显著提升。在技术输出方面，2016 和 2017 年河北同比增幅分别为
49.22%、50.72%，而在技术吸纳方面，2016 和 2017 年河北同比增幅分别为
52.78%、64.55%。2017 和 2018 年河北吸纳京津技术合同成交额分别为 164、
204 亿元，增幅分别为 55.7%、24.6%。整体上河北技术吸纳增幅快于技术输
出，这也说明京津冀协同发展战略实施以来，河北成为技术吸纳重要地区。根
据北京技术市场统计年报数据，2014 至 2017 年北京流向天津技术合同分别为
1376、1407、1486、1766 项，成交额分别为 20.4、57.6、56.0、49.3 亿元，北
京流向河北技术合同分别为 2099、3699、2362、2880 项，成交额分别为 62.7、
53.9、98.7、154.2 亿元。这说明北京对天津技术输出有升有降，但是对河北技
术输出整体属于大幅度增长。2014 至 2017 年北京流向京冀技术合同成交额增幅
分别为 16.9%、34.1%、38.7%、31.5%，占北京流向外省市技术合同成交额
比重由 2014 年的 4.8% 提升到 2017 年的 8.7%。2014 至 2017 年北京吸纳天津市
技术合同成交额分别为 81.6、97.4、85.9、64.0 亿元，在北京吸纳外省市技术
排名中，天津分别排第三、第三、第三、第四名，河北则一直未进入前十。这
说明，天津对北京技术输出贡献较大，河北对北京技术输出有待提升。

表 4-4 京津冀技术输出和吸纳：2008—2017

年份	技术输出合同数（项）	技术输出成交额（亿元）	技术吸纳合同数（项）	技术吸纳成交额（亿元）
2008	66154	1130.42	45551	562.87
2009	64172	1358.74	45007	669.77
2010	64904	1718.17	46325	730.97
2011	69644	2086.00	49842	922.30
2012	77862	2720.63	58648	1294.39

年份	技术输出合同数 （项）	技术输出成交额 （亿元）	技术吸纳合同数 （项）	技术吸纳成交额 （亿元）
2013	82620	3159.38	62466	1277.95
2014	85463	3554.97	64724	1728.31
2015	88053	3996.86	65568	1623.55
2016	91763	4552.62	72048	2326.73
2017	97876	5127.25	74261	2612.00

资料来源：根据相关年份《全国技术市场统计年度报告》整理所得。

三、区域创新合作增加

2000 年京津冀专利合作频次为 28 次，至 2005 年为 50 次，至 2010 年为 388 次。随着京津冀协同发展战略实施以来，京津冀 13 个城市之间的专利合作有了明显增加。2014 年年初至 2018 年年底，北京和河北 11 个城市专利合作项目共 892 个，其中和北京合作频次排在前四位的城市分别为廊坊、保定、唐山、石家庄，合作数分别为 242、109、102、80 个。同期天津和河北 11 个城市专利合作项目数 191 个，其中和天津专利合作排在前三位的城市为唐山、廊坊、保定。同期北京和天津专利合作数 2515 个。当然，在区域专利合作整体提升的同时，河北和京津两地还存在巨大的合作空间，需要进一步通过体制和机制创新提升创新能力。

第五章

京津冀生态环境协同发展与治理

第一节　京津冀生态环境现状

一、水环境现状及水生态存在问题

（一）三地水资源基本情况

根据 2017 年北京市水资源公报，2012 至 2017 年北京总用水量为 35.9 亿 m^3、36.4 亿 m^3、37.5 亿 m^3、38.2 亿 m^3、38.8 亿 m^3、39.5 亿 m^3，水资源总量分别为 39.5 亿 m^3、36.4 亿 m^3、37.5 亿 m^3、26.7 亿 m^3、35.1m^3、29.7 亿 m^3。北京流域有蓟运河、潮白河、永定河、大清河、北运河。2002 年北京市有 16 座大、中型水库，年末蓄水总量为 14.21 亿 m^3。可利用来水量为 2.14 亿 m^3。2008 年北京市有 18 座大、中型水库，年末蓄水总量为 14.86 亿 m^3，可利用来水量为 7.55 亿 m^3。2017 年北京市有 18 座大、中型水库，年末蓄水总量为 27.75 亿 m^3，可利用来水量为 6.71 亿 m^3。其中，密云水库、官厅水库、怀柔水库、海子水库、十三陵水库库容量为 8000 万 m^3 以上。

从用水结构上看，随着北京市产业结构的变化，北京市工业和农业用水比重不断下降，环境用水所占比重越来越大，生活用水比重也在上升。2002 年北京市总用水量为 34.62 亿 m^3。其中生活用水 10.83 亿 m^3，占总用水量的 31.3%；环境用水 0.80 亿 m^3，占 2.3%；工业用水 7.54 亿 m^3，占 21.8%；农业用水 15.45 亿 m^3，占 44.6%。2012 年北京市总用水量为 35.9 亿 m^3。其中生活用水 16.0 亿 m^3，占总用水量的 44%；环境用水 5.7 亿 m^3，占 16%；工业用水 4.9 亿 m^3，占 14%；农业用水 9.3 亿 m^3，占 26%。2017 年北京市总用水量为 39.5 亿 m^3。其中生活用水 18.3 亿 m^3，占总用水量的 46%；环境用水 12.6

亿 m³，占 32%；工业用水 3.5 亿 m³，占 9%；农业用水 5.1 亿 m³，占 13%。

天津是海河五大支流南运河、北运河、子牙河、大清河、永定河的汇合处和入海口。天津拥有于桥水库、黄岗水库、鸭淀水库、于庄水库、南湖水库、北大港、团泊洼、七里海、潘家口水库等水库。2012 年至 2017 年天津水资源总量分别为 32.9m³、14.6m³、11.3m³、12.8m³、18.9m³、13.0 亿 m³。2014 年天津总供水量为 26.18 亿 m³。其中生产用水 18.42 亿 m³，居民生活用水 3.59 亿 m³，生态环境用水 4.17 亿 m³。生产用水中第一、二、三产业用水分别为 11.66m³、5.67m³、1.09 亿 m³。居民生活用水中城镇和农村居民用水分别为 3.59m³、2.79 亿 m³。2017 年天津市总水量为 28.74 亿 m³。其中，居民生活用水 6.11 亿 m³，工业用水 5.51m³，农业用水 10.72 亿 m³，生态环境补水 0.17 亿 m³。

2012 年河北省水资源总量为 235.53 亿 m³，河北省水资源总量 2017 年为 138.34 亿 m³。河北流域涉及海河系、滦河、辽河、徒骇马颊河等水系。2017 年全省入境水量 35.45 亿 m³。按行政分区，以邯郸市入境水量 22.50 亿 m³ 为最大，占全省入境水量的 63.5%；按流域分区，以海河南系最多，为 32.52 亿 m³，占全省入境水量的 91.7%。入境水量中引黄水量 1.89 亿 m³，引江水量 8.09 亿 m³。全省出境水量 11.33 亿 m³。出境水量中，按行政分区，流入北京市 4.24 亿 m³ 为最大，流入天津市 3.31 亿 m³ 次之，流入两市的水量占全省出境水量的 66.6%。2017 年年末河北省辖 19 座大型水库及 45 座中型水库（其中杨埕水库无监测资料），共蓄水 41.00 亿 m³。2017 年南水北调受水区总用水量为 116.22 亿 m³。

从用水结构上看，河北农业工业用水比重有下降趋势，但是整体比重仍然大。随着城市化进程的推进，城镇生活居民用水在上升。2002 年全省总用水量为 211.39 亿 m³。其中，农田灌溉用水量 153.14 亿 m³，林牧渔业用水量 8.23 亿 m³，国有及规模以上工业（国有工业企业及年销售收入 500 万元以上非国有工业企业）用水量 17.15 亿 m³，规模以下工业（年销售收入 500 万元以下非国有工业企业）用水量 9.63 亿 m³，城镇生活用水量 9.79 亿 m³，农村生活用水量 13.45 亿 m³。2017 年全省总用水量为 181.56 亿 m³，其中农业灌溉用水量 114.31 亿 m³，林牧渔畜用水量 11.78 亿 m³，工业用水量 20.33 亿 m³，城镇公共用水量 5.22 亿 m³，居民生活用水量 21.75 亿 m³，生态环境用水量 8.17 亿 m³，分别占总用水量的 63.0%、6.5%、11.2%、2.8%、12.0%、4.5%。总用水量的耗水量 134.02 亿 m³，耗水率 73.8%。

（二）京津冀水生态问题

1. 水资源供需矛盾突出

京津冀等地人均水资源仅 286m³, 属于极度缺水状态。20 世纪 70 年代，天津遭遇了严重的水荒，为了解决这一问题我国实施了"引滦入津"工程。工程自大黑汀水库开始，通过输水干渠经迁西、遵化进入天津市蓟县于桥水库，再经宝坻区至宜兴埠泵站，年输水量 10 亿 m³, 最大输水能力 60m³/s ~ 100m³/s。为了进一步解决北方缺水问题，我国自 2012 年开始建设"南水北调"工程。南水北调水逐步成为北京和天津供水的主要来源。其中，占北京城区日供水量七成以上，北京市人均水资源量由原来的 100m³ 提升至 150m³。2015 年引黄入冀补淀工程开始动工，缓解河北用水之困。

2. 水污染严重

自 2000 年至 2015 年，海河劣五类水河长占比分别为 57.6%、45.9%、48.7%、56.0%、51.7%、53.7%、54.6%、51.9%、42.8%、51.0%、46.1%、48.0%、44.2%、45.8%。其中，2003 至 2009 年连续七年劣五类水河长占比超过 50%。2011 年劣五类水河长占比虽有下降，但是占比仍接近 50%。根据中国环境保护部发布的 2016 年上半年全国地表水环境质量状况报告，十大流域中只有海河流域属于重度污染。京津冀作为海河流域重要领域水污染严重，治污存在巨大压力。2014 年京津冀劣 V 类水体断面占比超过 40%, 接近全国平均水平的 5 倍。2012 年北京市污水排放总量为 15.20 亿 m³, 污水处理量 12.64 亿 m³。2016 年北京市污水排放总量为 17.0 亿 m³, 污水处理量 15.3 亿 m³。2012 年河北省废污水总排放量 21.94 亿吨。其中，工业废水占 52.7%, 生活污水占 47.3%。

区域内除了上游山区及滦河水系之外，基本没有自然径流，国控断面中劣 V 类断面占到 44.3%, 断面 60% 以上超标；另一方面，上游省市的污染排放直接导致北京市部分水体水质恶化，进而影响到下游天津市与河北省的水环境质量，京津冀的城市地表水和地下水源都受到不同程度的污染。

3. 地下水采超严重

受地表水资源不足的限制，京津冀地下水超采成为区域治理难题。自 1992 年以来，京津冀平原地区地表沉降总体上呈现不断加剧的趋势，截至 2014 年地下水超采区域漏斗已有 20 多个，面积达 7 万平方千米。其中，北京形成了朝阳—通州沉降带和海淀—昌平—顺义沉降带，最大沉降速率达到每年 152 毫米，严重沉降区面积达 433 平方公里。河北形成从北端的廊坊市向西南延伸至高碑店、保定东南一直到南段的邯郸东部的沉降带，最大沉降速率多达 213 毫米/

年，全省严重沉降区面积达 3018 平方公里。2003 年至 2010 年间，天津沉降面积迅速增加，严重沉降区一度达到 2749 平方公里。①

二、大气污染

京津冀大气污染程度高于我国平均水平，属于大气污染严重区域。1961 年至 2013 年年均霾日数为 13 天，至 1982 年达到高峰（20）天，之后略有下降，至 20 世纪 90 年代又快速上升，至 2007 年达到 25 天，之后略有下降，基本维持在每年 18 天左右。其中，北京、天津和河北西南部等地区为霾多发区，年均霾日数超过 30 天。② 如表 5-1 所示，尽管京津冀优良天数比例有较大提升，但是仍和全国平均水平存在较大差距，PM2.5 浓度有下降，但是仍高于全国平均水平。在全国十大空气污染城市中河北经常有六至七个城市占据其中。以 2017 年为例，石家庄、邯郸、邢台、保定、唐山、太原、西安、衡水、郑州和济南市依次为全国空气质量最差的十大城市，其中河北占据了六个。1990 至 2013 年间，京津冀 SO_2 由 1990 年的 148.7 万吨上升到 2005 年的 307.9 万吨，年均增幅为 5%，2005 至 2009 年有下降趋势，至 2009 年下降至 210.2 吨，2009 年排放也缓慢增加，但增幅不显著。NOx 由 1990 年的 73.9 万吨上升至 2012 年的 307 万吨，年均增幅为 12.6%。VOCs 由 1990 年的 75.6 万吨上升到 2012 年的 216.9 万吨，年均增幅为 4.9%。

表 5-1　京津冀优良天气数：2013—2017

年份	优良天数比例（%）				PM2.5 浓度（微克/每立方米）			
	全国	北京	天津	河北	全国	北京	天津	河北
2013	60.5	48.0	39.7	35.3	72.0	89.5	96.0	103
2014	70.1	48.2	47.9	41.6	62.0	85.9	85.8	90.0
2015	76.7	52.1	60.3	52，1	50.0	80.6	70.0	73.4
2016	78.8	56.6	61.8	56.6	47.0	73.0	70.0	70.0
2017	80.0	61.9	57.3	55.3	43.0	58.0	62.0	65.0

数据来源：作者整理所得。

---

① 孙喜保：《地下水长期超采京津冀平原地区地面沉降不断加剧》，《工人日报》2015 年 9 月 17 日。
② 郝吉明：《京津冀大气复合污染防治：联发联控战略及路线图》，科学出版社 2017 年版，第 11~12 页。

京津冀大气污染源包括燃烧源、工业源、移动源、扬尘源、生活源、农业源等。燃烧源来自燃烧排放物，其中燃煤是最大来源。工业源中的化工行业 SO_2 主要集中于天津滨海新区和石家庄，非金属制品 SO_2 排放主要集中于石家庄和邢台排放，唐山和邯郸属于钢铁冶金排放 SO_2 主要集中地。京津冀区域 NOx 污染密度最大的区域主要位于唐山、石家庄、邯郸、天津、保定、廊坊等地区，主要是由当地钢铁、水泥、火电及化工的产业集聚造成的。COD 污染排放密度最高的区域主要位于保定、天津、秦皇岛等地区，其中保定面积最大，污染密度次高的区域主要位于石家庄、保定、秦皇岛、天津、邢台、唐山等城市，主要是由区域内基础化工行业、纺织业、农副产品加工业、造纸业造成的。NH3 - N污染密度最大的区域主要位于天津、承德、石家庄等地区，是基础化工、农副食品加工企业主要集聚区。① 随着京津冀区域内大量机动车船、航空器、农业机械等的大量使用，移动源也是大气污染的重要来源。2012 年京津冀机动车氮氧化物排放量为 68.2 万吨，占三地氮氧化物排放总量的 30%。2014 年天津市环保局发布天津市大气颗粒物污染源解析研究结果：本地 PM2.5、PM10 污染贡献中，扬尘成为首要污染物，分别占 30%、42%。根据环境保护部华北督查中心2013 年进行的专项督查数据，京津冀三地农村人均每年生活煤炭消费量分别是1.04 吨、0.65 吨和 0.69 吨，合计生活煤炭消费量为 3238.57 万吨，其中北京286.38 万吨，天津 172.95 万吨，河北 2779.24 万吨。农业生产如蔬菜大棚、畜禽养殖等煤炭消耗量 985.47 万吨，其中北京 46.59 万吨，天津 45.02 万吨，河北 893.86 万吨。京津冀地区农业源氨排放量每年约为 84.3 万吨，其中农田排放约为 43.4 万吨，养殖业排放为 40.9 万吨。保定、唐山、天津、沧州、邢台氨排放在 5 万至 10 万吨之间，其他地区在 5 万吨以下。②

三、土地环境及存在问题

(一) 土地环境概括

北京、天津、河北土地面积分别为 1.641 万 m^2、1.1946 万 m^2、18.88 万m^2。2017 年北京国有建设用地供应总量 2826.5 公顷。其中，住宅用地 1087 公

---

① 张伟，张杰等：《京津冀工业源大气污染排放空间集聚特征分析》，《城市发展研究》2017 年第 9 期，第 82~85 页。

② 郝吉明：《京津冀大气复合污染防治：联发联控战略及路线图》，科学出版社 2017 年版，第 331 页。

顷（其中保障性安居工程用地366公顷），工矿仓储用地132.6公顷，商服用地254公顷，基础设施等其他用地1353公顷。2016年年末，北京拥有耕地21.6万公顷，相比于2000年32.9公顷下降了11.3万公顷。北京山区面积10,072平方公里。根据2010年天津土地变更调查数据，天津市农用地面积71.53万公顷，其中耕地面积44.37万顷，建设用地38.82万公顷。截至2017年年末，河北共有农用地1306.44万公顷，其中耕地651.89万公顷，园地83.23万公顷，林地459.64万公顷，牧草地40.10万公顷；建设用地224.16万公顷，含城镇村及工矿用地193.80万公顷。

（二）京津冀土地利用存在问题

1. 地质问题

京津冀平原区有1144万亩土地存在不同类型、不同程度的环境地质问题，有534万亩存在地裂缝高易发、水土污染严重、地面塌陷易发、湿地萎缩、盐碱化、沙化等环境地质问题，存在6.4万平方公里累计沉降量大于200毫米的地区，存在1.15万平方公里沉降速率大于50毫米/年的地区，分布有长度大于1公里的地裂缝72条，区域内分布的31条主要活动断裂带所涉及的地壳相对不稳定区范围约占京津冀总面积的15%。这些地质严重影响了区域内重大工程规划和建设、土地农业和建设利用。

2. 土壤污染

京津冀人均土地资源有限，存在大量的工矿企业，土地污染问题突出。随着疏解北京非首都功能一系列举措的实施，北京的一些高耗能企业迁往河北或者天津，河北和天津土壤污染压力不断加大。截至2016年12月，河北污染场地数量最多，占京津冀地区污染场地项目53%；而北京和天津基本持平，占21%和26%。根据学者研究，北京市土壤环境污染元素主要是Hg、As、Cd、Cu和Ph，城中心污染面积最大，为轻度污染和中度污染。天津城区周边土壤环境质量为轻度、中度和重度污染，存在多种重金属元素复合污染，其中Cd污染最严重。蓟州区南土壤环境质量为轻度、中度和重度污染，污染元素为Ph、Cd、Zn、Cu和Hg，造成土壤中度污染的元素为Zn、Cu和Hg，造成土壤重度污染的元素为Cd。河北省轻度污染土壤主要分布在冀东北部地区，冀南平原区低洼地和大中城镇周边。其中冀东北部地区轻度污染土壤分布在整个遵化盆地、唐山铁矿集区、秦皇岛西部（昌黎县、卢龙县、抚宁区）及唐海县，主要污染元素为Cd、Cr、Cu和NiO，Cu、Cr、Ni污染元素主要集中在卢龙、抚宁、昌黎3个县交界处的局部和北部区域，遵化盆地土壤污染元素为 Ni 和 Cr。①

3. 水土流失和毁损

水土流失主要发生在京津冀区域的西部和北部地区。根据第一次水利普查数据，区域内沙地流失面积达 50534 平方公里，其中河北流失面积为 47096 平方公里，占区域流失总面积的 93.2%，北京和天津流失面积分别占区域流失总面积的 6.34%、0.47%。区域内水力侵蚀是水土流失的主要类型。除了水土流失，区域内土地存在因地质、矿山开采而毁损问题。

四、京津冀沙化和绿化环境

20 世纪 50 至 60 年代至 70 年代末，我国三北地区沙化土地每年扩展 1560 平方千米，而 20 世纪 70 年代至 80 年代沙化土地每年扩展 2100 平方米。由此导致沙尘天气出现频次越来越频繁，严重影响了京津冀及周边地区的生态环境，给人们生产和生活带来巨大影响。同时，沙化会导致土地生产力衰退。针对这种局面，我国开始实施"三北工程建设"项目。项目计划 1978 年开始到 2050 年结束，历时 73 年，分 3 个阶段 8 期工程进行。至 2018 年累计完成造林面积 4614 万公顷。2000 年 6 月，国家启动京津风沙源治理工程。北京市该工程项目建设范围主要包括平谷区、怀柔区、昌平区、门头沟区等。河北省工程主要涉及张家口、承德两市。天津主要涉及范围包括蓟县、宝坻、武清三地。

2005 年北京绿化覆盖率为 35.9%，至 2015 年年底北京市森林覆盖率提高到 41.6%，林木绿化率达 59%。2016 年森林面积为 756000 公顷，湿地面积 51434 公顷。河北省地处暖温带与湿地的交接区，植被结构复杂，种类繁多。其中蕨类植物 21 科，占全国的 40.4%；裸子植物 7 科，占全国的 70%；被子植物 144 科，占全国的 49.5%。至 2012 年，河北全省有林地面积已经达到 7400 万亩，森林覆盖率达到 26%，2017 河北森林覆盖率将达 33%。截至 2017 年 6 月，湿地公园数量达 52 处。2015 年年底天津森林覆盖率为 9.87%，森林面积为 11.16 万公顷。

五、京津冀矿产和海洋资源

京津冀煤炭、铁矿、海盐、石油、建材等储量非常丰富。海底还有石油、

---

① 郭莉：《京津冀平原区土壤环境质量和土地资源分布特征》，《城市地质》2017 年第 12 期，第 63 页。

天然气、煤、铁、铜、硫和金等矿物，藏量也相当丰富。河北大陆海岸线长 487 公里，管辖海域 7200 多平方公里，分别约占全国的 3% 和 2%，在沿海 11 个省区市中排名第 9 位。河北有菩提岛、龙岛等砂质无居民海岛，海岛陆域面积 36 平方公里。河北拥有 3 个沿海市和 11 个沿海县（市、区）、7 个经济开发区，有秦皇岛山海关、港城、滨海及昌黎黄金海岸和唐山湾"三岛"等风景区，有曹妃甸等优良港址资源，有 15 万公顷滩涂和盐碱地。天津海岸线位于渤海西部海域，南起歧口，北至涧河口，长达 153 公里。有滩涂资源、海洋生物资源、海水资源、海洋油气资源。滩涂面积约 370 多平方公里，已开发利用。海洋生物资源，主要是浮游生物、游泳生物、底栖生物和潮间带生物。海水成盐量高，自古以来就是著名的盐产地，拥有中国最大的盐场。

六、京津冀固体废物产生及处理情况

2012 年京津冀区域生活垃圾清运量为 1411.5 亿吨，其中北京、天津和河北分别为 648 亿吨、185.5 亿吨、577.4 亿吨。2012 年京津冀区域工业固体废物产生量为 4.85 亿吨，其中北京、天津和河北分别为 0.11 亿吨、0.18 亿吨、4.56 亿吨。从构成看，北京生活垃圾数量高于河北和天津，而工业废弃物数量以河北最多。从发展趋势上看，总数量不断上升，综合处置和利用率也不断上升。其中北京和天津处置和利用率要高于河北。

2016 年，北京市产生工业固体废物 596.57 万吨，综合利用量 510.84 万吨，处置量 85.73 万吨。主要产生的工业固体废物有尾矿、炉渣、粉煤灰、煤矸石、脱硫石膏和其他废物等。其中，粉煤灰、煤矸石和脱硫石膏全部得到综合利用；尾矿大部分综合利用，剩余部分全部得到安全处置。2016 年，北京市工业企业产生危险废物 12.99 万吨，综合利用 6.01 万吨，处置 6.98 万吨。主要产生的危险废物有染料、涂料废物、废有机溶剂与含有机溶剂废物、表面处理废物、废酸、油/水、烃/水混合物或乳化液等。2016 年，北京市医疗卫生机构共产生医疗废物 3.31 万吨。2016 年，全市生活垃圾产生量 872.61 万吨，日产生量 2.38 万吨。2016 年，北京市两家废弃电器电子产品拆解利用处置单位共接收各类废弃电器电子产品 150.49 万台。2016 年，天津市工业危险废物产生量为 44.2 万吨和 66 万个废包装容器，产生医疗废物 12729 吨，城市生活垃圾清运量为 269.03 万吨，进口废五金 21.9 万吨，废塑料 29.33 万吨，废纸 133.7 万吨，废纺织原料 0.03 万吨，废氧化铁皮 5.3 万吨，废 PET 饮料瓶 3.1 万吨，废船 0.99 万吨。

第二节 京津冀生态环境协同治理政策与行动

一、京津冀生态环境保护和建设规划及省级政府协议

自第一个全国环境保护规划以来，现已编制并实施了 9 个五年的国家环境保护规划。规划名称经历了从计划到环保规划，再到生态环境保护规划的演变；印发层级从内部计划到部门印发，再升格为国务院批复和国务院印发，已经形成了一套具有中国特色的环境规划体系。① 党的十八大以来，以习近平同志为核心的党中央把生态文明建设纳入统筹推进"五位一体"总体布局和协调推进"四个全面"战略布局的重要内容。在这一背景下，生态环境规划从形式、内容上有了重要变化。在形式上，形成了以五年规划、三年行动计划、一年行动计划、专项行动计划（攻坚行动计划）为形式的各种层级的规划和行动计划。在内容上将生态和环境进行统筹，强调绿色发展和生态环境保护的联动，强调区域联动，强调以改革保障规划或行动计划实施。2016 年发布的国家《"十三五"生态环境保护规划》提出了 2020 年实现生态环境质量总体改善的总体目标，并确定了打好大气、水、土壤污染防治三大战役等七项主要任务，提出了 12 项约束性指标，对于京津冀、长三角、珠三角三大区域，分类提出大气改善的目标与任务。三地省级政府发布的生态环境保护规划贯彻和落实了国家《"十三五"生态环境保护规划》。

2015 年 12 月国家发改委发布了《京津冀协同发展生态环境保护规划》。《规划》提出到 2017 年区域生态环境质量恶化趋势得到遏制，到 2020 年主要污染物排放总量大幅削减，区域生态环境质量明显改善。《规划》划定了京津冀地区生态保护红线、环境质量底线和资源消耗上限，把逐步增加生态空间和改善环境质量作为经济建设和社会发展的刚性约束条件。

根据《京津冀协同发展规划纲要》，京津冀区域内要建设张承生态功能区。为此，相关部委出台了《关于支持张承地区生态保护和修复的指导意见》。河北省 2016 年 9 月出台了《河北省张承地区生态保护和修复实施方案》。《实施方

---

① 王金南：《改革开放 40 年与中国生态环境规划发展历程》，《中国环境管理》2018 年第 6 期，第 5～10 页。

案》提出到 2020 年，全面提高生态涵养能力，张承两市森林覆盖率达到 50% 以上，"三化"草原治理率达到 50% 以上，彻底遏制草原沙化趋势，草原植被盖度达到 60% 以上，重要水源地水质明显改善，农民人均可支配收入达到全省平均水平，与全省同步实现小康。

2016 年河北省出台了《河北省建设京津冀生态环境支撑区规划（2016—2020 年)》。根据这一规划，河北省要构建"一核、四区、多廊、多心"① 生态安全格局。京津签署了《关于进一步加强环境保护合作的协议》，津冀签署了《加强生态环境建设合作框架协议》，三地共同签订了《京津冀区域环境保护率先突破合作框架协议》《水污染突发事件联防联控机制合作协议》，联合制定出台《京津冀环境执法联动工作机制》。

二、京津冀大气污染防治协同治理政策与行动

（一）中央的政策与行动

2013 年 9 月 10 日，国务院出台了《大气污染防治计划》。在这一背景下，2013 年 9 月 17 日由六部委联合印发了《京津冀及周边地区落实大气污染防治行动计划实施细则》，9 月 27 日通过了《京津冀及周边地区重点污染天气监测预警方案》。《实施细则》提出了京津冀大气污染防治五年目标、重点任务。要求经过五年努力，京津冀及周边地区空气质量明显好转，重污染天气较大幅度减少。2017 年，北京市、天津市、河北省细颗粒物（PM2.5）浓度在 2012 年基础上下降 25% 左右，山西省、山东省下降 20%，内蒙古自治区下降 10%。重点任务包括综合治理和协同减排、统筹城乡交通管理和减少机动车污染、调整产业

---

① "一核"是京津保中心区生态过渡带，包括廊坊、保定、沧州市的 33 个县（市、区）的全部或部分，用大网格宽林带建设成片森林和恢复连片湿地，整体构建环首都生态圈。"四区"包括坝上高原生态防护区、燕山—太行山生态涵养区、低平原生态修复区以及海岸海域生态防护区。其中，坝上高原生态防护区包括张家口市 4 个县和承德市两个县的全部或部分，西部以恢复和建设疏林灌草景观为主，东部则以林为主。燕山—太行山生态涵养区将加快推进京津风沙源治理、太行山绿化等生态工程建设。低平原生态修复区地处华北平原中部，要全面实施地下水超采综合治理。海岸海域生态防护区的主要任务则是恢复和扩建滨海湿地，构建海岸生态防御体系。"多廊"为滦河、北运河、南运河、潮白河、子牙河、永定河、拒马河、大清河、滏阳河、滹沱河等生态水系廊道，以及石家庄、唐山、保定、廊坊、衡水、张家口、承德等城市生态绿楔。"多心"为白洋淀、衡水湖、南大港、唐海湿地、滦河口湿地以及潘家口—大黑汀水库、王快—西大洋水库、岗南—黄壁庄水库、岳城水库、大浪淀水库、桃林口水库等重要饮用水源地组成的区域生态绿心。

结构和优化区域经济布局、控制煤炭消费总量和推动能源清洁化、健全监测和预警体系等。《监测预警方案》要求自 2013 年 11 月起开展重污染天气监测预警试点工作。2014 年 2 月 21 日，中国气象局和环境保护部首次联合发布了京津冀重污染天气预报。2014 年 5 月 27 日，国务院出台了《大气污染防治行动计划实施情况考核办法》。2014 年和 2015 年出台了《京津冀及周边地区大气污染联防联控 2014 年重点工作》《京津冀及周边地区大气污染联防联控 2015 年重点工作》。2014 年工作重点包括成立区域大气污染防治专家委员会、统一行动共同治理污染共同源、加强联动、做好 APEC 会议空气质量保障等。2015 年工作重点将北京、天津以及河北省唐山、廊坊、保定、沧州一共 6 个城市划为京津冀大气污染防治核心区（"2 + 4"核心区），并从五个方面进一步深化协调联动机制：建立区域空气重污染预警会商和应急联动长效机制；研究建立"2 + 4"核心区的结对合作机制；组织编制《京津冀及周边地区大气污染防治中长期规划》，科学制定路线图、时间表，有序推进区域大气污染治理工作；针对秸秆焚烧、油品质量、机动车排放等区域性污染问题，开展联动执法；加快建设区域大气污染防治信息共享平台，实现空气质量和重点污染源数据、治污技术和经验等信息共享。2017 年，为确保《大气污染防治行动计划》确定的各项目标任务顺利完成，出台了《京津冀及周边地区 2017 年大气污染防治工作方案》。这一工作方案把京津冀大气污染传输通道作为工作方案实施范围。京津冀大气污染传输通道包括北京市，天津市，河北省石家庄、唐山、廊坊、保定、沧州、衡水、邢台、邯郸市，山西省太原、阳泉、长治、晋城市，山东省济南、淄博、济宁、德州、聊城、滨州、菏泽市，河南省郑州、开封、安阳、鹤壁、新乡、焦作、濮阳市（也被称为"2 + 26"）。这一工作方案确定的主要工作任务包括产业结构调整、全面推进冬季清洁取暖、工业大气污染综合治理、实施工业企业采暖季错峰生产、严格控制机动车排放、提高城市管理水平、强化重污染天气应对。2017 年 8 月出台了《京津冀及周边地区 2017—2018 年秋冬季大气污染综合治理攻坚行动方案》。从完善空气质量监测网络体系、推进"散乱污"企业及集群综合整治、散煤污染综合治理、推进燃煤锅炉治理、加强工业企业无组织排放管理、开展重点行业综合治理、推进实施排污许可管理、严格管控移动源污染排放、强化面源污染防控措施、推进工业企业错峰生产与运输、应对重污染天气等十个方面规定了工作任务。2018 年 9 月出台了《京津冀及周边地区 2018—2019 年秋冬季大气污染综合治理攻坚行动方案》。此次《坚行动方案》确立了十大主要任务，包括调整优化产业结构、调整能源结构、调整运输结构、用地结构、应对生污染天气、错峰生产和运输、基础能力建设和三大专项行动。三大专项行动即实施柴油货车污染治理专项行动、施工业炉窑污染治理专项行动、实施 VOCs 综合治理专项行动。

2014 年 3 月三部委通过了《能源行业加强大气污染防治工作方案》。同年 9 月，三部委出台了《煤电节能减排升级和改造行动计划》。按照这一行动计划要求，京津冀、长三角、珠三角等区域新建项目禁止配套建设自备燃煤电站。此外还出台了《关于天然气合理使用的指导意见》《关于严格控制重点区域燃煤发电项目规划建设有关要求的通知》《煤炭消费减量替代管理办法》《大气污染防治成品油质量升级行动计划》《清洁高效循环利用地热指导意见》等能源行业加强污染防治工作的配套政策。2014 年 6 月国家能源局与北京、天津、河北及神华集团公司签订《散煤清洁化治理协议》。

在大气污染联合防治组织机构建立方面，2013 年 9 月成立了全国大气污染防治部际协调小组。2013 年 10 月成立了京津冀及周边地区大气污染防治协作小组。协作小组下设办公室作为常设办事机构，各省市和相关部委设联络员。协作小组领导成员最初由北京市、天津市、河北省、山西省、内蒙古自治区、山东省和环境保护部、国家发展改革委员会、工业和信息化部、财政部、住房城乡建设部、国家气象局、能源局等相关领导构成。2015 年增加了河南省和交通部，涉及七省市和八部委。各地各部门按照"责任共担、信息共享、协商统筹、联防联控"的原则，不断深化区域大气污染防治协作机制。2014 年 9 月成立了由院士领衔的京津冀及周边地区大气防治专家委员会。2015 年 6 月成立了京津冀及周边地区机动车排放控制工作协作小组。机动车协作小组办公室设在北京市机动车排放管理中心，同时，北京市机动车排放管理中心也作为北京市本地的机动车协作小组办公室，津、冀、晋、内蒙古、鲁、豫分别设立本地区办公室。机动车协作小组办公室将分别成立新车排放管理及抽查、在用车排放管理及处罚、老旧车淘汰及在用车数据交换 3 个业务分组。机动车协作小组将率先在全国实现跨区域机动车排放超标处罚、机动车排放监管数据共享、新车环保一致性区域联合抽查等。2018 年 7 月，京津冀及周边地区大气污染防治协作小组升格为京津冀及周边地区大气污染防治领导小组。①

（二）北京市的政策与行动

2012年北京出台了《北京市2012—2020年大气污染治理措施》。《治理措施》提出了目标②，并从完善监测体系和信息发布制度、发展绿色交通、发展清洁能源、产业结构调整、科技支撑、绿色施工和道路保洁、增加环境容量、重污染日预警、公众参与九个方面提出了相应措施。

2013年北京出台了《北京市2013年—2017年清洁空气行动计划》。《行动计划》提出了五年行动目标：到2017年，全市空气中的细颗粒物年均浓度比2012年下降25%以上，控制在60微克/立方米左右。《行动计划》提出了八大污染减排工程，包括源头控制减排工程、能源结构调整减排工程、机动车结构调整减排工程、产业结构优化减排工程、末端污染治理减排工程、城市精细化管理减排工程、生态环境建设减排工程、空气重污染应急减排工程。2018年3月，北京出台了《北京市蓝天保卫战2018年行动计划》。该行动计划从空气质量目标、构建责任明晰的"大环保"工作格局、强化移动源污染防治、强化扬尘污染防治、深化重点行业污染治理、推进能源清洁化、完善综合保障措施七个方面确定了具体工作措施、牵头部门、主责单位和协办单位及完成时限。

2000年，北京市通过了《北京市实施〈中华人民共和国大气污染防治法〉办法》。2014年1月22日北京市第十四届人民代表大会第2次会议通过了《北京市大气污染防治条例》。2018年3月30日北京市第十五届人大常务委员会第三次会议通过的《关于修改决定》修正。《条例》分为总则、共同防治、重点污染物排放总量控制、固定污染源污染防治、机动车和非道路移动机械排放污

① 其主要职责：（1）贯彻落实党中央、国务院关于京津冀及周边地区（以下称区域）大气污染防治的方针政策和决策部署；（2）组织推进区域大气污染联防联控工作，统筹研究解决区域大气环境突出问题；（3）研究确定区域大气环境质量改善目标和重点任务，指导、督促、监督有关部门和地方落实，组织实施考评奖惩；组织制定有利于区域大气环境质量改善的重大政策措施，研究审议区域大气污染防治相关规划等文件；（4）研究确定区域重污染天气应急联动相关政策措施，组织实施重污染天气联合应对工作，完成党中央、国务院交办的其他事项。

② 到2020年，空气中细颗粒物（PM2.5）、可吸入颗粒物（PM10）、总悬浮颗粒物、二氧化硫、二氧化氮等主要污染物的年均浓度均比2010年下降30%。其中二氧化硫达到每立方米20微克以下，总悬浮颗粒物稳定达标，二氧化氮基本达标（达到每立方米40微克左右），可吸入颗粒物（PM10）达到每立方米80微克左右，细颗粒物（PM2.5）达到每立方米50微克左右。臭氧超标小时数比2010年减少30%，全年控制在200小时左右。

染防治、扬尘污染防治、法律责任、附则。第六条规定，防治大气污染应当建立健全政府主导、区域联动、单位施治、全民参与、社会监督的工作机制。第八十九至第一百二十五条确定了法律责任。法律责任属于 2018 年修改的主要部分，包括提高罚款数额上下限，增加责令限制生产、停产整治，责令停业、关闭等，大大增加了违法成本。① 2018 年北京市在对《北京市空气重污染应急预案（2017 年修订）》进行补充完善的基础上，出台了《北京市空气重污染应急预案（2018 年修订）》。应急预案将重污染天气预警共分为黄色、橙色、红色三类预警。② 新预案中强调建立市、区、乡镇（街道）三级预案体系，即市乡镇（街道）都要按照市级预案制定应急分预案，细化分解各项应急措施，将措施落实到基层"最后一公里"。新应急预案针对涉气工业企业实行"一厂一策"，即每个工业企业根据企业情况制订重污染天气应急响应操作方案，细化在不同预警级别下的应急减排措施、停产生产线和工艺环节，避免措施"一刀切"。

2014 年 3 月 25 日，北京市环保局成立大气污染综合治理协调处。承担京津冀及周边地区大气污染防治协作、联防联控的具体联络协调工作。北京市成立了市、区两级大气污染综合治理领导小组，将清洁空气行动计划的重点任务分解，形成督查考核问责机制。

（三）天津市的政策与行动

天津依照国家《大气污染防治行动计划》《京津冀及周边地区落实大气污染防治行动计划实施细则》并结合天津实际情况，于 2013 年 9 月 18 日正式启动"美丽天津一号工程"行动方案。"美丽天津一号工程"的主要内容可以概括为"四清一绿"，包括清新空气行动、清水河道行动、清洁村庄行动、清洁社区行动、绿化美化行动。2017 年天津出台了《天津市 2017 年大气污染防治工作方

---

① 例如，第九十三条规定，违反本条例第三十条规定，需要配套建设的大气污染防治设施未建成，主体工程正式投入生产或者使用的，由环境保护行政主管部门责令限期改正，处二十万元以上一百万元以下罚款；逾期不改正的，处一百万元以上二百万元以下罚款。此前这一罚款数额仅为一万元以上十万元以下。同时，增加了对逾期不改正的，处以一百万元以上二百万元以下的高额罚款。

② 黄色预警条件为预测全市空气质量指数日均值 >200 将持续 2 天（48 小时）及以上，且短时出现重度污染，未达到高级别预警条件时。橙色预警条件为预测全市空气质量指数日均值 >200 将持续 3 天（72 小时）及以上，且未达到高级别预警条件时。红色预警条件为预测全市空气质量指数日均值 >200 将持续 4 天（96 小时）及以上，且预测日均值 >300 将持续 2 天（48 小时）及以上时；或预测全市空气质量指数日均值达到 500 时。

案》。该工作方案累计安排 5 方面共 719 项重点任务，其中，燃煤污染治理 555 项，扬尘污染治理 21 项，机动车和船舶污染治理 19 项，工业企业污染治理 119 项，大气污染防治精细化管理 5 项。2018 年 5 月底出台了《天津市 2018 年大气污染防治工作方案》。该方案共安排 10 个方面的主要任务，其中调整产业结构 2 项，改善能源结构 5 项，转变运输结构 3 项，优化空间布局 2 项，管控燃煤污染 3 项，管控工业污染 5 项，管控扬尘等面源污染 6 项，管控机动车污染 8 项，应对重污染天气 4 项。在秋冬大气污染综合治理方面，天津自 2017 年起开始出台攻坚行动方案。《天津市 2017—2018 年秋冬季大气污染综合治理攻坚行动方案》从推进"散乱污"企业整治、散煤污染综合治理、推进燃煤锅炉治理、加强工业企业无组织排放管理、全面开展重点行业综合治理、加快推进实施排污许可管理、严格管控移动源污染排放、强化面源污染防控措施、深入推进工业企业错峰生产与运输、妥善应对重污染天气十个方面安排了 26 项重点任务。《天津市 2018—2019 年秋冬季大气污染综合治理攻坚行动方案》从优化产业结构、调整能源结构、调整运输结构、强化面源污染防控、实施柴油货车污染治理专项行动、实施工业炉窑污染治理专项行动、实施挥发性有机物综合治理专项行动、有效应对重污染天气、实施工业企业错峰生产与运输、加强基础能力建设十个方面安排了 31 项重点任务。

2015 年 1 月天津通过了《天津市大气污染防治条例》。《条例》包括总则、共同防治、重点大气污染物总量控制、高污染燃料污染防治、机动车船舶排气污染防治、挥发性有机物废气粉尘和恶臭污染防治、扬尘污染防治、重污染预警与应急、法律责任、附则。2017 和 2018 年进行了两次修正。第七条规定，本市实施大气污染防治网格化精细管理，实行大气环境质量目标责任制和考核评价制度，将大气环境质量目标完成情况和措施落实情况作为对市人民政府有关部门和区人民政府及其负责人的考核内容，考核结果定期向社会公布。在实践中，天津市全市划分 33 个一级网络、200 个二级网络、2041 个三级网络、5718 个四级网络。区县委书记和区县长将任一级网格长，区县副职负责人任二级网格长，街镇负责人任三级网格长，社区居委会和村民委员会负责人任四级网格长。一级网格主要负责工作督察、推动问题整改、研究解决突出问题；二级网格负责研究完善工作措施，帮助解决重点难点问题；三级网格负责帮助协调开展网格管理工作，及时掌握工作进展情况；四级网格负责巡视检查、告知劝阻、反馈上报、配合处理、跟踪落实所在网格大气污染。2017 年 9 月天津市建立了天津市大气污染防治网格化综合信息平台，通过 AQI 监管平台可以实现对 871

名大气污染防治专职网格员监管。天津市委组织部、市监察局、市清新空气行动分指挥部共同制定了考核办法，对各区县的网格化管理工作进行量化考核，工作不到位者将被问责。

2018 年天津市出台了《天津市打赢蓝天保卫战三年作战计划（2018—2020年）》《天津市打好柴油货车污染治理攻坚战三年作战计划（2018—2020 年）》《天津市打好农业农村污染治理攻坚战三年作战计划（2018—2020 年)》。

（四）河北的政策与行动

2013 年 9 月河北省通过了《河北省大气污染防治行动计划实施方案》。《实施方案》确定了如下目标：到 2017 年，全省细颗粒物浓度比 2012 年下降 25%以上。首都周边及大气污染较重的石家庄、唐山、保定、廊坊和定州、辛集细颗粒物浓度比 2012 年下降 33%，邢台、邯郸下降 30%，秦皇岛、沧州、衡水下降 25% 以上，承德、张家口下降 20% 以上。《实施方案》从减少污染物排放、面源污染治理、化移动源污染防治、淘汰落后产能、调整能源结构、严格环保准入和优化产业空间布局、企业技术改造、监测预警应急体系八个方面安排了37 项重点任务。河北省成立省大气污染防治工作领导小组，由省长任组长，有关分管副省长任副组长，省政府相关部门、各设区市和省直管县（市）政府主要负责人为领导小组成员。2015 年 4 月河北省出台了《河北省大气污染深入治理三年（2015—2017）行动方案》。确定了 10 项重点工作：（1）推进能源结构调整，促进煤炭清洁高效利用；（2）全面推行清洁生产，促进产业升级；（3）明确区域控制重点，实施差异化管理；（4）落实重点行业达标排放限期治理工作；（5）推进重点行业挥发性有机物防治；（6）推进面源综合整治，减少扬尘污染；（7）加强移动源综合管理；（8）积极开展农业农村污染防治工作；（9）加强重污染天气应对，实现"削峰降速"；（10）强化监管，向管理减排要效益。2015 年 8 月出台了《河北省大气污染防治强化措施实施方案（2016—2017年)》。这一方案将京昆高速以东、荣乌高速以北至廊坊、保定市与北京接壤的县市区之间的区域划定为禁煤区，涉及廊坊、保定两市 18 个县市区，力争打造张家口、廊坊、保定和衡水市 4 个无焦市。2017 年 4 月，河北省出台了《关于强力推进大气污染综合治理的意见》和 18 个专项实施方案①。2017 年 9 月，河北省出台了《河北省 2017—2018 年秋冬季大气污染综合治理攻坚行动方案》并印发了配套的 5 个方案，包括专项督察、执法检查、信息公开、宣传报道方案和量化问责暂行规定等 5 个配套文件。

《河北省大气污染防治条例》于 1996 年颁布实施，2016 年修订颁布了《河北省大气污染防治条例》，制订了《钢铁工业大气污染物排放标准》《水泥工业大气污染物排放标准》《燃煤电厂污染物排放标准》和《工业企业挥发性有机物排放标准》等一系列相关地方法律标准。

三、京津冀水污染协同治理政策和行动

（一）中央的政策与行动

2011 年中央 1 号文件和中央水利工作会议明确要求实行最严格水资源管理制度。为了落实这一要求，2012 年 1 月，国务院发布了《关于实行最严格水资源管理制度的意见》。2013 年 1 月 2 日，国务院办公厅发布《实行最严格水资源管理制度考核办法》。2015 年我国出台了《水污染防治行动计划》。该计划从全面控制污染物排放、推动经济结构转型升级、着力节约保护水资源、强化科技支撑、充分发挥市场机制、严格环境执法监管、加强水环境管理、保障水生态环境安全、明确和落实各方责任、强化公众参与和社会监督十个方面进行安排，被称为"水十条"。"水十条"首次将水划分为水环境、水资源和水生态，提出了 238 项"硬措施"，除了 136 项改进强化措施、12 项研究探索性措施外，重点提出了 90 项改革创新措施。其中 38 项要求限时完成。"水十条"对京津冀地区

---

① 《河北省农村散煤治理专项实施方案》《河北省城镇集中供暖专项实施方案》《河北省燃煤锅炉治理专项实施方案》《河北省火电行业减煤专项实施方案》《河北省劣质散煤管控专项实施方案》《河北省重点产业结构优化专项实施方案》《河北省城市工业企业退城搬迁改造专项实施方案》《河北省工业污染源全面达标排放专项实施方案》《河北省集中整治"散乱污"工业企业专项实施方案》《河北省挥发性有机物污染整治专项实施方案》《河北省强化交通运输领域污染防治专项实施方案》《河北省扬尘综合整治专项实施方案》《河北省露天矿山污染深度整治专项实施方案》《河北省造林绿化和湿地保护专项实施方案》《河北省重污染天气应对及采暖季错峰生产专项实施方案》《河北省大气环境监测专项实施方案》《河北省大气污染防治监察考核专项实施方案》《河北省大气污染综合治理宣传工作专项实施方案》。

提出明确的目标。①

《京津冀协同发展规划纲要》明确提出，要推进永定河等"六河五湖"（永定河、滦河、北运河、大清河、潮白河、南运河和白洋淀、衡水湖、七里海、南大港、北大港）生态治理与修复。其中，永定河综合治理和生态修复是 2017 年的一项重点任务。2016 年 12 月，中央出台了《关于全面推行河长制的意见》。《意见》要求党政一把手管河湖，省、市、县、乡四级河长体，从而将我国多头管水的"部门负责"，向"首长负责、部门共治"迈进。2016 年通过了《京津冀协同发展水利专项规划》。该专项规划确定了 2020 年和 2030 年京津冀水利建设目标与控制性指标，提出了节约用水与水资源配置、水资源保护与水生态修复、防洪排涝减灾体系建设、水利管理体制改革与机制创新等方面的建设任务。

---

① （1）到 2020 年，全国水环境质量得到阶段性改善，污染严重水体较大幅度减少，饮用水安全保障水平持续提升，地下水超采得到严格控制，地下水污染加剧趋势得到初步遏制，京津冀、长三角、珠三角等区域水生态环境状况有所好转。（2）到 2020 年，长江、黄河、珠江、松花江、淮河、海河、辽河等七大重点流域水质优良（达到或优于Ⅲ类）比例总体达 70% 以上。京津冀区域丧失使用功能（劣于Ⅴ类）的水体断面比例下降 15 个百分点左右，长三角、珠三角区域力争消除丧失使用功能的水体。（3）2017 年年底前，工业集聚区应按规定建成污水集中处理设施，并安装自动在线监控装置，京津冀、长三角、珠三角等区域提前一年完成。（4）到 2020 年，全国所有县城和重点镇具备污水收集处理能力，县城、城市污水处理率分别达到 85%、95% 左右。京津冀、长三角、珠三角等区域提前一年完成。（5）到 2017 年，直辖市、省会城市、计划单列市建成区污水基本实现全收集、全处理，其他地级城市建成区于 2020 年年底前基本实现。这里涉及北京、天津、石家庄。（6）2017 年年底前，依法关闭或搬迁禁养区内的畜禽养殖场（小区）和养殖专业户，京津冀、长三角、珠三角等区域提前一年完成。（7）到 2020 年，测土配方施肥技术推广覆盖率达到 90% 以上，化肥利用率提高到 40% 以上，农作物病虫害统防统治覆盖率达到 40% 以上；京津冀、长三角、珠三角等区域提前一年完成。（8）自 2018 年起，单体建筑面积超过 2 万平方米的新建公共建筑，北京市 2 万平方米、天津市 5 万平方米、河北省 10 万平方米以上集中新建的保障性住房，应安装建筑中水设施。积极推动其他新建住房安装建筑中水设施。到 2020 年，缺水城市再生水利用率达到 20% 以上，京津冀区域达到 30% 以上。（9）2017 年年底前，完成地下水禁采区、限采区和地面沉降控制区范围划定工作，京津冀、长三角、珠三角等区域提前一年完成。（10）到 2020 年，地级及以上缺水城市全部达到国家节水型城市标准要求，京津冀、长三角、珠三角等区域提前一年完成。（11）京津冀、长三角、珠三角等区域要于 2015 年年底前建立水污染防治联动协作机制。2017 年年底前，京津冀、长三角、珠三角等区域、海域建成统一的水环境监测网。（12）到 2020 年，长江、珠江总体水质达到优良，松花江、黄河、淮河、辽河在轻度污染基础上进一步改善，海河污染程度得到缓解。三峡库区水质保持良好，南水北调、引滦入津等调水工程确保水质安全。（13）直辖市、省会城市、计划单列市建成区要于 2017 年年底前基本消除黑臭水体。（14）京津冀区域实施土地整治、农业开发、扶贫等农业基础设施项目，不得以配套打井为条件。

在法律法规层面上，我国有《中华人民共和国水法》《中华人民共和国水土保持法》《中华人民共和国防洪法》《中华人民共和国水污染防治法》以及《中华人民共和国水文条例》《中华人民共和国防汛条例》《中华人民共和国水土保持法实施条例》《中华人民共和国河道管理条例》《农田水利条例》《水库大坝安全管理条例》《中华人民共和国城市供水条例》《城镇排水和污水处理条例》《南水北调工程供用水管理条例》等。

（二）北京市的政策与行动

2012年北京市通过了《北京市节水用水办法》。《办法》对用水管理、保障措施等进行了规定。2013年出台了《北京市加快污水处理和再生水利用设施建设三年行动方案（2013—2015年)》。行动方案提出到"十二五"末，实施完成再生水厂、配套管线、污泥无害化处理设施和临时治污工程四大类，共83项建设任务。

2015年12月，北京市出台了《北京市水污染防治工作方案》。《工作方案》确定了如下目标：（1）到2017年，中心城、新城的建成区基本消除黑臭水体；（2）到2020年，饮用水安全保障水平持续提升，水环境质量得到阶段性改善，水生态环境状况有所好转；（3）到2030年，地表水全面消除劣Ⅴ类水体，水生态系统功能得到恢复；（4）到本世纪中叶，生态环境质量全面改善，生态系统实现良性循环。《工作方案》从全面提升水污染防治水平、全力节约保护水资源、严格保护饮用水水源和地下水、积极保护和治理流域水生态环境、深入推进经济结构转型升级、切实加快重点流域治理六个方面安排任务23项。为了保证《北京市水污染防治工作方案》得到落实，北京实行年度重点工作任务分解。

2016年北京市发布了《北京市"十三五"时期水务发展规划》。该规划提出了"节水优先、量水发展""空间均衡、统筹协调""系统治理、突出重点""两手发力、改革创新"的规划原则，提出了"到2020年，节水型社会率先建成，城乡水环境明显改善，水务基础设施更加完善，运行服务保障能力显著提高"的总体目标。规划从全面建成节水型社会、深入推进污水处理与再生水利用、改善城乡水环境质量、提升城乡供水保障水平、提高水资源安全保障能力、完善防洪排涝体系、加快水务改革创新、推进京津冀水务协同发展等方面安排了33项主要任务。

2017年北京市出台了《北京市进一步全面推进河长制工作方案》。2017年年底，北京市人民检察院和市水务局联合签署《关于协同推进水环境水生态水资源保护工作机制的意见》，"河长＋检察长"的工作机制初步确立。2018年1

月北京市、区两级公安水务联合执法警务站全部完成建设并正式运行，标志着北京市"河长＋警长＋检察长"的"三长"联动机制正式形成。总河长由市、区党委和政府主要领导担任，副总河长由市、区党委相关领导和分管水务工作的政府领导担任。按照工作方案，本市设立市、区两级总河长、副总河长。同时设立市、区、乡镇（街道）、村四级河长，四级河长共有5920名。五大河流（永定河、北运河、潮白河、拒马河、泃河）和市管河湖设立市级河长，由15位市级领导担任。

2010年北京市通过了《北京市水污染防治条例》，2018年进行了修订。《条例》包括总则、水污染防治规划与监督管理、水污染防治措施、饮用水水源与地下水保护、生态环境用水保障与污水再生利用、法律责任、附则构成。2012年北京市通过了《北京市河湖保护管理条例》。2018年北京市出台的《北京市水行政处罚程序若干规定》对水行政权限、程序、责任等进行了规定。

（三）天津市的政策和行动

2015年12月天津市通过了《天津市水污染防治工作方案》。这一工作方案提出了如下目标：到2020年，全市水环境质量得到阶段性改善，污染严重水体较大幅度减少，饮用水安全保障水平持续提升，地下水超采得到严格控制，近岸海域环境质量保持稳定，水生态环境状况有所好转。到2030年，力争全市水环境质量总体改善，水生态系统功能初步恢复。到本世纪中叶，生态环境质量全面改善，生态系统实现良性循环。到2020年，水质优良（达到或优于Ⅲ类）比例达到25%以上，丧失使用功能的水体（劣于Ⅴ类）断面比例下降15个百分点，城市集中式饮用水水源水质全部达到或优于Ⅲ类标准，地下水质量考核点位水质级别保持稳定，近岸海域水质保持稳定。工作方案从全面控制污染物排放、全力节约保护水资源、保障水生态环境健康、严格水环境风险控制、大力推动经济结构转型升级五个方面安排了16项防治任务。

2018年进一步加大了水污染治理力度。2018年1月出台了《天津市近岸海域污染防治实施方案》。这一方案的主要目标：（1）自然岸线保有率不低于5%；（2）湿地面积（含滨海湿地）不低于2956平方公里（443.4万亩），湿地面积不减少；（3）海水养殖面积控制在3000公顷左右；（4）入海河流水质与2014年相比有所改善，近岸海域水质稳中趋好，一、二类海水比例达到目标要求。这一方案从减少陆源排放、产业结构调整和布局、海上污染源控制、保护海洋生态、防范近岸海域环境风险五个方面安排了15项主要任务。

2018年8月出台了《天津市打好碧水保卫战三年作战计划（2018—2020

年)》《天津市打好城市黑臭水体治理攻坚战三年作战计划（2018—2020 年)》
《天津市打好渤海综合治理攻坚战三年作战计划（2018—2020 年)》《天津市打
好水源地保护攻坚战三年作战计划（2018—2020 年)》。碧水保卫战突出全面治
理水污染，主要思路是系统推进水资源节约、水污染治理和水生态保护，坚持
污染减排和生态扩容两手发力，坚持水陆统筹、系统施治，全面加强水污染防
治，从结构转型升级、工业污染防治、城镇生活污染治理、农业农村污染防治、
流域系统治理、保障水生态环境健康、严格水安全管理、近岸海域环境保护、
监管能力水平九个方面安排了 36 项主要任务。水源地保护攻坚战突出"保好
水"，主要思路是加强水源水、出厂水、管网水、末梢水的全过程管理，从推进
饮用水水源保护区划定、推进饮用水水源保护区规范化建设、开展饮用水水源
保护区专项整治、实施重点饮用水水源地综合治理、保障饮用水安全、防范饮
用水水源环境风险、健全饮用水水源保护长效机制、加强饮用水水源保护执法
监督安排了 23 项主要任务。城市黑臭水体治理攻坚战突出"治差水"，主要思
路是"控源—截污—治河"，实施系统治理，主要从黑臭水体全面排查整治、补
齐城镇污水收集和处理环境基础设施短板、开展水污染源治理、强化入河排水
口门治理监管、水体污染治理与生态修复、推进海绵城市建设、推进城市水循
环，增加生态用水、建立地表水体治理长效机制八个方面安排了 26 项主要任
务。渤海综合治理攻坚战突出海洋环境保护，主要思路是坚持陆海统筹、河海
联动，削减入海总量，保护自然岸线，提高海洋生态系统功能，改善渤海天津
海域生态环境，主要从禁止填海造地、整治入海污染源、整治陆源污染排放、
保护自然岸线、海洋生态系统五个方面安排了 21 项主要任务。

（四）河北的政策与行动

2015 年河北省出台了《河北省水污染防治工作方案》。根据这一工作方案
除了总目标外，还以 2017、2020、2030 年为限分了三个阶段性目标。工作方案
从产业绿色升级、源头控制、水资源管理、保护饮用水源、保护良好水体、开
展治理攻坚、提升监控能力、健全环境管理制度体系、拓宽投资融资渠道、强
化技术攻关十一个方面安排了 50 项主要任务。

2018 年河北省出台了《河北省碧水保卫战三年行动计划（2018—2020
年)》。根据三年行动计划，到 2020 年，全省水生态环境质量总体改善，主要水

污染物排放总量大幅减少①，水环境风险得到有效控制，水生态环境保护水平同全面建成小康社会目标相适应。《行动计划》划分了重点区域，主要包括京津冀水源涵养和生态环境支撑区（潮白河、永定河、滦河）、雄安新区、冬奥会比赛场区、北戴河及相邻地区、大运河生态带。主要有白洋淀流域治理专项行动、工业污水达标整治专项行动、河流湖库流域综合治理专项行动、水源地保护专项行动、城镇污水和黑臭水体治理专项行动、农业农村污染治理专项行动、河湖清理专项行动、渤海综合治理专项行动八个专项行动。

1997 年河北省出台了《河北省水污染防治条例》，2014 和 2018 年进行了修正。2018 年修正的《河北省水污染防治条例》除总则和附则外，主要内容包括水污染防治的标准和规划、饮用水水源保护、水污染防治措施、水污染事故的预防与处置、区域水污染防治协作、水污染防治的监督管理、法律责任。新条例将区域水污染防治协作专设一章，并且明确要建立京津冀水污染防治协作机制，推进水污染防治规划、防治政策措施和技术标准、重点工程、监督防控的协调工作。

四、京津冀土壤治理政策与行动

（一）中央的政策与行动

我国涉及土壤治理的法律主要有《中华人民共和国环境保护法》《中华人民共和国农业法》《中华人民共和国水污染防治法》《中华人民共和国水土保持法》《中华人民共和国土壤污染防治法》等。《环境保护法》第二十条规定，各级人民政府应当加强对农业环境的保护，防治土壤污染、土地沙化、盐渍化、贫瘠化、沼泽化、地面沉降和防治植被破坏、水土流失、水源枯竭、种源灭绝以及其他生态失调现象的发生和发展，推广植物病虫害的综合防治，合理使用

---

① 其中，全省地级城市集中式饮用水水源水质 100% 达标，全部达到或优于Ⅲ类；地下水质量考核点位水质级别保持稳定且极差比例控制在 5% 以内；近岸海域水质优良（一、二类）比例达到 87.5%；全省地表水Ⅰ–Ⅲ类水体断面比例达到 48.7% 以上（其中，2018 年、2019 年地表水Ⅰ–Ⅲ类水体断面比例分别达到 44.6% 和 47.3%），劣Ⅴ类水体断面比例控制在 25.7% 以内（其中，2018 年、2019 年劣Ⅴ类水体断面比例分别下降至 35.1% 和 29.7% 以内）；国考入海河流消除劣于Ⅴ类的水体。

化肥、农药及植物生长激素。《中华人民共和国农业法》第五十八①、五十九条②涉及土壤污染、水土流失、沙化。《水土保持法》对水土规划、预防、治理、监测和监督、法律责任等进行了明确规定。2018 年通过的《土壤污染防治法》要求县级以上人民政府应当将土壤污染防治工作纳入国民经济和社会发展规划、环境保护规划，并对相关的规划、标准、普查、监测工作做了明确要求。《土壤污染防治法》对土壤污染预防和保护、风险管控和修复、保障和监督等做了明确要求。

我国涉及土壤治理的条例主要有《土地复垦条例》《基本农田保护条例》《畜禽规模养殖污染防治条例》等。其中，《土地复垦条例》对生产建设性损毁土地复垦、历史遗留损毁土地和自然灾害损毁土地的复垦事项以及土地复垦验收、激励和法律责任等进行了规定。《基本农田保护条例》通过划定基本农田保护区和相关的制度对我国基本农田进行保护。《畜禽规模养殖污染防治条例》对我国畜禽规模养殖污染预防、综合利用和治理、激励和法律责任等进行了明确规定。

2016 年 5 月，国务院通过了《土壤污染防治行动计划》。这也被称为"土十条"。《行动计划》提出到 2020 年，全国土壤污染加重趋势得到初步遏制，土壤环境质量总体保持稳定，农用地和建设用地土壤环境安全得到基本保障，土壤环境风险得到基本管控。到 2030 年，全国土壤环境质量稳中向好，农用地和建设用地土壤环境安全得到有效保障，土壤环境风险得到全面管控。《行动计划》提出要开展土壤污染调查，要推动土壤污染防治立法，要实施农用地分类管理，要实施建设用地准入管理，要强化未污染土壤保护，要加强污染源监管，要开展污染治理与修复，要加大科技研发力度，要构建土壤环境治理体系，要加强目标考核和责任追究。2017 年 1 月出台了《污染地块土壤环境管理办法（试行）》。办法明确了土地使用权人、土壤污染责任人、专业机构及第三方机构的责任，并从开展土壤环境调查、土壤环境风险评估、污染地块风险管控、污

---

① 《农业法》第五十八条规定，农民和农业生产经营组织应当保养耕地，合理使用化肥、农药、农用薄膜，增加使用有机肥料，采用先进技术，保护和提高地力，防止农用地的污染、破坏和地力衰退。

② 《农业法》第五十九条规定，各级人民政府应当采取措施，加强小流域综合治理，预防和治理水土流失。从事可能引起水土流失的生产建设活动的单位和个人，必须采取预防措施，并负责治理因生产建设活动造成的水土流失。各级人民政府应当采取措施，预防土地沙化，治理沙化土地。

染地块治理与修复以及治理与修复效果评估五方面做出具体管理措施。2017 年 2 月出台了《全国土地整治规划（2016—2020）》。这一规划提出了土地整治指导思想和主要目标，提出要实施藏粮于地战略，要落实节约优先战略，要推进土地复垦，要分区分类开展土地整治和实施差别化土地整治。2017 年 9 月出台了《农用地土壤环境管理办法（试行）》。这一办法从土壤污染预防、调查与监测、分类管理以及监督管理做了规定。

（二）三地政策和行动

2016 年 12 月，北京市出台了《北京市土壤污染防治工作方案》。这一工作方案提出如下目标。（1）到 2020 年，全市土壤环境质量总体保持稳定，建设用地和农用地土壤环境安全得到基本保障，土壤环境风险得到基本管控；受污染耕地安全利用率达到 90% 以上，再开发利用的污染地块安全利用率达到 90% 以上。（2）到 2030 年，土壤环境质量稳中向好，建设用地和农用地土壤环境安全得到有效保障，土壤环境风险得到全面管控；受污染耕地安全利用率达到 95% 以上，再开发利用的污染地块安全利用率达到 95% 以上。并从开展土壤环境调查与监测、土壤污染源头管控、建设用地环境风险管控、保障农业生产环境安全、推进土壤污染治理修复提出了 30 项主要防治任务。2018 年 3 月北京市出台了《北京市土壤污染治理修复规划》。这一规划提出到 2020 年再开发利用的污染地块安全利用率达到 90% 以上，受污染耕地安全利用率达到 90% 以上，提出到 2025 年再开发利用的污染地块安全利用率达到 92% 以上，受污染耕地安全利用率达到 92% 以上，提出到 2030 年再开发利用的污染地块安全利用率达到 95% 以上，受污染耕地安全利用率达到 95% 以上。这一规划提出要建立健全土壤污染防治工作机制体制，要实施土壤污染详查和健全土壤环境监测网络，要开展污染地块筛查和建立污染地块名录，要推进土壤污染防治技术研究与示范，要开展土壤分类管理。

2017 年 2 月，河北省出台了《河北省"净土行动"土壤污染防治工作方案》。这一工作方案提出到 2020 年，全省受污染耕地安全利用率达到 91% 左右；污染地块安全利用率达到 90% 以上。并从加强基础监测调查、实施农用地分类管理、推进建设用地用途管、强化未污染土壤保护、突出重点领域监督管理、开展污染治理与修复、加快修复技术体系研究、创新激励约束机制、完善土壤环境法治建设、明确污染防治目标责任角度安排了 50 项任务。

2018 年河北省出台了《河北省净土保卫战三年行动计划（2018—2020年）》。三年行动计划从全面摸清土壤环境污染状况、农用地分类管理、严格实施建设用地准入管理、切实强化涉重金属污染整治、有效提高固体废物管理水平、发挥典型示范引领作用七个方面安排了 26 项重要任务。

2016 年 12 月天津出台了《天津市土壤污染防治工作方案》。防治工作方案提出，到 2020 年，全市受污染耕地安全利用率达到 95% 左右，全市污染地块安全利用率不低于 90%，到 2030 年，全市受污染耕地安全利用率达到 97% 左右，全市污染地块安全利用率不低于 95%。防治工作方案从开展土壤污染调查、农用地分类管理、实施建设用地准入管理、严格新增土壤污染、加强污染面监管、开展污染治理和修复方面安排了 22 项重要任务。2017 年 7 月天津市出台了《天津市土壤污染专项整治方案》。整治范围：（1）重点行业企业，有色金属冶炼、石油开采、石油加工、化工、焦化、电镀、制革等对土壤造成污染的重点行业企业；（2）固体废物堆存掩埋点，工业固体废物、生活垃圾堆存掩埋点；（3）污染地块，已关停搬迁重点行业企业的地块。

2018 年 7 月天津市出台了《天津市打好净土保卫战三年作战计划（2018—2020 年）》。三年行动计划从推进土壤污染状况详查工作、农用地分类管理、实施建设用地准入管理、加强污染面管理等方面安排了 48 个重点工程任务。

第三节　京津冀生态环境协同治理网络与机制

一、京津冀生态环境协同治理网络构成

党的十八大以来，在"五位一体"总体布局下，京津冀生态环境建设在规划层面不断完善，主要体现在三个方面：（1）区域生态环境规划和行动计划不断完善；（2）区域生态环境规划和行动计划沿领域不断具体化；（3）地方生态环境规划和行动计划中的区域协同思维加强，协同内容增加。在环境规制方面，各部委之间展开合作出台了一系列区域环境规制政策，涉及大气、水、土壤等领域，三地政府和中央政府以及三地政府之间也签订了大量的承诺书、协议。例如，在大气治理方面，出台了《京津冀及周边地区重点行业大气污染限期治理方案》《京津冀及周边地区落实大气污染防治行动计划实施细则》《京津冀大气污染防治强化措施 2016—2017》等区域大气污染防治政策，出台了《关于重点产业布局调整和产业转移的指导意见》《京津冀及周边地区工业资源综合利用产业协同发展行动计划（2015—2017）》，签订了《京津冀区域环境保护率先突

破合作框架协议》，相关地方政府和中央政府签订了《大气污染防治责任书》。
孙涛等学者运用社会网络分析法对京津冀及周边地区 2010 年至 2017 年数据探讨
了京津冀区域环境治理府际关系网络演变，发现：（1）2010—2013 年京津冀区
域大气治理的府际合作关系初见雏形，网络中合作主体之间的互动主要呈现
"部委合作牵头、地方分割执行"的结构特点；（2）2014—2015 年京津冀区域
大气治理的府际合作关系在前一阶段雏形基础上不断演化，京津冀及周边地区
政府主体之间的直接联系加强，逐渐演化出"核心部委稳定，地方合作加强"
的结构特点；（3）2016—2017 年京津冀区域大气治理府际合作网络中，在网络
规模保持基本稳定的情况下，网络关系数和密度均有显著提升，呈现出"部委
引导支持、地方主动联系"的结构特点。[①] 在京津冀生态环境府际合作网络的
推动下，区域生态环境政策网络同政策形成网络向政策执行网络发展，并在信
息共享、预警、监测等方面实现区域平台化和网络化。京津冀地区一系列的政
策行动提升了区域内生态环境的治理能力，但是区域之间仍存在较大差距。有
研究机构在聚类分析的基础上，将北京、天津、保定分为第一组，将石家庄、
唐山、邯郸、沧州、邢台分为第二组，将秦皇岛、廊坊、张家口、承德、衡水
分为第三组，在此基础上以 2017 年数据为基础对区域内 13 个城市的评估发现：
（1）综合环境治理能力评价中，北京为第一组排名第一，唐山为第二组排名第
一，张家口为第三组排名第一，得分从高到低分别为北京、张家口、天津、唐
山、邯郸、石家庄、邢台、承德、衡水、保定、廊坊、秦皇岛、沧州；（2）环
境污染控制能力评价中，北京在第一组中排名第一，沧州在第二组中排名第一，
衡水在第三组中排名第一，其中，沧州得分高主要源于其对城市生活垃圾和污
染治理方面取得了很好的效果，衡水得分高主要源于其生活垃圾无害化处理率
高；（3）环境质量维持能力评价中，北京在第一组中排名第一，唐山在第二组
中排名第一，承德在第三组中排名第一；（4）在环境治理支持能力评价中，第
一组中，北京得分为 92.25，天津和河北得分分别为 82.51、77.61 分，组内差
距较大。第二组中，唐山、邯郸、邢台得分差距较小，分别为 82.14、81.85、
81.32，石家庄和沧州得分分别为 78.81、67.48，和前三个城市相差较大。第三
组中，张家口得分为 89.90，排名第一，承德、廊坊、衡水、秦皇岛得分分别为

---

① 孙涛，温雪梅：《动态演化视角下区域环境治理的府际合作网络研究》，《中国行政管理》2018 年第 5 期，第 83～88 页。

78.26、76.59、75.40。①

从环境污染生产者的角度说，存在大量的生产企业、能源企业、交通排放者、农业生产等。京津冀区域生态环境方面的一系列规划、行动计划为区域内企业转型升级和环境治理提供了资金支持和政策压力。京津冀生态农业产业联盟、京津冀蓄电池环保产业联盟、京津冀及周边地区节能低碳环保产业联盟、京津冀水肥一体化产业联、京津冀气体协同发展联盟等纷纷成立并在推动相应技术创新、行业标准等方面发挥了重要作用。从网络治理的角度说，生态环境建设必须发挥市场主体的积极性和主动性，发挥市场机制和市场组织治理自身的力量。为此，京津冀地区需要加快形成市场供求关系、资源稀缺程度、环境损害成本的生产要素和资源价格形成机制②，需要推动区域排污交易市场体系建设，需要推动区域内形成有影响力和高水平的环保企业并积极推广生态环境建设第三方治理，需要建立符合市场规律的生态补偿机制。

京津冀生态环境建设政策网络的形成为公众参与提供了制度和法律保障。公众参与到生态环境执法、生态环境考核过程中有助于提升生态环境政策监管和执行力度，公众通过起诉违法企业有助于保障公众利益和提升企业违法成本，在大气、水、土壤治理中需要群众在能源改造、减少排污行为等方面发挥直接作用。从协同治理的角度说，需要发挥多元主体的力量，从根本上需要发挥"政策协同"和"利益协调"的作用，需要实现合作意识与价值取向协同、生态环境保护目标的协同、各主体功能定位协同、中央政府及各行政主体制度设计和政策导向协同、联合执法协同、产业布局协同、市场一体化和利益补偿机制协同，③ 需要机制建设形成区域生态环境建设的长效机制。

二、京津冀生态环境治理机制

（一）京津冀生态环境协同规划机制

生态环境规划包括整体规划和专项规划、中长期规划和短期规划。作为区域生态环境规划需要充分发挥国家相关部委和相关省级政府的主动性和能动性，进行协同规划。协同规划主要体现在两个方面：一是形成统一的区域生态环境

---

① 人民论坛测评中心：《对京津冀 13 个城市环境治理状况的测评研究》，《国家治理》2019 年第 1 期，第 18～33 页。
② 宋涛：《运用市场机制推进京津冀环保一体化》，《中国环境报》2014 年 6 月 11 日。
③ 李惠茹，杨丽慧：《京津冀生态环境协同保护：进展、效果与对策》，《河北大学学报》2016 年第 1 期，第 71 页。

协同规划；二是在省级政府专项规划或行动计划中形成关于协同建设或治理的内容，并且将两个方面的规划在制度和组织层面予以规范化，形成协同规划机制。

党的十八大以来，京津冀协同发展有了统一的规划纲要。在这一背景下，《京津冀协同发展生态环境保护规划》得以产生，并在生态环境协同规划层面迈出了重要一步。三地政府也出台了"十三五"生态环境保护规划，出台了大气、水、土地等方面的污染防治行动计划，对于推动京津冀生态环境协同规划落实具有积极作用。但是，在协同规划方面也存在协同规划不同步的问题。在省级政府层面，河北省出台了《河北省建设京津冀生态环境支撑区规划（2016—2020年）》，北京和天津缺乏相应的规划。在专项行动计划层面，大气污染防治行动存在专门的区域联防联治计划，而水和土地方面依靠省级政府行动计划，尤其是水治理方面需要制订京津冀及周边地区水生态和水环境方面的协同建设和治理规划。在省级行动计划中，也存在协同规划不同步的情况，一些省级行动计划中有专门的协同规定，一些省级行动计划中则不存在相应的协同规定，需要统一有相应的规定。

（二）生态环境流域、省际交界地区、生态环境执法合作机制

在生态环境合法机制建设方面有两个合作机制需要马上建立。一是流域、省级交界合作机制，包括相应区域生态建设合作机制、相应区域污染防治合作机制、相应区域会商和利益协调机制等。二是生态环境执法合作机制，包括定期会商、联动执法、联合检查或督查、信息共享等制度。合作机制既需要通过区域内协议明确各处权利和义务，也需要通过建立相应的制度予以保障。

在一些地方防治行动计划中，京津冀地区已经开始探讨建立相应的合作机制。例如，《北京市水污染防治工作方案》明确，京津冀三地加强水污染防治联动机制，重点完善监测预警、信息共享、应急响应等工作机制。北京市将协同张家口、承德地区共同开展饮用水水源地保护，合作建设生态清洁小流域，推进永定河、北运河、潮白河、大清河等跨界河流的绿色生态河流廊道治理，加大官厅、密云等水库生态修复和污染治理力度。在合作协议方面，三地政府加大了合作力度。例如，2016年3月北京、天津、河北三地环保部门签署了《京津冀凤河西支、龙河环境污染问题联合处置协议》，正式建立京津冀凤河西支、龙河水环境污染联合执法机制。

无论是行动计划还是合作协议，最终需要在区域联动执法方面得以落实，这就需要三地政府形成统一的环境执法联动机制。2015年11月，北京市环境保

护局、天津市环境保护局和河北省环境保护厅三部门协商建立了联动工作机制。京津冀三省（市）共同成立京津冀环境执法联动工作领导小组，下设办公室。联动工作机制具体包括5个方面的制度：一是定期会商制度；二是联动执法制度，根据工作计划或需要，由三省（市）环保局（厅）定期或不定期统一人员调配、统一执法时间、统一执法重点开展联动执法；三是联合检查制度，三省（市）环境保护局（厅）每年各牵头组织1至2次联合检查行动，互相派遣执法人员到对方辖区开展联合检查，共同学习交流执法经验、提高执法水平；四是重点案件联合后督察制度，对同时涉及京津冀的重点环境违法案件联合进行环境行政执法后督察；五是信息共享制度，相互共享本辖区环境监察执法信息。

（三）区域生态补偿机制

中共中央、国务院《生态文明体制改革总体方案》《环渤海地区合作发展纲要》等文件都强调要在京津冀地区建立区域生态补偿机制。区域生态补偿包括中央纵向补偿、地方横向补偿、省级政府生态补偿。

从纵向补偿的角度看，随着京津冀协同发展成为国家战略以来，如前所述在大气、水、土壤防治方面国家对京津冀地区都有规划和投入。为构建环首都生态屏障，实现京津冀协同发展的生态率先突破，国家林业局出台了《京津冀生态协同圈森林和自然生态保护与修复规划（2016—2020年）》。这一规划不仅包括北京、天津、河北三省市全部，还包括山西东部、内蒙古中段南部、辽宁西南部、山西西北部，共7省（区、市）的314个县（市、旗、区）。

在横向补偿方面，代表性的协议如下。（1）《关于引滦入津上下游横向生态补偿的协议》。《协议》明确：河北、天津共同出资设立引滦入津水环境补偿资金，资金额度为两省市2016—2018年每年各1亿元，共6亿元。河北省通过开展面源污染治理，清理潘家口、大黑汀水库网箱养鱼，开展水库沉积物污染物污染调查与环保清淤评估和清理，编制潘家口、大黑汀水库生态环境保护规划等污染治理和生态保护工程建设，确保水质达到考核目标，并稳步提升，使入津的黎河、沙河跨界断面水质年均浓度都达到《地表水环境质量标准》（GB3838‑2002）Ⅲ类水质标准。若考核年度水质达到或优于考核目标，天津市该年度资金全部拨付给河北省。中央财政根据水质考核目标完成情况，每年最多奖励河北省3亿元，用于污染治理。（2）《密云水库上游潮白河流域水源涵养区横向生态保护补偿协议》。协议实施年限暂定为2018至2020年，考核依据为水量、水质、上游行为管控三方面。为积极推进协议落实，两省市商议，北京市财政于2018年年底前，先行向河北省预拨补偿资金2亿元，河北省财政配套 1 亿元，下一年根据目标考核情况进行清算。

在省级政府生态补偿方面，三地政府出台了相关实施意见、资金管理办法等政策。河北省 2016 年出台了《河北省人民政府办公厅关于健全生态保护补偿机制的实施意见》。天津 2017 年 7 月出台了《关于健全生态保护补偿机制的实施意见》。2018 年 6 月北京出台了《北京关于健全生态保护补偿机制的实施意见发布》。从体制机制层面看，三地出台的文件都强调生态补偿机制，包括稳定投入机制、配套制度体系、创新政策协同体制。在稳定投入机制方面，主要包括多渠道资金筹措机制、生态补偿资金转移支付制度、资源收费基金和各类资源有偿使用收入的征收制度等。在配套制度方面主要包括完善重点生态区域补偿制度，制定完善各重点领域和国家级自然保护区、国家级风景名胜区、国家森林公园、国家地质公园等各类禁止开发区域的生态保护补偿制度，加强生态环境监测制度建设，加快自然资源资产产权制度建设等。在政策协同方面包括建立健全生态环境损害赔偿、生态产品市场交易机制以及这两大机制和生态补偿机制协同推进。

总体而言，京津冀生态补偿机制还存在如下问题。（1）尚未形成多元化的生态补偿机制。对中央补偿依赖性强，省级间补偿主要集中于水治理领域，生态服务受益地区与生态资源保护区之间缺乏有效的协商平台和机制。企业化的市场补偿机制和非营利性社会组织参与机制不健全。中央补偿—省级横向补偿—省内补偿之间的协同规划和实施机制尚未形成。区域重点领域和区域生态补偿机制尚未统一。（2）生态补偿模式及机制对生态服务直接提供者激励不足。自上而下的纵向补偿资金管理水平有待提高，需要增加落实到生态价值实际提供者的比例以提高生态补偿的直接激励作用。各级补偿主客体的权责利有待进一步明确，生态评价机制有待进一步完善，生态补偿和生态评价之间联系应进一步加强。（3）补偿标准过低且缺乏可持续性。目前一些生态补偿标准低于建设和运营成本，重点生态项目补偿依据生态投入和运营成本确定的机制有待完善，重点生态项目各方参与会商制度不健全，相应信任机制有待提高。（4）补偿方式单一、市场化补偿不足。[①] 碳排放交易制度、排污权交易、水权交易等市场化机制有待进一步完善，自然资源权确定有待进一步完善。

（四）区域生态环境建设和治理市场机制

在生态环境建设和治理方面，除了需要依赖政府管制和法制以外，还需要

---

① 叶堂林等：《科学构建京津冀生态补偿机制》，《经济日报》2017 年 1 月 20 日。

通过市场机制激励和约束相关主体的行为。尤其是需要通过建立生态环境建设的市场体系，充分发挥市场在资源配置中的决定性作用。市场体系包括生态自然资源（或资本）产权交易市场、生态产品交易市场、排污权交易市场、环境信息市场、环境保护服务市场等。从产权的角度说，我国在矿产、森林、水、草原、土地等自然资源权属方面进行了一些改革，但是这些改革还需要进一步完善。尤其是在自然资源属于国家和集体的前提下，自然资源使用权的转让是相关改革的重点和难点。在市场的资源配置过程中，价格机制扮演了重要角色。因此，如何建立有效的自然资源资产价格体系是我国相关改革的另一个重点和难点。在现有的定价体系中，因自然资源及生态环境要素本身的资源价值尚未得到充分体现而影响了自然资源合理地开发、利用和保护。建立排放权、排污权交易机制，通过价格手段和市场机制倒逼环境容量超标的区域和污染严重的企业进行技术改造、产业升级。通过 PPP、特许经营权、政府购买服务、投资成本的综合补偿等政策工具吸引社会资本和社会力量参与生态环境建设、修复和治理，有助于完善我国生态环境建设和治理的市场机制。从区域生态环境建设和治理的角度说，市场机制的建立和完善不仅要立足于本行政区域内，更需要从区域合作的角度探索区域生态环境建设和治理的市场机制。

1. 京津冀排放权、排污权交易制度探索

在碳排放和交易方面，北京和天津是我国较早实行碳排放交易的试点城市。2008 年 9 月 25 日，天津排放权交易所在天津经济技术开发区挂牌成立。财政部和环境保护部通过《关于同意天津市开展排放权交易综合试点的复函》。2013 年 11 月 28 日，北京碳排放交易市场在北京市环交所正式开市。同日京津冀晋蒙鲁六省市签订了跨区域排放权交易合作研究协议。北京市出台的《关于北京市在严格控制碳排放总量前提下开展碳排放权交易试点工作的决定》《北京市碳排放权交易管理办法（试行）》等政策对碳交易予以规范。天津也出台了《天津市碳排放权交易试点工作方案》《天津市碳排放权交易管理暂行办法》。从效果上看，北京的交易主体数量最多，类型最丰富。2015 年年末，北京市为加大温室气体减排控制力度，新增 430 家重点排放单位进入碳排放权交易试点，履约主体由原有 543 家一跃升至 954 家。在 2017 年开展的第四个履约期中，经第三方核查后，947 家企业（单位）纳入 2016 年度重点排放单位的履约率为100%。自 2013 年 11 月 28 日开市至 2017 年 12 月 31 日，北京碳市场累计成交配额 2013 万吨，交易额 7.11 亿元。其中线上公开成交 727 万吨，交易额 3.64 亿元；线下协议转让成交 1286 万吨，交易额 3.47 亿元。截至 2018 年 6 月 30

日，天津市 109 家纳入企业全部完成履约。

在探索碳交易制度外，京津冀还需要进一步拓展污染物排污权有偿分配和交易试点工作。尤其在总量核算、年度排放审核、污染物监测、违法协查等方面需要建立协调机制。

2. 京津冀水权市场化

水权是指水的所有权和各种利用水的权利的总称，包括水环境权、水资源的所有权、水资源的用益权或使用权及其他水权。水权流转市场可以通过购水户和转让直接交易的形式，也可以通过经纪人撮合交易模式。

2006 年 4 月我国通过了《水量分配暂行办法》。暂行办法第四条规定，跨省、自治区、直辖市的水量分配方案由水利部所属流域管理机构商有关省、自治区、直辖市人民政府制订，报国务院或者其授权的部门批准。省、自治区、直辖市以下其他跨行政区域的水量分配方案由共同的上一级人民政府水行政主管部门商有关地方人民政府制订，报本级人民政府批准。2011 年以来，水利部先后启动了 59 条跨省江河流域水量分配工作。2018 年水利部出台了《关于做好跨省江河流域水量调度管理工作的意见》。《意见》明确了跨省江河流域水量调度管理工作的总体要求和基本原则，规定了流域管理机构和地方水行政主管部门的监管职责，制定了水量调度管理主要任务和对策措施，包括组织制订水量调度方案，统筹安排年度水量调度计划、严格水量调度管理、强化江河取水管理、严格江河主要断面下泄水量和取水计量监管，强化监督检查等措施。

3. 京津冀环境污染第三方治理

为了引入社会资本和社会力量参与环境污染治理，国务院 2014 年 12 月出台了《关于推进环境污染第三方治理的实施意见》。北京、河北也出台了相关的实施意见。

北京市 2015 年出台了相关实施意见，从创新第三方治理方式、规范第三方治理合同、构建第三方治理诚信体系、引导行业自律四个方面完善环境污染第三方治理实施机制。其中，在创新第三方治理方式方面，北京根据不同领域与行业特点而采取不同的方式。（1）分散收集、集中处理处置或再生利用的模式。主要应用于对餐饮、汽车修理等量大面广的"小散"企业。（2）绩效合同服务模式。主要应用于流域治理、农村环境治理等领域。（3）特许经营、委托运营。主要应用于城镇污水、生活垃圾处理等领域。（4）委托治理与委托运营。主要应用于发电、供暖、石化、建材等重点行业领域。（5）政府购买服务的社会化运营模式。主要应用于污染治理设施竣工验收监测、污染源监督监测、重点区域环境质量监测、机动车排放监测等领域。

河北省 2015 年出台的实施意见，从明确双方企业责任、确定第三方合理回报、创新履约保障方式、构建企业诚信体系、创新服务平台五个方面完善环境污染第三方治理实施机制。其中，在履约保障方面，河北省主张鼓励排污企业、第三方治理企业与治污资金托管金融机构签订委托支付协议，排污企业将应支付的污染治理资金存入金融机构账户，金融机构依据环境监管部门对第三方治理效果的确认证明，支付第三方治理费用，保障排污企业权益和第三方治理企业收益。根据不同领域，河北省采取不同的第三方治理方式：（1）在环境公共服务领域主要采用特许经营和委托经营；（2）在工业园区集中治理方面主要采用打捆方式引进第三方进行整体式设计、模块化建设、一体化运营；（3）在钢铁、水泥、焦化等重点行业深度治理领域，主要采用委托治理、委托运营、环境绩效合同管理等方式引进第三方治理；（4）在农村环境整治领域主要采用环境绩效合同服务等方式引入第三方治理。

从区域治理的角度说，除了需要三地政府进一步完善环境污染第三方治理实施机制和管理办法外，还需要从如下方面进一步就第三方治理展开合作：（1）在共建园区、共治区域形成统一的第三方治理管理办法，建立统一的第三方治理评价体系，适用统一的绩效合同；（2）将三地环境污染第三方治理企业纳入区域诚信体系之中；（3）在人才和业务培训方面展开合作，提升第三方治理管理水平；（4）引入现代信息技术构建区域环境污染第三方治理服务平台。

第四节　京津冀环境协同治理成效

京津冀环境协同治理在组织机构、规划、行动计划、体制和机制等方面取得了重要进展，初步奠定了京津冀环境协同治理的政策框架。三地各级政府也按照协同发展的要求废弃、修订和重新制定了相关政策。除了在政策制定方面取得了相关成果外，京津冀环境协同治理成效主要体现在如下几个方面。

一、大气污染治理成效

在空气质量监测能力方面，2016 年年底京津冀地区实现了县级以上空气质量监测点及联网共享，建立了国控、省控、市控等不同层级的监测网点。其中，北京和天津空气质量监测点建设步伐要早于河北。截至 2014 年 4 月，天津共有

27 个空气质量监测点。包括市区 8 个点、新四区 4 个点、滨海新区 7 个点、三县二区 8 个点，实现行政区空气质量监测全覆盖。[①] 北京设有空气质量监测中心和 35 个空气质量监测子站，对北京地区空气质量实施监测全覆盖。在实施京津冀大气污染联防联控以来，河北省加大了投入力度。截至 2018 年年底河北省建立了包括 53 个国控站、337 个省控站、1985 个乡镇站、218 个省级开发区空气站以及 5 个港口作业区空气站的全国最大环境空气监测网。[②] 北京市、天津市、河北省建成了空气质量发布平台，区域内则建立了京津冀空气质量协调管理中心。

根据环境保护部 2017 年 1 月 4 日通报数据，2016 年，京津冀区域 PM2.5 平均浓度为 71 微克/m³，同比下降 7.8%，与 2013 年相比下降 33.0%，平均优良天数比例为 56.8%，同比上升 4.3 个百分点。[③] 根据生态环境保护部 2018 年 5 月发布的《关于通报京津冀大气污染传输通道城市秋冬季环境空气质量目标完成情况的函》，2017 年 10 月至 2018 年 3 月 "2 + 26" 城市 PM2.5 平均浓度为 78 微克/m³，同比下降 25.0%，重污染天数为 453 天，同比下降 55.4%，均大幅超额完成《攻坚方案》提出的下降 15% 的改善目标。在这段时间内，北京、廊坊和天津 PM2.5 在 "2 + 26" 城市中属于平均浓度在最低的 3 个城市，分别为 53μg/m³、58μg/m³ 和 63μg/m³，而邯郸、邢台和安阳则属于平均浓度在最高的 3 个城市，分别为 102μg/m³、97μg/m³ 和 96μg/m³。重污染天数最多的 3 个城市分别是邯郸、安阳和石家庄，分别为 32 天、30 天、30 天，而重污染天数最少的 3 个城市分别是廊坊、长治、济南。

二、水环境治理效果

根据北京市 2018 年环境状况和环境保护目标完成情况报告，2018 年北京地表水体监测断面高锰酸盐指数、氨氮年均浓度同比分别下降 17.8% 和 62.6%，万元地区水耗下降 7.1%。根据 2017 年北京环境状况报告，2017 年北京化学需氧量排放为 11.59 万吨，比去年下降 22.3%（比 2015 年下降 28.3%），氨氮排放量为 1.24 万吨，比去年下降 18.4%（比 2015 年下降 25%），全年污染处理率达 92%（其中中心城达到 98.5%，再生水利用量达 26.6%）。截至 2017 年年

---

① 周敬启：《空气监测点无缝隙盖京津过渡区》，《北京青年报》，2014 年 4 月 11 日。
② 段丽茜：《河北建成全国最大环境空气监测网》，《河北日报》，2019 年 3 月 15 日。
③ 《环保部通报全国及部分地区空气质量变化情况》，新浪财经网，http://finance.sina.com.cn/roll/2017 - 01 - 04/doc - ifxzkhfx4591025.shtml，2017 年 1 月 4 日。

底，北京市所有区全部建立乡镇水环境区域补偿机制，90%以上的加油站具备防渗设施。

根据天津市生态环境局公布水环境情况通报，2018年天津地表水20个国控断面中，优良水体（达到并优于Ⅲ类）比例为40%，同比提高5个百分点；劣Ⅴ类水体比例为25%，同比下降15个百分点；主要污染物化学需氧量、氨氮平均浓度较基准年2014年，分别下降43.3%、72.5%。① 根据天津2017年环境状况公报，2017年天津近岸海域考核点位中，水质达到或优于二类的比例为50%，优于国家40%的年度考核要求，主要污染物氨氮和总磷浓度年均值与基准年（2014年）相比，分别下降52.1%和43.8%。南水北调中线曹庄子泵站为Ⅱ类水质，自2014年12月正式通水以来稳定达到饮用水源水质标准，于桥水库和宜兴埠泵站均为Ⅲ类水质，满足饮用水源水质要求。

根据河北省2017年环境状况公报，199个实际监测点中，达到或好于Ⅲ类的水质断面占52.26%，同比降低2.01个百分点；Ⅳ类水质断面占16.08%，同比升高6.53个百分点；Ⅴ类水质断面占7.04%，同比降低2个百分点；劣Ⅴ类占24.6%，同比降低2.52个百分点。

按照《京津冀协同发展规划纲要》要求，三地要推进"六河五湖"② 综合治理与生态修复。2016年12月《永定河综合治理与生态修复总体方案》正式通过并进入实施阶段，为"六河五湖"综合治理提供了典型示范。2018年年底《京津冀协同发展六河五湖综合治理与生态修复总体方案》经过了水利部的审查，正在进入下一个阶段。

三、绿化和湿地建设效果

2014年6月《京津冀协同发展三年造林行动方案》正式出台，为京津冀实现绿色梦、生态梦提供了支持。三地围绕京冀生态水源保护林建设、京津风沙源治理、太行山绿化、京津保平原生态过渡带建设等项目展开了合作。截至2018年5月，北京五年新增造林绿化面积134万亩，森林覆盖率由38.6%提高到43%。截至2018年年底，天津市五年来共完成营造林238万亩左右。河北在构筑京津冀生态屏障方面承担了重要任务，截至2018年年底，河北五年新增国

① 韩爱青：《2018年天津市水环境质量情况》，《天津日报》2019年2月13日。
② 滦河、潮白河、北运河、永定河、大清河、南运河；白洋淀、衡水湖、七里海、北大港、南大港。

土绿化面积 2561 万亩,森林覆盖率由 27% 提高到 33%。其中 2018 年,河北省全年累计完成营造林 987 万亩。

北京 2013 年通过《北京市湿地保护条例》,2016 年出台了首批市级湿地保护名录,2018 年出台了《北京市湿地保护修复制度工作方案》。按照北京市"十三五"规划,北京新增湿地 1.1 万公顷,其中新增湿地 3000 公顷,恢复湿地 8000 公顷。截至 2018 年 9 月已完成 4684 公顷,全市 1 公顷以上湿地总面积已达 5.14 万公顷。2018 年北京市通过了《北京市湿地保护修复工作方案》。按照这一方案要求,至 2020 年,北京市湿地面积不低于 5.44 万公顷。北京有 6 个湿地自然保护区①,总面积约为 200 平方千米。

2013 年 12 月河北省通过了《河北省湿地保护条例》,2017 年 12 月通过了《河北省湿地保护修复制度实施方案》。根据河北省第二次湿地资源调查统计,河北省湿地面积 94.19 万公顷,湿地率 5.02%,湿地保护率 38%。截至 2017 年 12 月,河北湿地自然保护区 11 个,湿地公园 52 个②,湿地保护率达 41.27%。按照《河北省湿地保护修复制度实施方案》要求,到 2020 年,全省湿地面积不低于 1413 万亩。

2016 年天津市通过了《天津市湿地保护条例》。天津 2012 年湿地面积为 2500 多万平方米湿地,至 2016 年达 29.56 万公顷。2017 年 12 月天津市印发了《天津市湿地保护修复工作实施方案》,按照这一方案要求,到 2020 年,全市湿地面积保有量不少于 2956 平方公里,湿地保护率提高到 50% 以上。天津自然类保护区,即古海岸与湿地国家级自然保护区、天津市团泊鸟类自然保护区、天津北大港湿地自然保护区、天津大黄堡湿地自然保护区。天津拥有新开工建设永定河故道、潮白河、蓟州河和环秀湖 4 个国家湿地公园。

四、区域联防联治效果

2014 年,区域大气污染防治在重点行业防治、散煤清洁化、机动车污染防治等方面出台了一系列政策,成立大气污染防治专家委员会,争取了 81 亿元大气污染专项资金,并完成了 APEC 会议空气质量保障工作。2015 年起区域联防

---

① 包括拒马河水生野生动物自然保护区、怀柔沙河水生野生动物自然保护区、野鸭湖湿地自然保护区、金牛湖自然保护区、白河堡水库保护区、汉石桥湿地自然保护区。

② 包括怀来官厅水库国家湿地公园、邯郸永年洼湿地公园、尚义察汗淖尔湿地公园、蔚县壶流河湿地公园、涿鹿桑干河湿地公园、北戴河国家湿地公园、青龙湖国家湿地公园、丰宁海留图国家湿地公园等。

联治在行动层面取得了更多的实质性效果。根据北京市 2015 年环境状况公报，2015 年七省区共淘汰黄标车、老旧机动车 178.6 万辆，推广新能源车 6.93 万辆，实现煤电机组超低改造 370 台，淘汰燃煤小锅炉 2.41 万台，淘汰炼铁 1069 万吨、炼钢 1727 万吨、焦炭 390 万吨、水泥 2335 万吨、平板玻璃 1537 万重量箱。2016 年京津冀率先统一空气重污染应急预警分级标准，建立了京津冀及周边地区大气污染防治信息共享平台、京津冀水污染应急联席制度和信息通报机制，推动了北京和河北对潮白河下游开展水污染共治机制。2017 年京津冀在清洁供暖、控制机动车船污染、化解过剩产能、错峰生产运输等重点领域污染减排方面出台了一系列政策并予以实施，京津冀及周边地区"2 + 26"大气污染传输通道城市统一空气重污染预警分级标准和各预警级别减排比例，完成密云水库上游流域水源涵养区生态补偿机制研究，首次开展京津冀突发水环境污染事件联合应急演练。

在结对合作机制方面，北京支持保定、廊坊大气污染防治。2015 年至 2017 年北京支持这两个城市大气污染防治资金分别为 4.6 亿、5.02 亿、1 亿元。

五、生态环境督查、执法和公众参与

（一）生态环境执法和环境督查

1. 生态环境执法

根据北京市环境状况公报数据，2013 年北京市针对排污企业进行专项执法，处罚企业 1766 家次，罚款 2463.9 万元。2014 年处罚各类环境违法行为 2921 起，处罚金额为 1.05 亿元。2015 年和 2016 年处罚各类环境违法行为分别为 1.2 万、1.3 万多起，处罚金额分别为 1.83 亿、1.51 亿元。2017 年立案处罚固定污染源违法行为 5258 起，处罚金额达 1.87 亿元，在 38 个主要进京口开展 24 小时机动车执法，人工检查重型柴油车 96.3 万辆，查处超标排放 5.8 万辆。从这些数据看，京津冀协同战略实施以来，北京市加大了对环境违法行为范围的查处力度，并加大了处罚力度。

根据天津市环境状况公报，2014 年至 2017 年天津全年检查企业分别为 3.3 万、3.4 万、3.5 万、3.4 万家次，立案分别为 617、1427、1885、6184 起，下达处罚决定分别为 490、858、1340、4661 起，处罚金分别为 0.17 亿、0.86 亿、0.92 亿、2.21 亿元。这说明天津市在京津冀协同战略实施以来，明显加大了执法力度。其中，2014 年检查企业次数、立案数、下达处罚决定数、处罚金数较之 2013 年分别提高 19%、32%、55%、97%、70%。2015 年处罚金是 2013 年

的 8.5 倍、2014 年 5 倍。2016 年检查企业数、立案数、下达处罚决定数、处罚金数较 2015 年分别提高了 3%、28%、56%、7%。2017 年立案数、下达处罚决定数、处罚金分别是 2016 年的 3.3、3.5、2.4 倍。2014 年至 2017 年全市排污费收入分别为 2.81 亿元、6.38 亿元、6.81 亿元、8.23 亿元，其中 2015 年排污费是 2014 年的 2.26 倍，而 2014 年较 2013 年增加了 37.6%。

根据河北省环境状况公报，2014 年河北省全年共检查企业 19.8 万家（次），查处违法企业 7090 家（次），挂牌督办 41 家，处罚案件 2357 起，停业整改 2511 家，停产关闭 9360 家。2015 年检查排污单位 10.08 万家次，查处环境违法企业 1087 家，立案侦查环境污染刑事案件 1023 起，抓获犯罪嫌疑人 1846 次。2016 年查处环境违法企业 3333 家，取缔关闭"土小"企业 2221 家，捣毁 4 个跨省环境犯罪团伙。2017 年共检查企业 7.4 万个，查处涉气问题 1.89 万个，查办违法企业 2215 起，共排查"散乱污"企业 10.8 万家（其中，取缔了 68747 家，整合搬迁 898 家，整合改造 38785 家）。这些数据说明，河北省对违法企业和"散乱污"企业查处上力度不断加大。

如前所述，京津冀已经建立了京津冀环境执法联动工作会议机制。根据联动工作会议部署，每年京津冀会在一些重点领域或区域实施联动执法。事实上，在正式的联动工作机制建立之前的 2008 年奥运会期间，三地就曾在联动执法方面存在合作以保证了奥运会期间空气质量。2014 年三地联动执法同样保证了 APEC 会议期间的空气质量。2015 年 12 月 6 日至 9 日三地对秋冬季节的污染排放问题进行联动执法。2016 年三地环保部门对 5 家企业（天津市 1 家、北京市 2 家、河北省 2 家）进行了环境风险隐患排查。类似活动，2016 年进行了多次。2017 年京津冀三地环保部门开展了两次联动执法，共出动执法人员 4 万余人次，检查各类污染源单位 4 万余家次，发现环境污染问题 2138 起。2018 年 5 月北京、河北两地环保部门对北京市房山区和河北省涿州市交界处存在的十余家非法砂石料场进行了清理整顿。

2. 生态环境督查

随着中央对生态环境的不断重视，大量严格生态环境政策的出台，京津冀地区生态环境有了较大程度的改善，但是在经济整体下行压力不断增加的情况下，许多生态环境指标随时面临"不降反升"的压力。生态环境部门在当地执法过程中存在"自己查自己"的困境。针对这种情况，2015 年 7 月，中央深改组第 14 次会议审议通过了《环境保护督察方案（试行）》，明确要建立环保督查机制。中央督查不仅要进省进行督查，还要下沉到市进行督查。从 2016 年起每两年左右对各省党委、政府环境保护"党政同责""一岗双责"情况督察一轮。2014 年北京市编办批准北京市环境保护局设立督查处。2015 年通过的《北京市人民政府督促检查工作办法》要求各区县设立专门的督促检查机构和督查专员。河北和天津也出台了相关的环境保护督查方案。

　　2017 年 4 月起环保部从全国 5600 名环境执法人员对京津冀及周边区域"2 + 26"城市开展为期一年、共计 25 轮次的大气污染防治强化督查。截至 2017 年 6 月底，督查发现"散乱污"企业达 17.6 万家。2017 年到 2018 年秋冬季，京津冀及周边排查和交办了 38900 个问题，2019 年成立的生态环境部开始启动，京津冀仍然是督查需要关注的重点区域。① 2016 年 5 月至 2017 年 8 月，河北省组建 13 个环保督察组分 5 批次进驻 11 个设区市、定州市和辛集市进行环境保护督察工作，11 月 20 日至 12 月 10 日开展为期 20 天的环保督察"回头看"。2017 年 10 起北京市实施第二轮环境保护督查工作，对北京市 16 个区实现市级环境保护督察全覆盖。天津 2015 年 7 月完成第一轮环保督查，共立案查处环境违法行为 630 起，罚款 4056 万元。2016 年天津实施了二轮大气和水污染防治检查暨环保督查工作。

　　（二）公众参与

　　公众参与主要体现在投诉举报和信访、主动减少污染排放、支持环保政策与执法、通过公益活动参与环境保护等方面。2014 年河北省受理环境信访事件 24308 件，2017 年河北省受理大气污染信访事件 21330 件、水污染信访事件 5728 件、噪声污染 3860 件。2014 和 2015 年北京受理投诉举报和信访事件分别达到 3.9 万、3.0 万件。2014、2015 年天津受理来信、来访以及网络、电话等投诉、建议分别为 30676、29733 件次，承办"两会"建议提案分别为 86、104 件。

---

① 杜希萌：《生态环境部 2019 年将启动中央生态环境保护督察》，新华网，2019 年 1 月 22 日，http：//www.xinhuanet.com/politics/2019 - 01/22/c_ 1124022610.htm.

第六章

京津冀交通协同发展

第一节　京津冀交通协同发展进展

"运输成本的降低伴随着规模报酬的递增，将使生产在空间上更加集聚"[①]，因此降低交通成本成为区域经济发展的一个突出问题，而"交通运输成本的降低最有效的实现途径是发展一体化的交通运输行业"[②]。正因如此，交通协同发展也被作为京津冀协同发展率先突破的三大重点领域之一。

（一）成立交通协同发展组织机构

主要涉及四个层次的组织机构。一是京津冀交通一体化领导小组及办公室。领导小组正副组长由交通部正副部长各一名、北京和天津各一名副市长、河北省一名副省长构成。第一次会议通过了《交通运输部关于成立推进京津冀交通一体化领导小组及其办公室的通知》，确立了京津冀一体化领导小组的职责[③]、办公室成员及其职责、专题小组[④]构成。第二次会议研究了《〈京津冀协同发展规划纲要〉交通一体化实施方案》。第三次会议审议并原则通过了《关于推进京津冀交通一体化政策协调创新的指导意见》。第四次会议原则通过了《京津冀交

---

① 国际复兴开发银行：《2009 年世界发展报告》，清华大学出版社 2009 年版，第 173 页。
② 国际复兴开发银行：《2009 年世界发展报告》，清华大学出版社 2009 年版，第 261 页。
③ （1）研究京津冀区域经济社会发展对交通运输业的需求，深化交通一体化发展的战略、规划、政策及措施，推进京津冀区域综合交通运输体系建设，促进区域内各种运输方式融合发展；（2）统筹京津冀区域内各种运输方式基础设施建设，优化主要通道和重要枢纽节点布局，指导综合交通运输枢纽建设和管理，提升综合交通运输整体效能；（3）推进京津冀交通运输改革、政策衔接、创新发展和经验推广；（4）研究推进京津冀区域综合交通运输服务一体化，强化各种运输方式的高效衔接，加快交通运输信息化建设，促进现代物流发展，全面提升交通运输服务能力和水平；（5）协调解决京津冀区域交通一体化发展进程中的重大问题。
④ 包括综合规划组、政策协调组、建设推进组。

通一体化2016年工作要点》。第五次和六次会议部署了年度工作重点任务。第七次会议对雄安新区综合交通运输体系建设做出部署。

二是三省市层面的京津冀交通一体化协作领导小组。北京还成立了京津冀交通一体化协同处。

三是三省市的交通运输部门建立起联席会议组织。主要有京津冀三省市交通运输部门联席会议、京津冀交通一体化法制与执法协作联席会议、京津冀应急联动合作联席会议、京津冀治超联席会议等。

四是在京津冀交通一体化领导小组的框架下，成立交通相关领域的协同发展协调组织和机制。例如，根据《加快推进津冀港口协同发展工作方案》要求，需要建立津冀港口协同发展协调组织机构和协调机制。

（二）逐渐形成了以区域交通总体规划、地方交通发展规划以及交通领域专项规划为内容的区域规划协同体系

《京津冀协同发展规划纲要》明确提出，推进包括干线铁路、城际铁路、市郊铁路、城市轨道交通在内的轨道交通建设，打造"轨道上的京津冀"。在京津冀协同发展战略总体布局的要求下，2015年12月通过了《京津冀协同发展交通一体化规划》。《规划》）提出要扎实推进京津冀地区交通的网络化布局、智能化管理和一体化服务，到2020年基本形成多节点、网格状的区域交通网络。《规划》提出要从如下几个方面推进区域交通一体化：（1）重点建设京津冀区域城际铁路网，连接所有地级及以上城市；（2）加快推进首都地区环线等区域内国家高速公路建设，全面消除跨区域国省干线"瓶颈路段"；（3）发展安全绿色可持续交通，统一京津冀地区机动车注册登记、通行政策、排放标准、油品标准及监管等政策。为了保证京津冀交通化一体化规划的实施，交通运输部还通过了相关实施方案、年度重点工作方案等政策。京津冀一体化所形成的交通圈要达到如下目标：到2020年，计划形成京津冀9000公里的高速公路网和主要城市3小时公路交通圈，9500公里的铁路网和主要城市1小时城际铁路交通圈。

在专项规划层面，2016年11月国家发改委批复了《京津冀地区城际铁路网规划》。《京津冀地区城际铁路网规划》规划目标：以"京津、京保石、京唐秦"三大通道为主轴，到2020年，与既有路网共同连接区域所有地级及以上城市，基本实现京津石中心城区与周边城镇0.5～1小时通勤圈，京津保0.5～1小时交通圈，有效支撑和引导区域空间布局调整和产业转型升级。远期到2030年基本形成以"四纵四横一环"为骨架的城际铁路网络。2017年7月通过了《加

快推进津冀港口协同发展工作方案》（以下简称工作方案）。《工作方案》提出的发展目标：到 2020 年，津冀港口集疏运体系日臻完善，集装箱和大宗散货运输系统高效协同，天津北方国际航运核心区辐射能力不断增强，区域港口资源节约集约利用，做强做优做大国有骨干港口企业，基本建成以天津港为核心、以河北港口为两翼，布局合理、分工明确、功能互补、安全绿色、畅通高效的世界级港口群，先行示范带动港口资源跨省级行政区域整合，为更大范围的协同发展创造条件。《工作方案》从优化津冀港口布局和功能分工、加快港口资源整合、完善港口集疏运体系、促进现代航运服务业发展、加快建设绿色平安港口、提升津冀港口治理能力六个方面提出了 18 项工作任务。2017 年 12 月通过了《推进京津冀民航协同发展实施意见》。《实施意见》提出要构建京津冀三省市航空枢纽协作机制，推进三地机场协同运行和联合管理，鼓励"三地四场"主要基地航空公司实行枢纽化运营，支持天津机场发展航空物流，支持石家庄机场发展低成本航空。

（三）京津冀交通法制与执法协同发展

2015 年交通运输部召开了京津冀交通一体化法制与执法协作第一次联席会议，并印发了《关于做好京津冀交通一体化法制与执法协作工作的通知》。这一次会议确定了协作章程及重点任务。第一次会议后，三地交通部门印发了落实方案。第一次会议后，北京交通部门牵头梳理了京津冀三地公路路政类规范性文件 73 部，河北省交通部门牵头梳理了道路运输领域的规范性文件 67 件，天津牵头梳理了水运港航领域规范性文件。

截至 2018 年 12 月，京津冀交通一体化法制与执法协作共举行了四次会议。其中，第二次会议研究了《京津冀公路立法协同工作机制》（草案）、《京津冀交通运输行政执法合作框架协定》（草案）、《北京市、天津市、河北省违法超限运输案件移送暂行办法》（修订草案）等协作文件。第三次和第四次会议审计通过了《京津冀省际通道公路养护工程施工作业沟通管理办法》《京津冀普通公路建设项目计划协调机制》《京津冀交通运输行政执法人员学习交流工作方案》《京津冀跨境高速公路工程质量安全联合督查办法》《京津冀信用治超协作工作办法》《京津冀区域内河船员管理协同发展框架协议》。

截至 2018 年 12 月，京津冀治超联席会议共召开了 9 次会议，每一次会议都总结了上一次会议工作情况，并安排了下一阶段重要任务。会议还研究或审议通过了《京津冀统一货车超限超载认定和处罚标准工作意见》《关于北京市—河北省共建公路超限检测站合作框架的建议》《京津冀区域联合治超工作指导意见》等文件，将区域治超执法工作不断细化。2014、2016 年京津冀开展了联合治超行动。2017 年 3 月至 5 月，在公安部的组织下，京津冀地区联合开展整治机动车假牌套牌违法行为统一行动，会同治安、刑侦、网安等部门，联合开展查处制假、贩假有关工作，查找牌证来源，揪出犯罪团伙，共查处大量假牌套牌违法车辆。

（四）京津冀交通应急联动

2015 年 12 月，京津冀三地突发事件应急委员会印发了《京津冀冰雪灾害天气交通保障应急联动预案》。2016 年三地政府相关部门联合开展京津冀冰雪灾害天气交通保障应急联动综合演练。2018 年 12 月召开的京津冀交通应急联动联席会议签署了《京津冀三地相邻区域交通应急保障联动合作协议书》。

（五）京津冀交通一卡通

2015 年启动了京津冀交通一卡通。2018 年 1 月 1 日起，凡持有"交通联合"标识的交通一卡通互通卡，均可在天津市区、天津滨海公交线路、天津地铁运营线路以及北京市、河北省（石家庄、保定、廊坊、张家口、唐山、秦皇岛、承德、沧州、邢台、邯郸、衡水）公交、地铁刷卡乘车，并享受当地票价优惠政策。

（六）京津冀地区交通一体化和区域经济耦合度总体上稳步提高

聂正英等采用熵权法构建交通一体化与区域经济协调发展的耦合分析模型，对京津冀区域 2007 年至 2016 年交通运输与区域经济之间的耦合协调度进行计算，得到 2007 年至 2016 年耦合协调度值分别为 0.1881、0.3286、0.4820、0.6202、0.7186、0.7932、0.7562、0.8183、0.8266、0.856。其中，2007 年至 2009 年耦合协调度低于 0.5，表明京津冀地区交通一体化和区域经济协调度为失调。之后两系统耦合互动效应逐步加强，特别是 2014 年京津冀一体化提出后，两者耦合协调度明显提高，达到了良好协调，且呈现出增长趋势，说明交通一体化程度的提高，对区域经济发展具有积极影响。[①] 周京奎等从产业、交通和环境角度对京津冀地区 2006 年至 2016 年三系统耦合协调度进行测算，认为京津冀产业、交通和环境综合评价值均呈现波动上升的趋势，京津冀"产业—

---

① 聂正英、李萍：《京津冀交通一体化与区域经济耦合：基于熵权法的协调分析》，《综合运输》2019 年第 4 期，第 37 ~ 42 页。

交通—环境"系统耦合协调度比较好的城市多分布在北京的"东南"一线。①

第二节 京津冀交通运输网络布局

根据《京津冀协同发展规划纲要》，京津冀交通运输网络总体布局为"四纵四横一环"网络化布局。"四纵"即沿海通道、京沪通道、京九通道、京承—京广通道，"四横"即秦承张通道、京秦—京张通道、津保通道和石沧通道，"一环"即首都地区环线通道。

一、轨道交通

根据《京津冀地区城际铁路网规划》，到 2020 年前实施北京至霸州铁路、北京至唐山铁路、北京至天津滨海新区铁路、崇礼铁路、廊坊至涿州城际铁路、首都机场至北京新机场城际铁路联络线、环北京城际铁路廊坊至平谷段、固安至保定城际铁路、北京至石家庄城际铁路等 9 个项目，总里程约 1100 公里。京霸铁路连接北京、霸州，并通过津保铁路、津秦客专和京广客专连接天津、唐山、保定、石家庄等地，与其他交通方式共同承担首都新机场客流。京唐城际铁路全线共设置车站 7 座，分别为北京城市副中心站（新北京东站）、燕郊站、大厂站、香河站、宝坻南站、鸦鸿桥站和唐山站。在唐山站布置京唐津秦联络线，使京唐 - 津秦构成京秦城际。京滨城际铁路由北京至唐山铁路宝坻南站引出，经天津市宝坻区、武清区、北辰区、东丽区、滨海新区，终至既有天津至秦皇岛高速铁路滨海站。崇礼铁路是京张高铁的重要组成部分，线路自京张高铁下花园北站引出，途经宣化区、赤城县，终点至崇礼区太子城站。廊涿城际铁路是连接河北省境内廊坊市和涿州市的城际铁路，是北京新机场配套交通工程。固安至保定城际铁路是连接河北固安和保定的城际铁路，是北京新机场配套交通工程。北京至石家庄城际铁路是京津冀地区连接北京市和雄安新区与河北省石家庄市的一条重要城际铁路。此外，2015 年 11 月国家发改委正式批复新建北京至张家口铁路可行性研究报告，同意新建北京至张家口铁路。京张高铁起自北京西城区北京北站，途径海淀、昌平、延庆、怀来、下花园、宣化，最

---

① 周京奎，王文波，张彦彦：《"产业——交通——环境"耦合协调发展的时空演变——以京津冀城市群为例》，《华东师范大学学报》2019 年第 5 期，第 118～134 页。

终抵至河北张家口。2018 年 2 月 9 日，国家发改委正式批复新建北京至雄安城际铁路调整可行性研究报告，将新建北京至霸州铁路调整为北京至雄安城际铁路。

在地铁方面，截至 2018 年 12 月，北京正在运营线路共有 22 条地铁线路，覆盖北京市 11 个市辖区，在建线路 15 条，天津正在运营线路共 6 条。河北地铁主要集中于石家庄，相对于北京、天津来说，地铁发展滞后。截至 2018 年 2 月，石家庄地铁运营线路有 2 条，在建 3 条。随着京津冀协同发展的不断推进，跨省（市）地铁建设提上日程。按照规划，北京平谷线将先通燕郊，将成为京津冀首条区域快线。根据《河北雄安新区规划纲要》，雄安新区要修至北京新机场的快线。通过雄安新区、新机场枢纽站可以将北京和河北中西部地铁线路融进来，通过北京副中心、北京机场枢纽站可以将滨海新区、唐山、平谷、廊坊地区和北京地铁线路融入。

二、公路

北京有京哈（G1）、京沪（G2）（京津塘）、京台（G3）、京港澳（G4）（京石）、京昆（G5）、京藏（G6）、京新（G7）、大广（G45）（京开、京承）高速公路等。北京六环路高速公路是一条环城高速路，连接京承、京平、京哈、京沈、京津等 12 条放射线高速路。

天津高速公路呈"九横六纵五联络线"布局。"九横"包括京秦高速、京哈高速、唐廊高速、滨保高速、京津高速、京津塘高速、京津三通道高速、津石高速、南港高速。"六纵"包括海滨高速、塘承高速、滨海新区绕城高速（津汉 - 西外环高速）、长深高速、津承 - 津蓟 - 宁静 - 荣乌高速、京沪高速。"五条联络线"包括津宁高速、津滨高速、津港高速、津沧高速、东疆联络线。

河北高速公路呈"五纵六横七条线"布局。"五纵"包括隆化茅荆坝—承德—唐山—天津—黄骅歧口—海兴海丰、北京—廊坊—天津—沧州—吴桥—山东德州、北京—廊坊—天津—沧州—吴桥—山东德州、涿州—保定—石家庄—邢台—邯郸—磁县、沽源县九边城—张北—万全—涞源—满城—曲阳—石家庄。"六横"包括平泉—承德—北京—怀来—张家口—怀安、山海关—秦皇岛—唐山—宝坻—香河、北戴河—乐亭—唐山港—天津—霸州—徐水—阜平、黄骅港—黄骅—沧州—石家庄—井陉、临清—威县—邢台—左权、馆陶—邯郸—涉县。"七条线"包括张家口—承德—秦皇岛、宣化—阳泉—大同、密云—平台—三河—香河—廊坊—涿州—涞源、唐山—乐亭—京唐港、沧州—河间—高阳—保定、夏津—清河—南宫—宁晋—赵县—石家庄、衡水—德州。

据河北省交通运输厅统计，截至 2014 年 10 月，河北通往京津两地的"断头路"，总里程达 2300 公里。[1] 在三地政府的共同努力下，截至 2018 年 8 月，京津冀"断头路"问题基本解决。

三、京津冀机场群

截至 2018 年年底京津冀拥有 9 个民用机场，其中北京 2 个，天津 1 个，河北 6 个。根据 2017 年通过的《全国民用机场布局规划》，将新增邢台机场、沧州机场、康保机场、丰宁机场。按照规划，京津冀地区要优化首都机场航线网络结构并与新机场形成优势互补的"双枢纽"航线网络格局，要完善天津机场、石家庄机场区域枢纽航线网络布局，要鼓励枢纽运输机场周边建设通用机场[2]，形成世界级的机场群。

北京拥有首都机场和南苑机场两个民用机场，正在建设的机场一个。截至 2017 年 7 月，北京首都国际机场拥有三座航站楼，面积共计 141 万平方米，开通国际和国内线路 252 条。2017 年，首都国际机场旅客吞吐量 9578.6 万人次，货邮吞吐量 202.96 万吨。南苑机场拥有一座年处理 120 万人次的航站楼，2015 年的旅客吞吐量为 527 万人次，货邮吞吐量为 3.7 万吨。北京大兴国际机场预计 2019 年 6 月 30 日前全面竣工，9 月 30 日前正式通航。北京大兴国际机场正式通航后，南苑机场民用航空功能转移到新机场。北京大兴国际机场有 70 万平方米航站楼，客机近机位 92 个。按照设计，北京大兴国际新机场 2040 年客流吞吐量 1 亿人次，2050 年将达到 1.5 亿次。天津滨海国际机场经过扩建后至 2017 年有 2 座航站楼。2017 年天津滨海国际机场旅客吞吐量为 2100.5 万人次，货邮吞吐量 26.83 万吨。河北已经建成的机场有石家庄机场、秦皇岛机场、邯郸机场、唐山机场、张家口机场、承德机场。根据河北通用机场布局规划，到 2020 年通用机场 20 个，至 2030 年全省通用机场达 50 个。根据天津通用机场布局规划，至 2020 年规划形成"5 + 4 + N"[3] 的通用机场体系。根据北京通用机场规划，至 2020 年形成 19 个通用机场。

---

[1] 陈卓：《京津冀 2300 公里"断头路"断在哪儿》，《中国青年报》2014 年 10 月 15 日。
[2] 民用航空机场包括通用航空机场和民用运输机场。通用航空机场是专门承担除个人飞行、旅客运输和货物运输以外的其他飞行任务（如空中测绘、农林喷洒）的机场。
[3] 5 个 A1 级、4 个 A2 级、若干 A3 级和 B 类通用机场。

四、京津冀港口群

京津冀地区拥有天津港以及河北的秦皇岛、唐山、黄骅四个港口。天津港位于海河入海口，处于天津港处于京津城市带和环渤海经济圈的交汇点上，辐射的范围包括京津冀及中西部地区的十多个省、自治区、直辖市，是唯一拥有三条亚欧大陆桥过境通道的港口。秦皇岛港位于渤海湾中部，是世界著名的煤炭输出港。唐山港位于唐山市东南沿海，黄骅港处于河北和山东两省的交界处，两者都是改革开放以后兴建的港口。2017年，唐山港、天津港、黄骅港、秦皇岛港货物吞吐量分别为5.65亿吨、5.03亿吨、2.69亿吨、2.65亿吨，分别在国内排在第4、6、12、13位。京津冀港口是冰上丝绸之路航道的起点，也是冰上丝绸之路的黄金支点，在响应"一带一路"倡议中扮演了重要角色。①

第三节　京津冀交通协同发展对策建议

京津冀产业协同发展需要依赖快速、便捷、高效、安全、低成本和高容量的交通网络。交通协同发展涉及铁路、公路、飞机等不同交通类型的协同配置，涉及交通网络空间配置问题，涉及运输服务管理水平问题，涉及交通绿色发展问题。在规划层面，2015年通过了《京津冀协同发展交通一体化规划（2014—2020年)》。《规划》确定了"四纵四横一环"网络化格局。"四纵"，即沿海通道、京沪通道、京九通道、京承—京广通道。其中，沿海通道连接秦皇岛、唐山、天津（滨海新区）、沧州（黄骅）等四个沿海港口城市。"四横"，即秦承张通道、京秦—京张通道、津保通道和石沧通道。"一环"，即首都地区环线通道，有效连通环绕北京的承德、廊坊、固安、涿州、张家口、崇礼、丰宁等节点城市。2017年通过了《京津冀地区城际铁路网规划》。京津冀地区城际铁路以"京津、京保石、京唐秦"三大通道为主轴，到2020年，与既有路网共同连接区域所有地级及以上城市，基本实现京津石中心城区与周边城镇0.5～1小时通勤圈，京津保0.5～1小时交通圈。按照《推进京津冀民航协同发展实施意见》，到2020年，北京新机场建成投入使用，北京"双枢纽"机场与天津机场、

---

① 刘新霞，李冰燕：《京津冀港口在构建"冰上丝绸之路"中的重要性分析》，《河北工程大学学报》2018年第12期，第39页。

石家庄机场实现与轨道交通等有效衔接，到 2030 年，北京"双枢纽"机场成熟运营，协调发展、适度竞争，国际竞争力处于世界前列。相对于公路、铁路、民航来说，目前京津冀港口还缺乏有效规划。目前主要有津冀的天津港、唐山港、黄骅港和秦皇岛港四大港口，这些港口的定位和规划有待进一步完善，以实现错位发展和协同发展。

从进一步完善的角度说，京津冀交通规划一旦形成，关键是规划落实。主要存在如下问题需要进一步完善。

（1）京津、京冀、津冀之间在公路方面还存在"断头路"，国省干线还存在"瓶颈路段"，贫困地区公路供给不足，部分地区公路和桥梁存在改造和升级问题。在普通公路方面，津岐公路、工农大道普通公路拓宽有助于加强天津与黄骅联系，津汉公路也需要进一步改造以与唐山有更为紧密的联系。港城大道 - 塘汉路联络线（京津高速辅道）工程、京津高速延长线桥下辅道（新北路 - 东海路段）、疏港联络线北半幅、港塘路卡口改造、临港立交桥区辅道大修等工程有助于普通公路和港口地区的联系。北京新机场至德州高速公路京冀界至津石高速、首都地区环线高速公路、北京新机场至德州高速公路京冀界至津石高速建设有助于进一步加强北京和天津之间的公路联系。荣乌高速新线、津雄高速、京雄高速、港澳高速、大广高速有助于提高雄安和京津冀之间的公路联系。

（2）轨道交通建造任务重，干线铁路、城际铁路和城市轨道交通之间有效衔接有待进一步加强。现阶段而言，高速铁路线路呈现以北京为中心放射状的非均衡格局，需进一步向环状网络形式转变，同时加强天津、河北城市的交通枢纽组织功能，促进轨道交通的空间布局向一体化结构优化。[1] 尤其是要加强雄安、北京城市副中心和北京新机场之间的联系，"通武廊"轻轨项目对于加强北京副中心和河北廊坊、天津武清之间的联系具有重要意义，也是天津和河北融入北京轨道交通的重要工程。京雄 - 石雄城际、新区至北京新机场快线、高铁京雄 - 雄商段、津保铁路、津雄城际工程建设对于联系北京、天津、雄安具有重要意义。

（3）从战略和具体服务层面排行京津冀世界级城市群。一是需要进一步处理好京津冀各机场之间的功能定位。整体上需要打造以首都机场和北京新机场两大国际枢纽为核心，以天津机场、石家庄机场两大区域枢纽为骨干，以秦皇

---

① 龙玉清，陈彦光：《京津冀交通路网结构特征及其演变的分刻画》，《人文地理》2019 年第 4 期，第 123 页。

岛机场、张家口机场等支线机场为补充的世界级城市群。二是以北京两大机场为基础进一步提升北京由国内交通向国际交通中心的转变，以天津、石家庄机场为基础进一步提升天津和河北在国际交通中节点作用，从而整体上提升京津冀世界机场群的国际交通枢纽作用，以更好地服务于"以首都为核心的世界级城市群"的总体目标，并更好地让京津冀地区在国际交通层面为"一带一路"建设提供支持。三是在服务层面加强京津冀机场群国内和国际航线协同设置、协同服务，加强机场之间的交通联系。四是推动京津冀空铁联运交通衔接。尤其是要实现：（1）京沈高铁与首都机场的间接衔接；（2）开通由唐山经天津北部新城站至天津机场的直达城际列车；（3）津承沧城际铁路衔接天津滨海机场。① 五是探索"政府引导、市场配置"的机场协同发展协调机制。政府引导即通过财税政策、航线审批、机场收费、时刻配置等调整手段，引导三地机场合理配置运力投放。市场配置即由三地机场运营公司通过市场化运作，积极引导和促进人员、资源、管理等方面的常态化交流，提高机场市场化运作水平。②

（4）创新交通设施投融资模式，构建跨区域交通建设平台

交通设施投资周期长，所用资金多，对于社会和私人资本吸引力低，因此容易存在资金缺口。以河北省为例，2015 年河北省交通运输厅的负债规模超过 3000 亿元。③ 因此，需要不断创新投融资模式。创新现有投融资模式，建立与交通设施沿线土地开发相结合的投融资模式，把交通设施建设与沿线土地开发结合起来，将土地开发的收益投入交通基础设施的建设和运营上，实现交通基础设施的良性运转。④ 随着三地交通不断融合，有必要成立跨区域交通投资、经营公司以及跨区域交通建设和管理平台。

（5）津冀港口现代化任务重，区域航道、锚地、引航灯资源的共享共用效率有待提升，港口群整体规划有待进一步加强，港口企业跨行政区投资和建设有待进一步完善。一是要在京津冀交通一体化领导小组下进一步完善津冀港口协同发展组织机构、运作机构和责任追究体制，在协同规划、协同规划落实和

---

① 欧阳杰，苏亚男，李朋，李相志，张倩丽：《基于城际铁路网的京津冀机场群轨道交通衔接模式探讨》，《城市轨道交通研究》2018 年第 9 期，第 5 页。

② 刘涌，张俊：《京津冀机场协同发展的路径与对策》，《综合运输》2015 年第 1 期，第 12 页。

③ 庞世辉：《京津冀交通一体化发展现状与面临的主要问题》，《城市管理与科技》2015 年第 6 期，第 13 页。

④ 傅毅明，赵彦云：基于公路交通流的城市群关联网络研究：以京津冀城市群为例》，《河北大学学报》2016 年第 4 期，第 91～100 页。

考核等方面取得成果。二是进一步通过资产划拨、股权投资、合资合作等方式提升国有港口整合和合作水平，以京津冀渤海津冀港口投资发展有限公司为基础统筹主导港口开发和建设。三是通过完善津冀港口总体规划、港产城协调发展规划进一步优化港口布局和功能分工。四是通过港口管理智能化管理和构建标准化、高水平服务管理体系提升港口管理和服务水平。五是进一步全面深化改革开放，推动京津冀海港、空港和陆港协同发展。以天津自由贸易实验区和河北自由试验区建设为契机，推动区港合作体制发展，推动大通关体制改革，并通过多元化交通实现海港、空港和陆港联系。

（6）京津冀交通规范一体化有待进一步加强。2015 年，交通运输部组织京津冀三地召开了京津冀交通一体化法制与执法协作第 1 次联席会议。会议印发了《关于做好京津冀交通一体化法制与执法协作工作的通知》。第 2 次联席会议通过了《京津冀公路立法协同工作机制（草案）》《京津冀交通运输行政执法合作框架协定（草案）》《北京市、天津市、河北省违法超限运输案件移送暂行办法（修订草案）》。第 3 次会议通过了《京津冀省际通道公路养护工程施工作业沟通管理办法》《京津冀普通公路建设项目计划协调机制》和《京津冀交通运输行政执法人员学习交流工作方案》。从区域交通立法层面说，在深化联合执法、案件移送、应急管理、跨区域运营行政审批事项的异地办理机制、毗邻地区客运线路审批工作、京津冀信用治超协作等诸多领域有待进一步加强。

第七章

京津冀公共安全发展与协同治理

第一节　京津冀公共安全类型、特点和管理体系

一、京津冀公共安全类型

公共安全是指公民生活、工作、出行等所需要的稳定的外部环境和秩序。根据三地突发公共安全事件应急预案，区域突发公共安全事件主要包括如下类型。

（1）自然灾害。主要包括①水旱灾害。②沙尘、冰雹、雪等气象灾害。③地震灾害。④山体崩塌、泥石流等地质灾害等。⑤风暴潮等海洋灾害。⑥生物灾害和森林火灾等。

（2）事故灾难。主要包括①各行业的企业、机关、团体、事业单位和其他组织发生的各类安全事故，包括生产安全事故。②各类交通运输事故。③环境污染和生态破坏事故。④公共设施和设备事故。

（3）公共卫生事件。主要包括①传染病疫情事件。②群众性不明原因疾病事件。③食品安全和职业危害事件。④动物疫情事件。⑤其他影响公众健康和生命安全事件。

（4）社会安全事件。包括恐怖袭击事件、刑事案件、涉外事件、群众性事件、经济安全、民族宗教事件等。

各类突发事件按照其性质、严重程度、影响范围和可控性，一般分为四个等级：Ⅰ级（特别重大）、Ⅱ级（重大）、Ⅲ级（较大）和Ⅳ级（一般）。

在现代社会，城市化给人们带来了种种便利，同时也带来城市公共安全风险。城市公共安全包括治安安全、社会秩序安全、公共卫生安全、网络信息安

全、生态环境安全、经济社会安全等。

二、京津冀公共安全特点

京津冀地区属于公共事件频发地区，公共事件发生具有如下特点。（1）人为致灾因素日益突出。随着区域内经济社会建设的不断发展，因人为因素导致交通、食品安全、火灾、污染、生物和化学、传染病、动植物疫情事件不断发生。因非法集资、拆迁、征地、环境等引发的群体性事件也时有发生。（2）危害程度严重，波及范围大。由于人员、财产、企事业单位集中，涉及人员身份复杂，因此一旦事件发生，产生次生和衍生灾害的可能性大，灾难危害程度高，损失放大效应显著，波及范围大。（3）处置协调难度大。区域内存在大量的地下管线、高层建筑、大型地下空间，存在大型储油、煤气设施、设备，城市建筑内部复杂，人员集中，疏散难度大，北京、天津、石家庄等城市交通拥堵程度高。这些因素都增加了突发事件处置带来的难度。

三、京津冀公共安全协同管理体系

图 7 - 1 所示，京津冀公共安全协同管理体系包括体制、机制和法制和预案层面。从体制层面说，京津冀公共安全协同管理要以国家应急管理体制和法律为基础，在此基础上形成统一领导、综合协调、分类管理、分级负责、属地为主的管理原则和制度支持。从统一领导的角度说，需要建立区域应急管理领导小组和联席会议制度，需要强化应急管理的组织实施；从综合协调的角度说，需要统筹综合减灾、统筹灾害管理，需要建立区域内政府和军队、武警部队之间的应急工作协同制度；从分类管理的角度说，需要在体制、机制、法律和预案建设方面沿公共安全领域类型不断具体化；从"分级负责、属地管理为主"角度说，需要明确各级党委和政府分级负责范围，强化地方应急管理和救灾主体责任，健全灾后恢复重建工作制度。2014 年三地政府达成的《北京市、天津市、河北省应急管理工作合作协议》构成了京津冀应急协同管理的基本合作体制，而 2017 年《京津冀协同应对事故灾难工作纲要》的出台则说明三地区域应急协同管理在工作规划方面取得重要进展。京津冀地区需要在综合防灾减灾规划、应急体系建设规划方面实现协同规划，建立区域公共安全风险评估和防控制度，建立社会力量参与救灾行动评估和监管制度，要健全应急管理财政投入和物资保障制度。

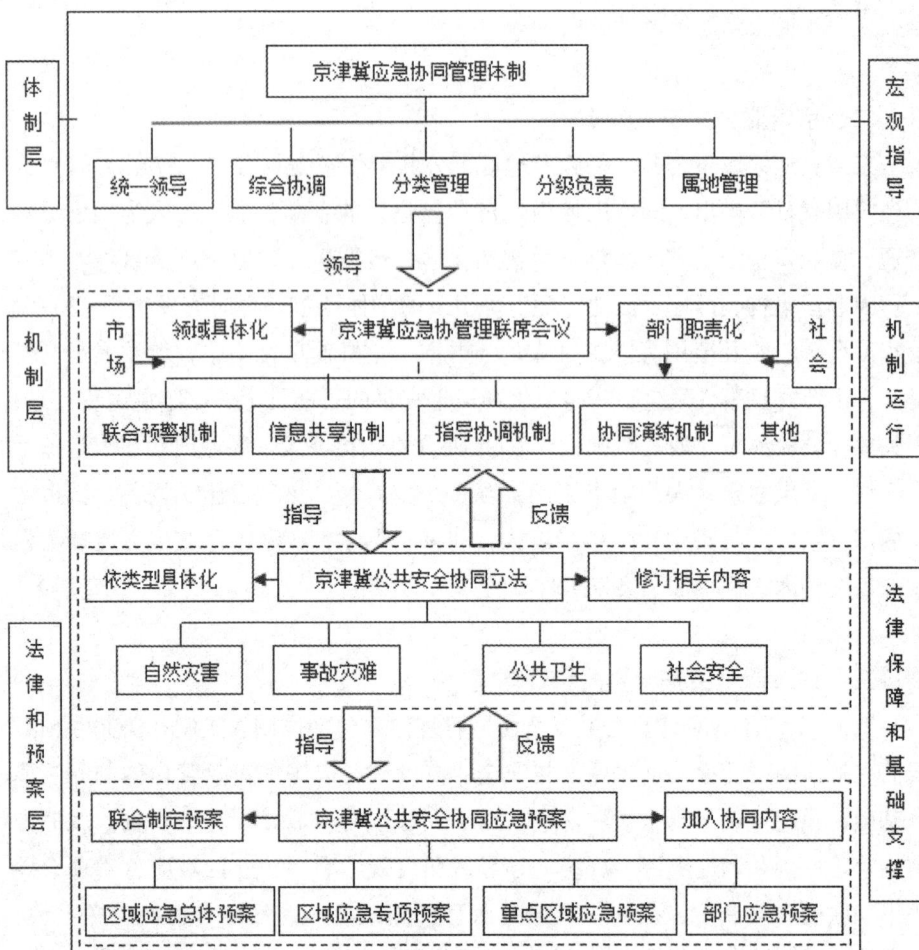

图 7 –1　京津冀公共安全协同管理体系

资料来源：陈长坤，许丽丽，赵冬月，陈杰：《雄安新区对京津冀公共安全协同能力影响及对策分析》，武汉理工大学学报（信息与管理工程版）2018 年第 2 期，第 118 页。本书作者有改动。

　　在机制上要形成联席会议的决策机制、联合预警机制、联合行动的执法和监管机制、联合救援和处理机制、信息共享机制、协同演练机制等。从机制完善的角度说，京津冀应急协同管理机制需要沿着公共安全四大类型领域不断具体化，并建立跨部门和跨区域合作的协同合作机制，要健全社会力量参与机制，要充分发挥市场机制的作用。

在法律法规完善方面，要根据公共安全领域形势发展的需要，加强区域内立法研究和交流，及时修订相关法律，加大区域内相关立法研究力度并及时出台相关法律以弥补立法不足，根据区域应急管理责任要求，进一步明确责任。在预案方面，需要联合制定区域应急总体预案、区域应急专项预案、区域重点区域应急预案，在地方政府各级各类预案中加入协同内容。

第二节 京津冀公共安全面临的风险和安全测评

一、京津冀公共安全面临的风险

1. 自然灾害事件发生风险

京津冀城市群属于大地震设防区，临近中国干旱半干旱地区，存在较大自然灾害风险和挑战。从地震分析看，北京存在怀柔区长哨营至密云区的古北口断裂带、密云区沙厂至墙子路精被断裂带、门头沟区燕家台至沿河城断裂带、东灵山断层、昌平区南口至朝阳区孙河断裂带、平谷至三河断裂带等活动较强烈的地带，存在一定的地震风险。天津与地震活动关系较密切的主要断裂有宝坻断裂、蓟运河断裂、沧东断裂、海河断裂、河西务断裂、天津断裂、大城断裂和汉沽断裂等。河北位于华北地震区，其中唐山、邢台、张家口等都在这个地震区中。1976 年发生的唐山大地震就在华北平原地震带上，地震的强度为里氏 7.8 级，造成 242769 人死亡，重伤 16.4 万人。

从自然灾害对农作物影响看，河北作为地质复杂地区和农业大省，受自然灾害影响大，风险高，自然灾害发生类型多。京津冀区域内旱灾是造成农作物损失最重的自然灾害类型，其次是风雹。根据中国统计年鉴数据，2014 年北京农作物受灾面积为 53.3 千公顷，绝收为 11.3 千公顷，其中旱灾造成两者受灾面积合计分别为 26.1、6.8 千公顷，风雹造成两者受灾面积分别为 27.2 千公顷、4.5 千公顷。2014 年天津农作物受灾面积为 53.3 千公顷、绝收为 4.3 千公顷，都是由风雹灾害造成。2014 年河北农作物受灾面积为 1435.7 千公顷，绝收为 176.7 千公顷，其中旱灾造成两者受灾面积合计分别为 1027.9 千公顷、107.8 千公顷，洪涝、山体滑坡、泥石流和台风造成两者受灾面积分别为 48.4 千公顷、4.5 千公顷，风雹造成两者受灾面积分别为 254.2 千公顷、26.3 千公顷，低温冷冻和雪灾造成两者受灾面积分别为 105.2 千公顷、38.1 千公顷。2014 年北京、天津、河北森林有害生物病害、虫害等发生面积分别为 3.96 万公顷、4.77 万公顷、53.18 万公顷，三地 2014 年发生森林火灾分别 1、2、93 次。

区域内暴雨易造成内涝风险较大。尤其是北京和天津都出现过因特大暴雨造成积水难排而造成人员和财产巨大损失的事件。2012 年"7·21 北京特大暴雨"造成 79 人死亡，190 万人受灾。渤海区域的风暴潮灾害平均 10 年一遇，且频率呈明显增加趋势。

2. 事故灾难事件发生风险

京津冀地区人口密度大，汽车拥有量大，公共设施数量多，经营场所多，生产活动频繁，在公共安全方面面临较大风险和挑战。

从安全事故发生数量上看，自 2015 年以来安全死亡数上升趋势基本得到控制，但是压力巨大，不容管理和监控方面出现任何松懈。以北京为例，根据北京市安全生产情况相关年份通报，2015 年 1 至 11 月，北京共发生死亡事故 796 起，死亡 858 人，为五年来最低。2018 年共发生各类生产安全死亡事故 460 起、死亡 497 人，其中生产经营性道路交通事故 356 起、死亡 386 人，工矿商贸生产安全事故 86 起、死亡 90 人，生产经营性火灾事故 1 起、死亡 4 人，铁路交通事故 17 起、死亡 17 人。

从安全事故类型上看，随着北京产业结构不断倾向于现代服务业，工矿生产安全事故比重趋低，而交通及基础设施事故仍将占较大比重。北京建筑集中，人员和财产集中，用电量大，面临火灾压力大且一旦发生火灾造成人员和财产巨大损失的可能性大。河北是冶金、化工、建筑等行业集中生产地，工矿商贸发生事故压力大，尤其是重大事故造成人员和财产巨大损失的可能性大。以 2018 年为例，河北省化工行业共发生 4 起事故，其中 1 起重大事故、2 起较大事故，4 起事故共造成 34 人死亡。建筑业共发生 38 起事故，死亡 47 人。2018 年河北省共发生各类安全事故 1280 起，死亡 980 人。这两项数据均比北京和天津要大得多。这表明河北在公共安全方面面临更为严峻的挑战。天津作为北方高度发达的重工业城市，在生产安全方面面临巨大压力和挑战。2015 年发生的"8·12 天津滨海新区爆炸事故"造成 165 人遇难，304 幢建筑物、12428 辆商品汽车、7533 个集装箱受损。① 作为一个大型城市，天津和北京一样在交通安全和消防安全方面也面临巨大压力。

① 《天津港"8·12"瑞海公司危险品仓库特别重大火灾爆炸事故调查报告公布》，新华网，http://www.xinhuanet.com//politics/2016-02/05/c_1118005206.htm，2016 年 2 月 6 日。

3. 公共卫生事件发生风险

尽管北京和天津在公共卫生基础设施及运营水平方面位于全国前列，但是由于这两个城市人口数量大、流动人口多，食品药品企业集中，因此这两大城市在公共卫生安全方面仍存在巨大风险和挑战，不容有任何松懈。河北在公共卫生基础设施及运营水平方面远远不如北京和天津，尤其是城市和农村社区公共卫生基础设施条件差，应对能力差，因此在公共卫生方面同样面临巨大压力和挑战。在传染病方面，区域内外来人口多（尤其是北京和天津），学校多，传染病发生概率和传染性强，主要病种为痢疾、肺结核、梅毒、猩红热和病毒性肝炎。2014 年北京甲、乙类传染病共报告发病 34998 例，死亡 161 人；2016 年北京甲、乙类传染病共报告发病 29951 例，死亡 174 人。2013 年天津甲、乙类传染病共报告发病 21064 例，死亡 61 人；2016 年天津甲、乙类传染病共报告发病 20818 例，死亡 51 人。河北 2009 年甲、乙类传染病发病 143135 例，死亡 312 人，201 人。

京津冀地区是我国食品和药品企业集中地，也是食药产品消费集中地，因此食品药品安全面临巨大风险和压力。区域内发生过三聚氰胺奶粉事件，这是我国食品安全领域的一个典型事件，产生了非常恶劣的影响。天津权健事件不仅涉及传销和虚假宣传，也是我国保健品领域的一个重要事件。区域内食品药品违规案件频发，数量巨大。例如，北京食品药品监督管理局全系统查处违法案件 1.26 万件，河北仅 2018 年上半年就食品药品违法违规案件 7681 件，行政处罚金额 4711.6 万元，捣毁制假窝点 8 个。天津仅 2017 年 1 月进行的食品安全清理清查专项行动就立案查处各类违法违规案件 1236 件。

京津冀属于我国动物养殖和消费集中地，动物疫情防范压力大。区域内存在大量的建筑、纺织和皮革制造（主要河北）、钢铁和冶金、能源等行业，客观上给职业安全和环境安全突发事件带来威胁。同时也面临着自然灾害、事故灾难和社会安全事件次生和衍生的大量公共卫生问题。

4. 社会事件发性风险

京津冀地区处于经济社会高速增长时期，因土地征用、城市拆迁、企业改制、生态环境破坏、暴力执法等引发的社会矛盾冲突时有发生。区域内会议、展览和节事活动频繁，由此带来巨大的社会安全压力。北京作为金融中心，存在大量的金融衍生品、投融资平台产生的金融风险，存在非法集资引发社会事件发生风险。京津冀属于北派传销活动频繁地区，存在因传销而引发社会事件的风险。随着区域内开放程度的提高，区域内涉外事件不断增加，由此增加了相应的风险。随着区域内城市在国家发展战略中的地位不断上升，面临的恐怖威胁的风险将呈上升趋势。民族、宗教问题以不同的形态长期存在于各种社会矛盾之中，面临新的挑战。

二、京津冀公共安全测评

在区域内，北京和天津尽管因人口、财产、公共基础设施、大型活动等集中而始终面临巨大风险，但是由于这两个城市存在充足的安保力量、政策支持和良好的预防机制，因此在区域内这两个城市公共安全应对能力最强，整体安全程度高。在河北，石家庄整体安全程度高，其他各城市在各方面存在不同差异。2018 年有研究对京津冀城市安全进行测评。研究将北京、天津、保定归为组 1，将石家庄、唐山、邯郸、沧州、邢台归为组 2，将秦皇岛、廊坊、张家口、承德、衡水归为组 3。结果显示在综合排名方面，第一组中北京排名第一，其次为天津。第二组中石家庄排名第一，其次为唐山。第三组中秦皇岛排名第一，其次为廊坊。在经济安全方面，北京、天津、石家庄、沧州、廊坊、秦皇岛分别在各组中排第一和第二名；在生态安全方面，北京、天津、石家庄、沧州、秦皇岛、廊坊分别在各组中排第一和第二名；在公共治安方面，北京、天津、石家庄、唐山、秦皇岛、廊坊分别在各组中排第一和第二名；在社会秩序方面，北京、天津、石家庄、唐山、廊坊分别在各组中排第一和第二名；在公共卫生方面，北京、天津、石家庄、邯郸、秦皇岛、张家口分别在各组中排第一和第二名；在信息安全方面，北京、天津、石家庄、唐山、秦皇岛、承德分别在各组中排第一和第二名。[①]

第三节　京津冀突发事件应急管理

2003 年"非典"事件之后，我国开始大力构建应急预案、应急管理机制和体制。京津冀突发事件应急管理体系也是在这一背景下开始完善的。

---

① 人民论坛测评中心：《对京津冀 13 个城市安全水平的测评及排名》，《国家治理周刊》2018 年第 36 期。

一、京津冀突发事件应急预案

2006 年 1 月国务院发布了《国家突发公共事件总体应急预案》。按照《国家突发公共事件总体应急预案》要求，我国要形成包括国家总体应急预案、专项应急预案、地方应急预案、部门应急预案、企事业单位应急预案、重大活动应急预案在内的应急预案体系。2007 年 8 月我国通过了《中华人民共和国突发事件应对法》。

2010 年北京市出台了《北京市突发事件总体应急预案》（以下简称总体应急预案），2016 年进行修订。《总体应急预案》包括总则、组织机构与职责、监测与预警、应急处置和救援、恢复和重建、应急保障、附则。北京市还通过了《北京市破坏性地震应急预案》《北京市突发性地质灾害应急预案》《北京市防汛应急预案》《北京森林火灾应急预案》《北京市气象应急保障预案》《北京市轨道交通运营突发事件应急工作预案》《北京道路突发事件应急预案》《北京市桥梁突发事故应急预案》《北京市火灾事故应急救援预案》《北京市食品药品安全突发事件应急预案》《北京市重特大传染病疫情应急预案》《北京市危险化学品事故应急预案》《北京市尾矿库事故应急预案》《北京市矿山事故应急预案》《游乐园安全事故应急预案》《北京市生产安全事故应急预案管理办法》《北京市突发公共卫生事件应急预案》《北京市金融突发事件应急预案》等专项应急预案。

天津市 2006 年通过了《天津市突发公共事件总体应急预案》。2015 年天津市发布了《天津市突发事件总体应急预案》，内容包括总则、组织体系、监测和预警、应急处置、恢复和重建、应急保障、宣传教育培训和应急演练、附则。按照总体应急预案要求，天津市在自然灾害预案建设方面清单有《天津市城市防汛应急预案》《天津市城市抗旱应急预案》《天津市市区排水预案》《天津市海洋灾害应急预案》《天津市气象灾害应急预案》《天津市突发地震应急预案》《天津市清融雪工作预案》《天津市突发林业有害生物事件应急预案》。在事故灾难类方面清单有《天津市生产安全事故综合应急预案》《天津市建设工程安全事故应急预案》《天津市危险化学品事故应急预案》《天津市轨道交通运营突发事件应急预案》《天津市公共汽车运营突发事件应急预案》《天津市铁路突发事故应急预案》《天津市民用航空器飞行事故应急预案》《天津市海上搜救应急预案》《天津海上危险化学品事故应急预案》《天津市特种设备事故应急预案》《天津市大面积停电事件应急预案》《天津供水突发事件应急预案》《天津集中供热突发事件应急处置预案》《天津道路桥梁突发事件应急预案》《天津市处置核与辐射事故应急预案》《天津市突发环境事件应急预案》《天津重大火灾事故应急预案》。在公共卫生事件类方面清单有《天津市突发公共卫生事件应急预案》《天津市重大传染病疫情应急预案》《天津市重大药品医疗器械事故应急预案》《天津市食品安全事件应急预案》《天津市重大动物疫情事件应急预案》。在社会安全事件类方面清单有《天津市重大疫情事件应急预案》《天津市食品安全事件应急预案》《天津市群体性事件应急处置预案》《天津市反恐怖袭击事件应急预案》《天津市金融突发事件应急预案》《天津市涉外突发事件应急预案》《天津市民族宗教事件应急预案》《天津市人民防空应急预案》。在应急保障类方面有《天津市自然灾害救助应急预案》《天津市生活必需品供给应急预案》《天津市粮食安全应急预案》《天津市医疗卫生应急救援预案》《天津市天津市通信保障应急预案》。

河北省 2005 年通过了《河北省人民政府突发公共事件总体应急预案》（以下简称总体应急预案）。《总体应急预案》包括总则、组织体系、运行机制、应急保障、监督管理、附则、附件。河北省建立了《河北省地震应急预案》《河北省防汛防旱应急预案》《河北森林火灾应急预案》《河北省重大气象灾害应急预案》《河北省突发重大动物疫情应急预案》《河北省安全生产监督管理局突发灾害事件应急预案》《河北省防范和应对自然灾害引发生产安全事故应急预案》《河北省突发环境事件应急预案》《河北省应对安全生产领域遭受或可能遭受恐怖袭击事件应急预案》《河北省陆上石油天然气储运事故应急预案》《河北省尾矿库事故灾难应急预案》《河北省尾矿库事故灾难应急预案》《河北省城市轨道交通运营突发事件应急工作预案》《河北省突发公共卫生事件应急预案》《河北省药品突发重大安全事故应急预案》《河北省食品安全事故应急预案》《河北海上救援应急预案》等专项应急预案。

从总体预案内容上看，北京总体预案将突发事件分为 4 大类、23 分类、52种，而天津和河北总体预案中有大类未进行细分分类，值得天津和河北在未来总体预案修订中学习。天津总体预案附则中有地区突发事件风险分析，值得河北和北京借鉴。天津总体预案中将宣传教育培训和应急演练单独列出来，值得借鉴。总体预案需要每经三年进行修订。三地总体预案进一步修订中需要加入整体安全观和京津冀突发事件协同方面的内容。在专案预案中，三地需要从自然灾害类、事故灾难类、公共卫生事件类、社会安全事件类、应急保障类方面确立预案修订和制定清单。其中，社会安全事件三地政府需要结合本地重大影

响大型活动制定专项应急预案，需要制定重大舆情应急预案。三地政府需要在
预案制定过程中相互学习，并建立对方预案备案制度。

二、京津冀应急管理体系

除了应急预案，"十二五"和"十三五"时期北京、河北、天津出台了突
发事件应急体系建设规划。根据三地规划对"十二五"时期应急体系建设总结，
三地取得了如下成就。

（1）应急预案日益完善，应急体系基本建立。北京"十一五"时期成立了
14个专项应急指挥部及办公室，"十二五"时期专项应急指挥部达到18个，建
立市紧急报警服务中心和市非紧急救助服务中心，持续推进应急预案的修订和
编制工作。天津组织修订了总体应急预案，推动编写了38个市级专项应急预案
和专项应急预案简明操作手册，出台了《天津市人民政府办公厅关于进一步推
进我市应急预案体系建设的意见》（津政办发〔2013〕51号）和《天津市突发
事件应急预案管理办法》（津政办发〔2014〕54号）。河北省同样推进了应急预
案框架编制指南和简明操作手册编制指南，修订完善了灾害救助、重污染天气
应对、地质灾害防治等一大批专项预案。三地基本形成了横向总体预案、专项
预案，纵向省市级、地级市（区）、基层预案体系。在应急管理体制上，成立了
各级突发事件应急委员会及其办公室，确立了其职责。各级突发事件应急委员
会，在党委、政府的领导下，指导协调本地区突发事件应急管理工作。各级应
急管理办公室，作为突发事件应急委员会的日常办事机构，并承担本级政府应
急管理工作，而各专项应急指挥部，具体组织开展相应类别突发事件的预防和
处置工作。三地政府推动了实施《中华人民共和国突发事件应对法》办法，推
动应急法制化。三地设立了应急指挥平台。

（2）应急处置能力不断增强。三地在气象灾害预警信息公众覆盖率、地质
灾害预警准确率、森林草原火灾监测覆盖率、县级以上医疗卫生机构对突发公
共卫生事件和传染病疫情网络直报率等方面有了明显提升，预警能力获得飞速
提升。妥善处理了秦皇岛抚宁"4·12"森林大火、"7·21"特大暴雨、"10·
28"暴力恐袭等突发公共事件。

（3）应急保障能力和应急队伍能力得到提升。北京完善了救灾物资储备库
网络体系，初步形成政府储备、社会储备和家庭储备相结合的应急物资储备格
局，建立了890多支专业应急救援队伍，建立了市级避难场所106处，安排15
亿资金设立应急准备金。河北省建立省、市、县三级救灾物资储备库网络体系，

推动了 48 个农房保险试点县，在 11 个地级市建立了避难场所，对全省 1504 家重大危险源企业进行了备案，对 5120 个重大危险源点实施全程管控，举办各类实务、专业培训 168 次。天津市组建了综合应急救援总队①，组建了 16 支约 4 万人的专业应急救援队，形成了以综合应急救援总队为骨干，以部门、行业、驻津部队、预备役部队和民兵应急救援力量为补充，以社会力量为辅助的全市应急救援队伍体系。

（4）应急管理机制进一步完善。完善的应急管理机制包括应急组织保障机制、应急预防和预警机制、应急处置和救援机制、应急监测和责任追究机制、恢复和重建机制、应急保障机制、应急联动机制、应急社会参与机制。上述大部分机制在三地应急预案中有相关内容，表明已经初步建立了应急管理机制。应急联动机制和社会参与机制是在未来应急管理机制方面急需构建的机制。

第四节　京津冀公共安全协同治理

一、京津冀应急协作协议和演练

2014 年 8 月，三地应急办签署了《北京市、天津市、河北省应急管理工作合作协议》。根据协议三地在应急预警、应急处置方面建立合作机制。在应急预警机制方面建立常态信息交流机制、安全隐患排查整改工作机制、应急联合指挥机制。在应急处置方面，三地在与国务院应急平台互联互通的基础上，进一步优化和完善技术系统，优先实现视频会议、有线通信和应急移动指挥等方面的互联互通，提升资源共享和应急响应效率。②

在专项应急合作领域，自 2006 年以来主要形成如下应急合作成果。（1）地震应急区域协作联动机制。2006 年 12 月第一次华北地区地震应急区域协作联动联席工作会议通过了《华北地区地震应急区域协作联动实施方案》《华北地区地震应急区域协作联动工作章程》。（2）危险化学品道路运输安全监管联控机制。国务院安全生产委员会于 2010 年 10 月召开危险化学品道路运输安全监管联控

---

① 综合应急救援总队以抢险救援队、安全监管组、工程抢修组、医疗救护组、治安交通组、电力保障组、通信保障组、气象保障组、专家组等"一队八组"为核心构成。

② 金组新：《京津冀三地建立应急合作机制》，《北京日报》2014 年 8 月 8 日。

机制第一次会议，签署了危险化学品道路运输安全监管联控协议。（3）2011年8月京津冀三地建立了京津冀启动食品安全事故应急处置联动机制。（4）2014年6月，三地达成《突发事件卫生应急合作协议》。主要涉及突发事件信息通报机制、应急资源共享机制、培训演练机制。（5）2016年6月三地签署了《关于建立京津冀区域安全生产应急联动工作机制的协议》。（6）2018年1月三地签署了《京津冀交通应急联动合作备忘录》。（7）2018年1月首次京津冀环境应急区域联动联席会议召开，研究了《液氨制冷行业环境风险防控导则（草案）》及《京津冀突发环境事件应急联动指挥会商平台建设方案》，签订了《京津冀突发环境事件应急联动指挥平台数据共享协议》。

总体而言，京津冀应急区域协作取得了一定的成就，但也存在一定的问题：（1）缺乏区域应急协作规划和实施方案；（2）主要依赖于联席会议和合作协议予以运作，缺乏更具权威的组织保障；（3）专项合作领域还有待进一步拓展；（4）合作内容主要集中在信息共享、资源共享、培训演练层面，还需要进一步深化；（5）协作区域还需要在进一步拓展，一些领域可以纳入周边地区予以合作；（6）将家庭、社区、非政府组织、企业等纳入区域协作应急管理渠道、方式等方面存在不足。在灾害、公共安全等事件发生时，在政府应急救援人员到来之前，社区中的家庭、社区非政府组织、企业实现邻里之间的互助，有助于降低损害性后果。在相关培训、演练等过程中吸收相关主体参与，有助于形成"有准备的社区"和"有恢复能力的社区"。[1] 因此，需要成立高层次的领导组织，通过编制高层次的规划、实施方案以及专项应急区域合作清单予以完善。

二、京津冀社会治安综合治理协同

京津冀地区人口聚集，流动人口和出租房屋管理及由此引发的公共治安问题突出。公交地铁、商业和娱乐场所和集农贸市场众多，公众场所社会治安任务繁重。区域内各种车辆数量庞大，车辆盗窃犯罪频发。区域内重大会议、展览、相关活动数量众多，安全保障繁重。区域内治安力量和水平存在较大差距。因此，尽管京津冀区域整体治安水平较高，但是社会治安仍然面临巨大风险，任务繁重，需要从维护首都安全的政治高度构建社会治安综合治理协作体系。

北京市在社会治安方面形成了多元纠纷化解机制，以三级综治中心为平台

---

① 申霞：《基于利益相关者参与的区域应急管理模式研究》，《新视野》2012年第4期，第66页。

形成社会治安防控协调体系，沿二环、三环、四环、五环及多条进京线路架设监控探头，利用光纤互联到北京安保运营中心，实现对北京治安的监控和管理。2014 年 9 月北京市委市政府发布了《关于全面深化平安北京建设的意见》（以下简称《意见》）。《意见》提出，通过平安北京建设，北京到 2020 年努力实现"三升、三降、三个不发生"①。《意见》在社会治安防控方面②，提出要依法惩治违法犯罪活动，加大命案打击破案力度，坚决打击发生在群众身边、直接影响群众生产生活安全的犯罪活动，要构筑网上网下结合、人防物防技防结合的立体化治安防控体系；加强重点行业安全管理，严防发生重特大安全事故，要围绕治安问题高发地区和群众关心的突出治安问题，加强社会治安重点整治。《意见》提出，要加强社区网格化和村庄社区化建设，在全市范围内实现全覆盖。2016 年 4 月至 8 月，北京实施"2016 春夏平安行动"。该行动共破获各类刑事案件 2.5 万余起，刑事拘留 1.2 万余人。北京市自 2004 开始探索网格化城市管理模式，至 2018 年 12 月网格化城市管理系统③已覆盖全市 16 个区、299 个街道（乡镇）、6045 个社区（村）。④ 2016 年 4 月北京为贯彻中央针对全面深化公安改革的"1 + 3"方案⑤，出台了《关于全面深化首都公安改革的实施意见》，涉及 5 大类 120 项任务。北京市 1992 年通过了《北京市社会治安综合治理条例》（以下简称《条例》），2010 年进行了修订。按照《条例》要求，北京市建立了市、区、街乡镇社会治安综合治理委员会及其办公室。

　　天津市 1993 年通过了《天津市社会治安综合治理条例》，2004 和 2016 年进行了修订。2016 年天津市委市政府通过了《关于深化公安改革的实施意见》，提出了以"四个就在身边"⑥ 为具体目标的 122 项任务。党的十八大以来，天

---

① 社会治理能力、治安防控水平、群众安全感满意度明显提升，严重刑事案件、重大公共安全事故、重大群体性事件明显下降，坚决防止发生危害国家安全和政治稳定的重大暴力恐怖事件、重大政治事件、重大个人极端事件。

② 除了社会治安方面，平安北京还包括政治稳定维护、矛盾预防化解、人口服务管理、社会治理创新、基层基础建设六个平安建设工程。

③ 该系统以市级平台为核心，与 16 个区级平台及 33 个城市管理相关委办局、26 个公共服务企业实现了分级对接互通。其基本工作格局概括为"一热线、三平台、四管理、一检查"。"一热线"是指 12319 热线，"三平台"是指市级、区、街乡镇三级网格化管理平台，"四管理"是指市、区、街乡镇、社区四级分层管理体系，"一检查"是将网格平台中重大、疑难问题纳入北京市"月检查、月排名、月曝光"机制落实解决。

④ 王天琪：《城市管理网格化模式已覆盖全市 16 个区》，《北京日报》2018 年 12 月 12 日。

⑤ 《中央全面深化公安改革若干问题的框架意见》及三个配套改革方案。

⑥ 是指"民警就在身边，安全就在身边，公正就在身边，满意就在身边"。

津市公安系统建立了以大数据为支撑的"情报、指挥、行动、保障"四位一体的实战型立体化联合作战指挥平台、"五侦合一"① 工作模式和"六进六全"② 工作机制作模式，创建了特警前置模式和反电信网络诈骗犯罪中心。天津率先通过了《天津市社会治安防控体系视频监控网系统建设总体方案》，规划全市视频监控点位 110 万个，在路口路段、街头路面建设一类高清视频监控点 10.5 万个，社会企事业单位建设二三类视频监控点 99.5 万个，各类治安重点道路节点建设电子卡口 1350 处。天津市 2015 年 1 月 1 日上线运行了"天津公安民生服务平台"，截至 2017 年 1 月，平台总访问量已达 1307 万人次，共受理解决群众申办事项 389 万件。③ 天津市推动形成"四六六四"群防群治工作格局④，截至2018 年 1 月，民防力量达到 56 万人。

河北省 1991 年通过了《河北省社会治安综合治理条例》，2004 年进行了修订。2013 年 8 月河北省通过了《深化平安河北建设规划（2013—2015 年）》，提出要将河北实现"一升三降"⑤ 的"大平安"格局。这一规划提出，到 2013 年年底，各县（市、区）在土地、劳动、医患、环境、物业管理、交通事故等部门和领域全部建立专业性调解组织；到 2015 年，在城乡社区（村）全部建立综合管理服务站（室）或服务代办点，建立市县乡村四级社会服务管理体系；2015 年建成覆盖城乡"六网四结合"⑥ 的立体防控网络。2015 年 12 月河北省出台了《河北省全面深化公安改革的实施意见》，从健全维护国家安全工作机制、创新社会治安治理机制、深化公安行政管理改革、完善执法权力运行机制、建立符合公安机关性质任务的公安机关管理体制、建立体现人民警察职业特点、

---

① 是指刑侦、技侦、网安、图侦、情报于一体。
② 是指社区警务进社区工作体系"全覆盖"、警务室进社区居委会"全达标"、社区民警进警务室"全派驻"、社区民警进社区两委班子"全到任"、治安辅助力量进社区"全配备"、公安服务项目进社区"全方位"的社区警务"六进六全"工作机制。
③ 赵飞：《天津全面深化公安改革回顾》，《天津政法报》，2017 年 1 月 24 日。
④ 建立健全四级工作体系，整合社会资源，实现市、区、街乡镇、社区（村）四级群防群治组织和群防群治力量全覆盖；建立健全六支队伍，以平安志愿者为载体，健全完善社区村治保组织、企事业单位保卫组织、社区辅警、专兼职治安防控队伍、职业保安员、治安信息员等群防群治力量；建立健全群防群治力量组织、管理、运行、联动、宣传、奖励等六项管理机制；建立健全四项保障工作，强化领导、经费、制度、科技保障，搭建群防群治工作平台。
⑤ 群众安全感上升，恶性刑事案件、重大群体性事件、重大公共安全事故全下降。
⑥ "六网"是指街面巡逻防控网、城乡社区村庄防控网、单位和行业场所防控网、区域警务协作网、技术视频防控网和"虚拟社会"防控网。"四结合"是指点线面结合、人防物防技防结合、打防管控结合、网上网下结合。

有别于其他公务员的人民警察管理制度、规范警务辅助人员管理等 7 个方面，部署了 36 项改革任务。2017 年河北省出台了《河北省社会治安综合治理信息化建设三年规划（2017—2019 年)》，明确提出，推进综治"9 + X"① 信息系统建设，到 2019 年年底，省、市、县、乡、村五级综治信息化平台实现全域覆盖、全网共享。

从三地社会治安工作进展看，三地政府都强调在党委和政府统一领导下，在各级社会治安综合治理领导机构的组织协调下，在充分发挥各级政法部门尤其是公安部门的作用下依靠其他部门协同合力量，依靠人民群众群防群治力量，综合运用政治、经济、行政、法治等多种手段处理社会治安问题。三地政府都强调将综合治理网格化和现代信息化技术相结合，形成社会治安综合治理立体化网络，努力打造平安北京、平安天津和平安河北，为京津冀社会治安综合治理协同发展提供了良好的基础。

随着京津冀协同发展战略的不断实施以及三地经济和社会的进一步发展，区域活动时间缩短，活动半径扩大，区域人口流动、物质流动、信息流动越来越频繁和紧密②，由此强化了对区域社会秩序和社会治安合作的需求。目前，社会治安合作主要集中于警务合作，建议由中央社会治安综合治理委员会推动形成京津冀社会治安综合治理领导小组，推动形成京津冀社会治安综合治理相应规划和长效合作机制。

在警务合作方面，成立了京津冀警务协同发展领导小组。2017 年 3 月和 8 月分别召开了两次会议。第一次会议审议了《关于成立京津冀警务协同发展领导小组的意见》《关于建立京津冀警务协同发展联席会商机制的意见》及《关于加强环京公路通道一体化查控工作的意见》等文件。第二次会议审议通过了《"通武廊"三地"小京津冀"区域警务合作机制》《关于进一步加强京津冀三地交管部门重大交通安保工作的协作意见》和《关于加强第十三届全运会安保京津冀公安检查站联动查控工作的意见》等 7 项工作意见。2018 年 1 月召开的会议审议了《关于建立京津冀公安机关联合打击传销犯罪活动协作机制的意见》《关于建立京津冀公安机关素质强警交流合作机制的意见》及《关于建立京津冀

---

① "9"是指综治组织及综治业务、实有人口、特殊人群、重点青少年、非公有制经济组织和社会组织、社会治安、矛盾纠纷排查化解、校园及周边安全、护路护线等 9 个模块，"X"是指根据综治业务需求个性定制和扩展延伸的模块。
② 冯锁柱：《京津冀协同发展治安防控体系建设研究》，《北京警察学院学报》2016 年第 1 期，第 60 页。

交界地区灭火救援联动协作机制的意见》等 5 项工作意见。2018 年 9 月召开的会议审议通过了《关于加强 2018 天津夏季达沃斯论坛安保环津公安检查站联动查控工作的意见》等 4 项工作意见。在合作协议方面，三地先后签订《京津冀警务协同发展框架协议》《京津冀 144 小时过境免签警务协作协议》《京津冀禁毒警务协作议定书》《京津冀跨区域办案协作框架协议》《京津冀打击食药领域犯罪警务协同发展框架协议》等一系列警务协作协议。京津冀在警务执法协作方面形成了"一个平台两项机制"，即"执法办案协作联席会议平台"和"长效联络机制"和"跨区域打击犯罪协作机制"。

从区域合作的角度说，京津冀地区社会治安需要在交界地区建立公众场所合作治理清单，需要进一步优化合作指挥体系，需要建立反恐防恐网络、治安防控网络、进京通道查控网络，需要进一步优化区域警务资源配置和人员交流合作机制，需要建立区域内警媒合作机制。

三、京津冀及周边地区自然灾害防治协作

在综合防灾减灾方面，三地都有省级及以下政府出台的中长期规划，但是还缺乏京津冀及周边地区综合防灾减灾规划。在专项防灾领域主要有京津冀协同发展防震减灾五年规划，在防水防旱、海上灾难等方面缺乏规划。

（一）灾害风险调查和重点隐患排查合作

1. 地震灾害风险调查和重点隐患排查

三地需要利用 1 至 2 年时间，建立京津冀建筑工程抗震设防基础信息数据库，建立京津冀建筑工程抗震设防基础信息数据库，分类开展建筑工程结构抗震性能评价、地震灾害风险评估与灾害风险隐患识别，开展灾害情景构建，摸清京津冀地震灾害风险底数。

2. 气象灾害风险调查评估和重点隐患排查

三地要制定路线图，完成气象灾害风险普查，开展分灾种、精细化的气象灾害风险区划业务，强化乡村气象灾害风险识别和预防，开展基层气象防灾减灾基础数据收集，编制完善京津冀乡村气象防灾减灾救灾风险图。

3. 水旱灾害风险调查和重点隐患排查

完成京津冀暴雨调查分析，修订京津冀水文特征值和水文手册。对区域内行洪河道、蓄滞洪区、大型水库和中小型水库开展行洪、蓄洪、防洪能力评估，编制完善京津冀洪水风险图，建立洪水风险实时分析平台。建立京津冀旱灾风险评估体系和编制京津冀旱灾风险专题图和干旱防治区划图，建设京津冀水旱

灾害风险调查与重点隐患排查数据库。

（二）实施京津冀自然灾害监测预警信息化工程

一是要建设统一的京津冀应急管理信息共享平台，建立统一的监测预警和灾情报告制度，健全自然灾害信息资源获取和共享机制，推进突发事件预警信息发布系统扩展建设，加快实施突发事件预警信息发布能力提升工程，提高多灾种和灾害链综合监测、风险早期识别和预报预警能力。二是利用北斗卫星导航系统，加密部署全球导航卫星系统（GNSS）观测网等科技技术强化区域地震立体观测能力和建立地震及时共享平台。三是利用"云+端"技术和人工智能技术提升区域京津冀及周边地区"智慧气象"服务系统，强化京津冀及周边地区气象灾害监测预警服务能力。四是提升京津冀及周边地区水文监测能力，完善区域水文监测网点，强化区域内水文监测基础设施科技化水平和水文预测预报预警能力。五是提升京津冀及周边地区农业、林业、水产有害生物监测预警网络，共建信息共享平台。

（三）实施京津冀及周边地区应急救援中心建设工程

完善区域应急指挥救援设施并建立相应数据库，编制应急指挥救援设施空间分布图，推进各个层级的救灾物资储备库建设，并建立京津冀救灾物资储备信息化平台。

（四）实施京津冀及周边地区地质灾害综合治理和避险移民搬迁工程

在摸排京津冀及周边地区地质灾害隐患的基础上，采取三年行动计划对既存隐患进行综合治理并建立预防体系。对于治理难度不大、治理费用不高的隐患，采取清除危岩体、修筑挡墙、构建主（被）动防护网、棚洞防护等工程治理措施消除安全隐患；对于治理难度大、治理费用高的隐患采取居民搬迁措施，主动避开地质灾害隐患的威胁；对无人居住的隐患区域加强监测。在摸排区域内地面沉降的基础上，采取三年行动计划对京津冀地区地面沉降进行集中综合治理，并以控沉为导向，完善地面沉降监测体系和责任管控体系，编制地面沉降管控图和信息平台。在京津冀地区实施房屋设施防震加固工程。

（五）实施环渤海海岸带综合治理和修复工程

实施环渤海海洋垃圾污染防治行动、入海排污口综合治理行动、海洋污染防治行动，统筹编制环渤海海湾整治修复规划，实施最严格的围填海管控措。统筹编制环渤海海洋生态建设和修复规划，采取环渤海海岸带综合治理三年行动计划。

四、京津冀公共卫生和食品安全协作

随着市场经济不断发展，药品和食品产业不断突破地理空间限制进而形成区域企业链、价值链和产业链。可以将区域药品和食品产业链治理分为四种情形。（1）公共药品和食品安全标准低下，同时企业安全标准缺失。这种情形属于私人治理和政府治理能力都低下的情况。（2）企业俘获政府，导致公共药品和药品安全标准低下，同时企业标准不足或执行不力。这种情形属于私人力量强、政府治理低下的情况。（3）政府药品和食品安全标准高，而企业标准低或实际执行低下标准。这种情况属于政府能力较强，私人治理低下的情况。（4）政府安全标准高且区域间统一，企业实行质量竞争策略，高标准能得到执行。这种情形属于私人治理和政府治理都强情况。双强型属于区域药品和食品产业链的高级治理模式。其典型特征：政府间监管分工到位并和主导公司共同支配产业发展；产业链内企业分工明确，在产品市场上能形成基于质量竞争策略；区域内产业政策健全、市场机制高效运转保证了企业质量和创新的利润。① 因此，从京津冀区域公共卫生和食品安全协同治理的角度说，需要同时发展市场和政府两种力量作用。从政府治理能力的角度，区域间政府合作可以为市场合作提供政策预期和良好的环境，有助于推动市场力量的发展。

在公共卫生和食品安全领域，除了上公共卫生方面的应急协作外，还存在其他协作。主要体现在如下方面（1）检验检疫一体化。2014 年三地达成《京津冀检验检疫一体化实施方案》，将实施分为三个阶段。第一阶段自 2014 年 7 月开始，主要实施申报无纸化、出口真放和进口试点。第二阶段自 2015 年 1 月开始起全面实施进口直通。第三阶段争取实现单一窗口。（2）传染病防治。2014 年 5 月达成《京津冀协同发展疾病预防控制工作合作框架协议》。2018 年 7 月三地签署了《京津冀地区疾病预防控制机构联防联控协作组章程》。（3）食品药品合作协议。2016 年 7 月三地达成《深化京津冀食品药品安全区域联动协作机制建设协议》《京津冀食品领域全产业链追溯模式示范工作合作协议》《京津冀药品生产监管工作合作协议》《京津冀市场流通环节畜产品质量安全保障供应合作协议》。按照这一系列协议，京津冀食品药品安全联动协作领导小组及联

---

① 此处关于四种情形的划分，参考了吴华清，唐辉，周亚芳，晋盛武：《其于区域产业链治理机制的我国食品安全监管模式研究：以奶制品产业为例》，《云南师范大学学报》2014 年第 1 期，第 88～95 页。在四种情形具体表述上有改动。

席会议为三地食品药品安全议事协调机构，京津冀探索建立协查联动和信息共享机制、食品领域全产业链追溯机制、食品药品大案要案协查合作机制以及食用农产品产地准出、销地准入和产销衔接机制。（4）动物疫情防控合作。2016年三地达成《京津冀野生动物疫源疫病率先实施协同防控合作框架》。2018年三地达成《京津冀非洲猪瘟联防联控实施方案》，联防联控非洲猪瘟疫情。

第八章

结 论

从社会主义本质的角度说，中国社会发展最终要走共同发展、共同富裕的道路，但是在这一过程中需要根据中国发展的实际情况以及中国和世界发展的实际情况在一定时期形成更为具体的发展战略及区域发展政策。在区域发展中既要发挥地方的主动性和积极性，又要避免地方发展脱离国家整体发展轨迹和形成地方保护主义。要防止地方分散主义、保护主义，中央需要集中一定的权威并通过宏观调控推动国家发展的"一盘棋"。在区域发展过程中离不开外地资本和企业的进入，也离不开本地资本和企业的发展。因此，区域发展离不开市场力量。从中国区域发展的实践经验看，政府尤其是地方政府能否根据本地实地情况发挥作用，对于推动本地经济发展非常重要，形成许多经验模式。"浙江模式"是"以市场为导向，以民间诱致型制度创新为动力，以农村工业化和小城镇发展为主线的内发型区域经济发展模式"。地方政府主要是在营商环境、提供基本服务方面起作用。早期的"苏南模式"以乡镇为基础，以集体经济和乡镇为核心，政府出面组织土地、资本和劳动力并推动交通等基础设施发展，推动经济发展。随后的"苏南模式"转向通过建立工业园区，以强势政府和有效政府为基础，以招商引资为手段，以土地换资金，以空间求发展的发展模式。其中昆山、张家港等以产业集聚、新兴产业和骨干企业为基础发展县域经济。政府在区域发展过程中可以扮演多重角色：一是作为区域经济的发动者，推动区域基础设施建设，推动区域产业规划、区域空间规划、区域经济社会规划的制订和落实；二是作为区域经济的组织者，创始项目或争取上级政府项目支持，构建和创新公共服务平台并提升营商环境，推动政府间合作平台建立和运行；三是作为区域管理者，提升市场治理、公共治理水平。

相对于珠三角和长三角成熟的市场经济发展模式而言，京津冀更多地依赖于政府主导与政府投资拉动经济发展。对于北京来说，聚焦了大量大型企业的总部，拥有丰富的经济资源，同时，作为首都也聚焦了足够的政治资源。天津具有悠久的工业化历史，在计划经济时期聚集了一批制造业，改革开放以来，天津通过招商引资一度在汽车产品和手机产品组装中占据较大的市场地位。但是在制造业转型过程中，天津在具有自主研发能力的品牌企业培育和传统制造业转型升级方面相对滞后。河北制造业在转型方面也存在相对滞后的情况。天津和河北是我国石化产业集中区，也是国有企业相对集中区，属于产能相对低效地区，去产能压力大。京津冀协同发展战略为京津冀区域经济发展带来了政策和投资红利，但是同时更需要警惕继续依赖于政府投资拉动经济发展的模式。相反地，京津冀地区更需要"打破行政壁垒"，在市场机制培育和创新机制培育方面为北方经济发展做出表率，充分发挥市场经济的竞争和创新优势。要处理好行政区和经济社会发展区的关系。行政区按照自然区域和行政隶属进行划分，而经济社会发展区是按照经济社会发展关联强弱进行划分。前者运行以行政手段为基础，相对封闭，后者在开放自由的市场环境中运行，相对开放。前者强调区域利益最大化，后者强调区域整体利益和合作利益。前者强调行政聚合力，后者强调区域融合力；前者以等级管理体系为基础，后者强调以协商合作机制为基础。随着区域一体化进程的不断推进，地方行政需要向区域行政转变，而区域政策过程也需要通过府际关系网络和治理网络予以支持。区域行政的实现形式可以介于柔性协商性体制与刚性行政体制之间进行选择：如专题项目式合作、区域/流域治理、区域行政专区、经济协作区、城市联盟、区域联合政府。①

　　从协同发展进展上看，五年以来区域协同发展规划、政策、体制与机制越来越体系化。《京津冀协同发展规划纲要》《河北雄安新区总体规划（2018—2035）》《北京城市副中心控制性详细规划（街区层面）（2016年—2035年）》等规划通过奠定了京津冀协同发展的基本框架，完成了京津冀协同发展的顶层设计。各种层级的总体规划、专项规划，将协同发展领域不断拓展，从区域层面到省市、区县、乡镇街道层面延伸。在协同治理层面，各种治理规划、实施方案、行动计划、管理细则不断出台。无论是协同发展还是协同治理，在政策细化和衔接层面日益完善。在协同体制和机制建设方面也在具体领域取得突破。这也为政府间、市场间、社会组织间的合作协议发展提供了政策预期。在"硬

---

① 王兰川：《多元复合体：区域行政实现的构想》，《社会科学》2006年第6期，第112页。

环境建设"领域，各种产业转移示范区、合作示范区、园区正在如火如荼地建设，"轨道上的京津冀""世界级机场群""世界级港口群"正在建设之中，环首都"半小时通勤圈"雏形显现。在"软环境建设"领域，区域生态环境联建联防联治体制和机制、区域应急预防和处理体制和机制、区域协同创新体制和机制、区域生态补偿机制、区域对口帮扶机制正在形成。

从协同发展阶段说，京津冀协同发展进入实施的关键时刻。这就要求各级政府一定要按照京津冀协同发展规划蓝图主动融入并在政策创新、行动方案和实施细则、重点任务和责任清单等层面予以落实。从协同发展和治理角度说，协同离不开协同规划、协同行动、协同标准，但是协同不等于要替代区域主体的主动性和能动性。这就要求各级政府在出台政策时要主动考虑是否需要增加京津冀协同发展或治理的内容，在政策执行时要主动考虑是否按照协同规划、协同标准等予以落实，在政策评估时要考虑是否要考虑协同效果。习近平总书记指出，向改革创新要动力，发挥引领高质量发展的重要动力源作用。京津冀地区需要各级政府通过创新进一步破除行政壁垒和体制机制障碍，需要各级政府通过体制和机制创新推动区域协同创新并激发区域创新和市场活力，需要各级政府通过体制和机制创新在城市群、城市治理方面发挥示范作用，需要通过体制和机制创新推动公共服务共建共享并构建以人民为中心的公共服务体系，需要通过体制和机制创新完善区域应急管理体系和提高公共安全水平。这就要求各级党委和政府勇于担当、敢于创新，真抓实干、重在落实。政策一旦进入落实阶段，也就意味着进入利益分割阶段。因此，在关键时期，关键是要做到以下几点。（1）通过构建区域战略规划组织、完善规划编制管理方案和规划工具、规划落实考核等手段进一步完善区域战略统筹机制。将区域协调发展、城乡统筹统一纳入区域战略统筹机制予以考虑。（2）通过完善区域合作中的咨询、信息公开、协调、仲裁、考核和问责等建立区域合作机制。（3）在流动设施互联、信用体系互认、市场标准统一、市场信息互通、市场监管共治等方面予以突破，建立健全市场一体化发展机制。（4）通过自然资源确权及价格机制、退耕还林以及退牧还草补偿、财政转移支付、生态建设基金、第三方评估与横向补偿等方式完善区域生态补偿机制。通过成本共担利益共享、资本合作和利润共享、税收分成共享、共建基金等方式健全区际利益协调机制。（5）通过产业帮扶、援建项目、精确扶贫等途径完善对口支援机制，完善省（市）际对口支援和省（市）内对口支援长效机制，对集中连片特殊困难地区对口支援要形成统筹和协同机制。（6）通过统筹协调、财力保障、多元供给、监督评估等制度层面完善区域基本公共服务均等化，通过服务清单、服务网点和服务平台科学化配置推动基本公共服务均等化配置。北京首都副中心以及雄安新区要在公共服务均等化机制建设上突破，成为标杆。（7）创新区域政策调控机制。通过创新政策性金融工具、市场化工具、信息和志愿工具、财政和税收工具等丰富区域政策调控工具范围，通过区域战略、功能和空间规划相结合推动区域"多规合一"，完善区域合作项目政策管理环节，强化政策评估在区域政策调控中的作用。（8）通过构建群众投诉平台、信访制度以及举办群众参与性活动等完善群众参与机制，通过引入第三方评估、第三方治理以及健全第三方参与管理制度等方式健全第三方参与区域治理机制。（9）在区域应急机制方面需要围绕具体领域予以细化。

从区域发展历史看，城市群是城市发展到成熟阶段的高级空间组织形式。中国区域发展已经进入以中心城市引领城市群发展、城市群带动区域发展并推动区域板块之间融合互动发展的阶段。相对于长三角和珠三角来说，京津冀地区除了北京和天津外，其他城市无论是在城市规模还是在竞争力方面存在明显不足，这也是京津冀区域发展的一个短板，需要通过提升次中心城市竞争力予以突破。

如第一章所述，中国区域发展按照"两个大局"战略要求已经进入第二步，区域发展进入通过"四大板块"推进区域统筹协调发展阶段。从效果上看，西部和东部地区发展速度有了明显提升。其中，西部省区市自 2007 年开始在增长速度上接近或超过东部。2017 年西藏、贵州、云南、重庆 GDP 增长速度超过9%，在全国处于领先地位。北京、河北 GDP 增长速度都是 6.7%，天津为3.6%，吉林、辽宁、黑龙江 GDP 增长速度分别为 5.3%、4.3%、6.4%，京津冀和东北地区面临巨大的下行压力。从区域战略看，珠三角升级为粤港澳大湾区，而长江经济带战略也为长三角发展提供了更为纵深的发展资源。从这个角度说，空间更为狭小、人口更为集中的京津冀也需要一个更大空间予以发展。京津冀协同发展五年多来在软硬件层面的建设为周边区域融入提供了方便。正是在这一背景下，有政协委员提出了启动环渤海大湾区建设的倡议。① 按照这一倡议，环渤海大湾区建设包括京津冀协同发展区、辽中南地区和山东半岛地

---

① 在 2019 年两会上，连玉明、徐英等政协委员提出。相关内容参见：《又一个大湾区有望横空出世多名政协委员建议启动建设环渤海大湾区》，http://www.3snews.net/domestic/244000055418.html.

区。从改变北方经济社会发展整体低迷以及和长江经济带、粤港澳大湾区对等发展的需要看，成立环渤海大湾区确实必要。因此，在出台环渤海大湾区建设方案的同时保留京津冀协同发展战略或许是一种可行的选择。毫无疑问，辽中南地区要融入这一区域更多地需要首先在一些突破领域进行，而山东半岛及周边地区则可以在更多领域实现和京津冀融入。

参考文献

一、中文著作

[1] 候永志，张永生，刘培林：《区域协同发展：机制与政策》，中国发展出版社 2016 年版。

[2] 王圣云，向云波，瞿晨阳，罗玉婷等：《长江经济带区域协同发展》，经济科学出版社 2017 年版。

[3] 孟祥林：《京津冀"双核＋双子"模式城市化进程研》，西南财经大学出版社 2011 年版。

[4] 阎庆民，张晓朴：《京津冀区域协同发展研究》，中国金融出版社 2017 年版。

[5] 赵弘：《聚焦京津冀协同发展》，北京出版社 2018 年版。

[6] 彭建交：《经济一体化与京津冀协同》，中国人民大学出版社 2017 年版。

[7] 崔晶：《都市圈地方政府协作治理》，中国人民大学出版社 2015 年版。

[8] 齐子翔：《京津冀协同发展机制设计》，社会科学出版社 2015 年版。

[9] 马海龙：《京津冀区域治理协调机制与模式》，东南大学出版社 2014 年版。

[10] 郝吉明等：《京津冀大气复合污染防治联发联控战略及路线图》，科学出版社 2017 年版。

[11] 吴志功：《京津冀雾霾治理一体化研究》，科学出版社 2015 年版。

[12] 夏海龙，闫晓明，王有年：《京津冀都市农业协同发展战略研究》，中国农业出版社 2016 年版。

[13] 王凤鸣，袁刚等：《京津冀政府协同治理机制创新研究》，人民出版社 2018 年版。

[14] 马立平，刘强，任韬，阮敬：《京津冀开发区产业协同发展研究》，

首都经济贸易大学出版社 2019 年版。

［15］王峥，龚轶：《京津冀创新共同体概念、框架与路径》，科学出版社 2018 年版。

［16］曹保刚：《京津冀协同发展研究》，河北大学出版社 2009 年版。

［17］冯玉军等：《京津冀协同立法研究》，法律出版社 2019 年版。

［18］周立群：《京津冀都市圈的崛起与中国经济发展》，经济科学出版社 2012 年版。

［19］唐亚林：《长江三角洲地区区域治理的理论与实践》，复旦大学出版社 2014 年版。

［20］杨军：《区域中国：中国区域发展历程》，长春出版社 2007 年版。

［21］罗震东：《中国都市区发展：从分权化到多中心治理》，中国建筑工业出版社 2007 年版。

［22］张可云：《生态文明的区域经济协调发展战略》，北京大学出版社 2014 年版。

［23］张军：《"珠三角"区域一体化发展研究》，经济科学出版社 2012 年版。

［24］张萍：《长株潭经济一体推进方式创新》，中央文献出版社 2007 年版。

［25］孔繁斌，李志萌，陈胜东：《区域发展总体战略与主体功能区战略互动研究》，中国社会科学文献出版社 2016 年版。

［26］刘志彪：《长江三角洲区域经济一体化》，中国人民大学出版社 2010 年版。

［27］罗峰：《区域一体化中的政府与治理：对武汉城市圈的实证研究》，中国社会出版社 2012 年版。

［28］崔万田等：《东北老工业基地区域一体化研究》，经济科学出版社 2011 年版。

［29］杨再高：《大珠三角区域经济一体化研究：基于空间均衡的视角》，经济科学出版社 2015 年版。

［30］黄群慧，石碧华：《长三角区域一体化发展战略研究：基于与京津冀地区比较视角》，社会科学文献出版社 2017 年版。

［31］陈广汉，杨桂，谭颖：《以区域经济一体化研究：以粤港澳大湾区为例》，社会科学文献出版社 2017 年版。

［32］张同乐：《河北经济史》（第 5 卷），人民出版社 2003 年版。

[33] 李勇军：《当代中国组织网络及其控制问题研究》，天津人民出版社2014年版。

[34] 陈瑞莲，刘亚平等：《区域治理研究：国际比较的视角》，中央编译出版社2013年版。

[35] 金太军：《区域治理中的行政协调研究》，广东人民出版社2011年版。

[36] 文魁，祝尔娟：《京津冀发展报告（2013）》，社会科学文献出版社2013年版。

[37] 李国平：《京津冀区域发展报告（2014）》，科学出版社2014年版。

[38] 李国平：《京津冀区域发展报告（2016）》，科学出版社2016年版。

[39] 李国平：《京津冀区域发展报告（2019）》，科学出版社2019年版。

[40] 张贵，吕荣杰，金浩：《京津冀经济社会发展报告（2018）》，社会科学文献出版社2019年版。

[41] 杨华锋：《协同治理》，经济科学出版社2017年版。

[42] 赖先进：《论政府跨部门协同治理》，北京大学出版社2015年版。

[43] 斯蒂芬·戈德史密斯、威廉·D·埃格斯：《网络化管理：公共部门的新形态》，北京大学出版社2008年版。

[44]《毛泽东著作选读》（下），人民出版社1986年版。

[45]《邓小平文选》（第3卷），人民出版社1993年版。

[46] 中共中央文献研究室：《邓小平年谱（1975—1997）》，中央文献出版社2004年版。

二、中文文献

[47] 薄文广，刘阳，李佳宇：《京津冀协同创新共同体发展研究》，《区域经济评论》2019年第3期。

[48] 崔晶：《区域地方政府跨界公共事务整体性治理模式研究：以京津冀都市圈为例》，《政治学研究》2012年第2期。

[49] 崔和瑞：《京津冀区域经济一体化可行性分析及发展对策》，《技术经济与管理研究》2006年第5期。

[50] 初钊鹏，卞晨，刘昌新，朱婧：《基于演化博弈的京津冀雾霾治理环境规制政策研究》，《中国人口资源与环境》2018年第12期。

[51] 程栋：《中国区域经济政策工具创新：理论与实践》，《贵州社会科学》2016年第4期。

[52] 蔡之兵：《改革开放以来中国区域发展战略演进的十个特征》，《区域经济评论》2018年第4期。

[53] 陈甫军，丛子薇：《京津冀市场一体化协同发展：现状评估及发展预测》，《首都经济贸易大学学报》2017年第1期。

[54] 陈长坤，许丽丽，赵冬月，陈杰：《雄安新区对京津冀公共安全协同能力影响及对策分析》，《武汉理工大学学报（信息与管理工程版）》2018年第2期。

[55] 陈红霞，李国平，张丹：《京津冀区域空间格局及其优化整合分析》，《城市发展研究》2011年第11期。

[56] 邓宏兵，曹媛媛：《中国区域协调发展的绩效测度》，《区域经济评论》2019年第1期。

[57] 唐昊：《究竟什么是"广东模式"》，《同舟共进》2018年第1期。

[58] 傅毅明，赵彦云：《基于公路交通流的城市群关联网络研究：以京津冀城市群为例》，《河北大学学报》2016年第4期。

[59] 冯锁柱：《京津冀协同发展治安防控体系建设研究》，《北京警察学院学报》2016年第1期。

[60] 范玉凤，刘子杨，马宇博：《基于网络化空间模型的京津冀城市群空间布局优化研究》，《商业经济研究》2019年第9期。

[61] 贺璇、王冰：《京津冀大气污染治理模式演进：构建一种可持续合作机制》，《东北大学学报》2016年第1期。

[62] 韩博天，奥利费·麦尔敦，石磊：《规划：中国政策过程的核心机制》，《开放时代》2013年第6期。

[63] 何龙斌：《我国三大经济圈核心城市经济辐射力比较研究》，《经济纵横》2014年第8期。

[64] 李勇军：《政策网络与治理网络：概念辨析与研究维度》，《广东行政学院学报》2012年第1期。

[65] 李勇军：《京津冀协同发展政策网络形成机制与结构研究》，《经济经纬》2018年第6期。

[66] 李勇军，王庆生：《乡村文化与旅游融合发展研究》，《财经理论与实践》2016年第3期。

[67] 李洋阳，汪自书，刘毅，李王锋，李倩：《京津冀地区产城空间布局特征与人居风险评估》，《环境工程学报》2019年第3期。

[68] 李惠茹，杨丽慧：《京津冀生态环境协同保护：进展、效果与对策》，《河北大学学报》2016 年第 1 期。

[69] 刘新霞，李冰燕：《京津冀港口在构建"冰上丝绸之路"中的重要性分析》，《河北工程大学学报》2018 年第 12 期。

[70] 刘崇献：《北京和上海经济辐射能力差异探析》，《北京社会科学》2005 年第 4 期。

[71] 刘涌，张俊：《京津冀机场协同发展的路径与对策》，《综合运输》2015 年第 1 期。

[72] 刘纯彬：《一个天方夜谭还是一个切实可行的方案：关于建立京津冀大行政区的设想》，《软科学》1992 年第 3 期。

[73] 鲁金萍，刘玉，杨振武，孙久文：《基于 SNA 的京津冀城市群联系网络研究》，《河南科学》2014 年第 8 期。

[74] 马奔，薛阳：《京津冀城市群城镇化质量评价研究》，《宏观经济研究》2019 年第 4 期。

[75] 聂正英，李萍：《京津冀交通一体化与区域经济耦合：基于熵权法的协调分析》，《综合运输》2019 年第 4 期。

[76] 欧阳杰，苏亚男，李朋，李相志，张倩丽：《基于城际铁路网的京津冀机场群轨道交通衔接模式探讨》，《城市轨道交通研究》2018 年第 9 期。

[77] 庞世辉：《京津冀交通一体化发展现状与面临的主要问题》，《城市管理与科技》2015 年第 6 期。

[78] 龙玉清，陈彦光：《京津冀交通路网结构特征及其演变的分刻画》，《人文地理》2019 年第 4 期。

[79] 孙涛，温雪梅：《动态演化视角下区域环境治理的府际合作网络研究》，《中国行政管理》2018 年第 5 期。

[80] 锁利铭，杨峰，刘俊：《跨界政策网络与区域治理：我国地方政府合作实践分析》，《中国行政管理》2013 年第 1 期。

[81] 锁利铭：《跨省域城市群环境协作治理的行为与结构：基于"京津冀"与"长三角"的比较研究》，《学海》2017 年第 4 期。

[82] 人民论坛测评中心：《对京津冀 13 个城市环境治理状况的测评研究》，《国家治理》2019 年第 1 期。

[83] 宋涛：《运用市场机制推进京津冀环保一体化》，《中国环境报》2014 年 6 月 11 日。

［84］申霞：《基于利益相关者参与的区域应急管理模式研究》，《新视野》2012 年第 4 期。

［85］吴华清，唐辉，周亚芳，晋盛武：《其于区域产业链治理机制的我国食品安全监管模式研究：以奶制品产业为例》，《云南师范大学学报》2014 年第 1 期。

［86］吴建民，丁疆辉，王新宇：《县域产业承载力的综合评价与空间格局分析：基于京津冀产业转移视角》，《地理与地理信息科学》2017 年第 3 期。

［87］魏后凯，邬晓霞：《"十二五"时期中国区域政策的基本框架》，《经济与管理研究》2010 年第 12 期。

［88］武义清，张占茹：《河北省工业结构演进趋势研究》，《河北师范大学学报》2002 年第 5 期。

［89］尹虹潘：《国家级战略平台布局视野的中国区域发展战略演变》，《改革》2018 年第 8 期。

［90］袁政：《新区域主义及其对我国的启示》，《政治学研究》2011 年第 2 期。

［91］席强敏，季鹏：《京津冀高技术制造业空间结构演变的经济绩效》，《经济地理》2018 年第 11 期。

［92］张永红，曾长秋：《从均衡发展到协调发展：邓小平区域经济发展理论评述》，《理论与改革》2008 年第 6 期。

［93］张志升：《略论京津冀区域协调发展机制与推进措施》，《现代财经》2007 年第 10 期。

［94］张伟，张杰等：《京津冀工业源大气污染排放空间集聚特征分析》，《城市发展研究》2017 年第 9 期。

［95］周伟：《京津冀产业转移效应研究：基于河北技术溢出、产业集聚和产业升级视角》，《河北学刊》2018 年第 1 期。

［96］朱虹，徐琰超，尹恒：《空吸抑或反哺：北京和上海经济辐射模式比较》，《世界经济》2012 年第 3 期。

［97］朱俊成：《基于共生理论的区域多中心协同发展研究》，《经济与管理》2010 年第 10 期。

［98］信溪：《京津冀地区水资源污染处理调查——以天津污水处理厂为例》，《基层建设》2015 年第 27 期。

［99］周京奎，王文波，张彦彦：《"产业——交通——环境"耦合协调发

展的时空演变——以京津冀城市群为例》，《华东师范大学学报》2019 年第 5 期。

三、英文文献

［100］ H. V. Savitch, R. Vogel. Regional Politics：American in A Post – City Age ［M］, London：Sage Publications, 1996.

［101］ Egger P, Seidel T. Agglomeration and fair wages ［J］. Canadian Journal of Economics, 2008, 41（1）.

［102］ Peter deLeon, Dnielle Varda. Toword a Theory of Colloborative Policy Networks：Identifying Structural Tendencies ［J］. The Policy Studies Journal. 2009, 37（1）.

［103］ Parker R. Networkd Governance or Just Network? Local Governance of the Knowledge Economy in Limerick and Karlskrona ［J］. Political Studies, 2007, 55（1）.

［104］ Lyna L H, Reddy N M, Aram J D. Linking technology and institutions：The innovation community framework ［J］. Research Policy, 1996, 25（1）.

［105］ Robichau R W. The Mosaie of Governance：Creating a Picture with Definitions, Theories, and Debates ［J］. Policy Studies Journal, 2011,（39）（s1）.

［106］ Wenger E. Social Learning Systems and Communities of Practice ［M］. London：Springer, 2010.

［107］ Walls A D. The Third Wave：Current Trends in Regional Governance ［J］. National Civic Review, 1994, 83（3）.

后 记

本书获得天津市高校"中青年骨干创新人才培养计划"（项目号：2018RC020717）的资助，是这一资助研究成果。

在研究"当代中国组织网络及其控制问题研究""当代中国政策执行组织体制与过程"课题时，本人对区域组织间关系及区域治理产生了兴趣，萌发了撰写本书的念头。在完成《当代中国组织网络及其控制问题研究》和《当代中国政策执行组织体制与过程》两本书的撰写工作之后，笔者开始将这一念头付诸行动。主要工作从 2016 年开始，至 2019 年 4 月完成稿件的主要工作。感谢天津市高校"中青年骨干创新人才培养计划"的支持。

感谢人民日报出版社的编辑老师们专业、细致、耐心的工作。在研究过程中，本人引用了大量的统计年鉴、政府公报、政策文件、报纸报道中的数据，引用了学界同人的研究成果，对此一并致以诚挚的谢意！

最后，尽管本人认真完成这一著作，但一定还存在不足，恳请各位专家、学者提出宝贵意见！

李勇军

2019 年 10 月